**ÉTUDES DE PHILOSOPHIE
ET DE CRITIQUE RELIGIEUSE**

JULES PACHEU

Du Positivisme

au

Mysticisme

ÉTUDE SUR L'INQUIÉTUDE RELIGIEUSE CONTEMPORAINE

BLOUD ET Cⁱᵉ

Du
Positivisme au Mysticisme

DU MÊME AUTEUR

Cours de Critique religieuse

I. — LE CHRISTIANISME INTÉRIEUR ET MYSTIQUE

De Dante à Verlaine (*Epuisé*) (Plon, 1897).
Introduction à la Psychologie des mystiques (Oudin, 1901).

Pour paraître prochainement :

Alighieri et Loyola.
Le Poème mystique. Faits de conscience.
Critique de la Psychologie des mystiques.

II. — LE CHRISTIANISME SOCIAL

En préparation

Vie sociale et Christianisme.
L'Eglise catholique et les autres sociétés chrétiennes.

ÉTUDES DE PHILOSOPHIE
ET DE CRITIQUE RELIGIEUSE

JULES PACHEU

Du Positivisme au Mysticisme

ÉTUDE SUR L'INQUIÉTUDE RELIGIEUSE CONTEMPORAINE

PARIS (vıᵉ)
LIBRAIRIE BLOUD ET Cⁱᵉ
4, RUE MADAME, 4
—
1906
Tous droits réservés

DANS LA MÊME COLLECTION

SÉRIE IN-16

Broglie (Abbé de). — **Preuves psychologiques de l'existence de Dieu**, avec préface par Augustin Largent. 1 volume. Prix : 3 fr.; *franco* . . . . 3 fr. 50

Du même auteur. — **Les Fondements intellectuels de la Foi chrétienne.** 1 volume. Prix : 2 fr. 50; *franco*. 3 fr. » »

Gayraud (Abbé, député du Finistère. — **La Crise de la Foi**, *ses causes et ses remèdes*. 3ᵉ édit. 1 vol. Prix : 2 fr.; *franco*. 2 fr. 25

Godard (André). — **La Vérité religieuse**, 3ᵉ édition. 1 volume. Prix . . . . 3 fr. 50

Guibert (J.), supérieur du séminaire de l'Institut catholique de Paris. — **Le Mouvement chrétien.** 3ᵉ édition. 1 vol. Prix : 3 fr.; *franco*. . . . . 3 fr. 50

Lapparent (A. de), de l'Académie des sciences. — **Science et Apologétique.** 1 volume. Prix : 3 fr.; *franco* . . . . 3 fr. 50

Maumus (Le P. Vincent). — **La Préparation à la foi.** 1 volume. Prix : 3 fr.; *franco* . . . . 3 fr. 50

AVANT-PROPOS

Un petit volume d'introduction générale à des études critiques sur la psychologie des mystiques en esquissait la marche et le plan : la mysticité contemporaine, — puis les faits de la vie intérieure et mystique, envisagés comme une suite, un poème, comparable à la Divine Comédie, — puis la critique proprement scientifique de ces faits.

Tout d'abord, disais-je (1), l'analyse de l'état d'âme contemporain, en dehors de la foi, nous ferait prendre contact avec notre époque, et l'anxiété intellectuelle de ceux qui pressentent et appellent une vie divine plus abondante. Comment le XIXᵉ siècle dont la seconde moitié fut surtout l'ère du positivisme, s'est-il achevé dans une pensée de mysticisme, souvent maladif et inquiet ?

Nous aurions à montrer que déjà l'état d'âme positiviste n'avait pu bannir un désir inné, si profond

(1) *Introduction à la Psychologie des mystiques*, p. 92 (Oudin, 1901).

dans le cœur de l'homme : le mysticisme humanitaire de Comte, le mysticisme naturiste de ceux qui ont suivi, en témoigneraient.

Puis, l'état d'âme positiviste a engendré l'état d'âme pessimiste, et donné faveur aux théories de Schopenhauer, qui, après tout, s'achevaient dans une sorte de mysticisme quiétiste, renouvelé du nirvâna bouddhiste.

Les réactions contre les deux tendances précédentes, parmi les lettrés en vogue, mirent à la mode tantôt le culte du moi, souriant et satisfait, à la Renan ou à la Maurice Barrès, ou un individualisme plus orgueilleux encore avec Frédéric Nietzsche ; — ou bien on s'engoua de Tolstoï et d'un certain altruisme sentimental.

Mais surtout, sans parler du mysticisme de lettres, de vague religiosité, beaucoup d'esprits inquiets s'éprirent de merveilleux, du culte de l'invisible : et le spiritisme, l'occultisme, la théosophie, l'ésotérisme de toutes formes, firent, peut-être grâce au trouble des âmes, des recrues dont nous aurions à étudier les sentiments, car ils nous semblent s'égarer loin du terme auquel ils aspirent.

Le présent volume contient cette première série d'études. C'est une critique de la religiosité contemporaine, au XIXe siècle finissant, et un acheminement vers la mysticité chrétienne.

L'INQUIÉTUDE RELIGIEUSE
CONTEMPORAINE

L'ÉTAT D'AME POSITIVISTE

I

Pour mieux analyser la mysticité contemporaine, sa genèse et sa nature, nous envisagerons le point de départ, c'est-à-dire l'état d'âme positiviste. Nous nous contenterons de rappeler l'existence du positivisme, sa méthode, ses exclusions, ses assertions.

1º *Le fait de son existence.* — La croissance calme et menaçante du positivisme, écrivait jadis le cardinal Newman, est un phénomène plus vaste que celui d'une hérésie. De fait, l'attitude d'esprit, le système caractérisé par ce nom, a exercé une influence si manifeste qu'il est inutile de nous arrêter bien longtemps à la retracer.

Quelles que soient ses origines et sa filiation, de Descartes à Condorcet, puis à Saint-Simon, Auguste

Comte en fut définitivement le père au xix° siècle ; et son entreprise était nettement marquée : réorganiser la société par la science et pour cela réorganiser la science même. Or, si vous voulez les termes même du fondateur dans le *Discours sur l'ensemble du Positivisme* (juillet 1848) la devise était : « Réorganisation de la société sans Dieu et sans roi par le culte systématique de l'humanité. » Et ce but, cette fin, n'a pas varié malgré les nuances qu'on peut relever ici ou là.

Dühring, le positiviste allemand, ne veut pas seulement que la philosophie de la réalité « soit la schématique des concepts et des choses », il veut encore et surtout qu'elle « représente une tendance à une humanité plus noble », qu'elle soit « un moyen d'arriver à une organisation strictement scientifique de la vie » (mittel zu einer streng wissenschaftlischen Lebengestaltung.)

Une déclaration plus récente est plus nette : « Le temple des dogmes », proclamait-on aux fêtes données à Rome le 9 juin 1889 en l'honneur de Giordano Bruno, — « le temple des dogmes s'est effondré sur nos têtes ; il faut donc construire un autre temple, édifié sur la foi indestructible que procure la science. Seule, la science surnage au milieu du naufrage d'une société tourmentée par le doute. Une religion nouvelle doit remplacer la religion chrétienne ; elle aura pour dogmes fondamentaux les découvertes de la science, les relations internationales fondées sur la justice, les expositions universelles de l'industrie et du travail. La religion nouvelle n'a point de prophètes, elle a des penseurs ». Ainsi parlèrent les panégyristes officiels, MM. Trezza et Bovio, comme on peut le lire dans la *Rivista della Massonerie italiana* 1889.

Il suffit de rappeler quelques noms, pour se rendre présente l'idée du succès de cette doctrine dans la seconde moitié du xixe siècle.

Le courant positiviste fut représenté en France par Auguste Comte, Emile Littré, Hippolyte Taine, et — sans tenir compte, en ce moment, des divergences et des nuances, — l'école psycho-physiologique de M. Ribot, et les monistes positivistes MM. de Roberty, Fouillée, Guyau, qui ont modifié et amélioré la doctrine primitive. Nous aurons à revenir sur ces évolutions successives de la pensée positiviste vers son achèvement définitif. — En Angleterre, Stuart Mill, puis M. Herbert Spencer avec sa théorie de l'évolutionnisme mécanique, complétée par sa théorie de l'Inconnaissable, furent les théoriciens, et les professeurs Huxley et Tyndall les orateurs et les propagandistes d'un positivisme agnostique indépendant ; tandis que Congreve et Harrison organisaient la religion de l'humanité, et que Mme George Elliot popularisait ces idées par le roman et la poésie,

Charles Darwin aboutissait à une sorte de monisme transformiste. — En Allemagne, le criticisme de Kant, Herbert et Hegel, et les vues religieuses de Feuerbach et de Strauss, ont préparé les voies aux formes variées du positivisme avec Eugène Dühring, Ernest Laas et Wilhelm Wundt, ou le monisme évolutionniste de Hæckel. — Au Brésil, le positivisme tout puissant a fait la dernière révolution : au Chili, Miguel Lemos et Lagarrigue ont dirigé l'apostolat positiviste. — En Italie et en Europe l'activité est plutôt imitatrice que créatrice, et a nom : Pietro Siciliani, Roberto Ardigo, Andrea Angiulli, etc.

Partout, à côté de ces noms, nous pourrions citer ceux dont l'action politique a favorisé et promu le succès ; nous devrions rappeler le développement des applications pratiques du système, dans l'enseignement, l'éducation, les lois. Car c'est bien une interprétation totale de l'homme, de la société, de l'énigme de la vie qui veut s'imposer aux individus et aux peuples.

Mais un fait non moins certain, qu'il est aisé d'évoquer, c'est la réaction opérée au temps présent contre les idées jadis régnantes, et dominant presque despotiquement l'art, la pensée et l'action. Les artistes n'ont pas voulu s'enfermer plus longtemps dans le domaine des réalités matérielles, ils ont cherché quelque jour vers plus d'idéal, plus d'essor vers une vie meilleure, sans exclure le consolant au-delà : la musique de Wagner, les romans de Tolstoï, les drames d'Ibsen, la peinture de Puvis de Chavannes, ont semblé ouvrir à plusieurs les routes nouvelles d'un idéalisme ou d'un mysticisme qui rendait le son de leur âme. Les penseurs ont fait la critique de la vieille méthode comtiste, qui, sous prétexte d'objectivité, bannissait la connaissance réfléchie du moi, tronquait la philosophie, en lui interdisant la psychologie, l'étude du sujet pensant, aussi bien que la métaphysique, l'étude des causes et les spéculations appuyés sur les faits, mais qui les dépassent. Nous avons eu aussi en philosophie un généreux mouvement idéaliste. Les domaines de l'action ressentent toujours quelque contre-coup des idées, avant-courrières des actes, et on a voulu déposer le terre à terre des vues qui borneraient notre destinée, sans le souci d'une moralité plus haute, et d'une justice aux sommets plus clairs, aux fondements mieux assurés : on a recherché la part de la croyance dans l'expansion normale et nécessaire, et plénière, de notre action.

L'étude de cette réaction a souvent rempli les journaux, les revues et les livres dans les dernières années du xix° siècle. Que l'abbé Klein analyse les *Nouvelles Tendances*, que Mgr Baunard écrive son *Espérance*, que l'abbé de Broglie signale la *Réaction contre le mouvement positiviste*, ou que M. Ferdinand Brunetière lance ses retentissants articles et ses *Discours de combat*, que M. Alfred Fouillée nous offre ses deux intéressants volumes sur le *Mouvement idéaliste et la réaction contre la science positive*, et le *Mouvement positiviste et la Conception sociologique du monde*, que M. Hurrel Mallock se demande avec une ironie puissante, si la vie envisagée du point de vue positiviste vaut la peine de vivre (Is life worth living ?) c'est toujours le même fait constaté et scruté par des esprits divers, pour des fins différentes.

Placés en face d'un système si florissant ou si contredit, il nous plaît d'analyser ses traces dans les âmes, de juger, de critiquer, de discerner cet état d'âme positiviste. Car telle est notre recherche, telle notre question : que pouvez-vous pour résoudre l'énigme de la vie et du monde ? Vais-je retrouver en vous une vie intérieure, et des traces de mysticité, ou l'avez-vous à jamais abolie en vos adeptes ?

Pour bien délimiter notre enquête, trois choses nous intéresseront dans le positivisme, trois points fondamentaux de la vie intérieure positiviste : *a)* La méthode positive, c'est-à-dire la méthode d'observation directe des faits est la seule qui fasse autorité dans les sciences en général, et dans la philosophie en particulier. — *b)* En vertu de cette méthode, le suprasensible, l'absolu (Dieu, l'âme, la substance, l'essence des choses, etc.) sont définitivement bannis du domaine de la science, comme n'étant que chimères, mysticisme, rêveries, imaginations, créations d'un cerveau malade. — c) L'idée de Dieu est remplacée par l'idée de l'humanité, qui devient le centre unificateur et pour ainsi dire le noyau de cristallisation du monde positiviste » (cf. Gruber, s. j. 1, p. 6). — Analysons d'après ses grandes lignes cet état d'âme : la méthode, les exclusions, les assertions.

2° *La Méthode.* — Auguste Comte n'a pas du reste la prétention d'avoir découvert la méthode positive. « Tous les bons esprits, dit-il dans son *Cours de philosophie positive* (1, 8 [12]) répètent, depuis Bacon, qu'il n'y a de connaissances réelles que celles qui reposent sur les faits observés » (cf. Gruber, 1, p. 89). Rien de plus vrai, même du temps d'Aristote, observateur passionné et attentif.

Remarquons-le aussi, pour éviter tout malentendu, Aug. Comte n'exclut point l'exercice de la raison conformément à ses principes et à sa logique, il n'exclut point les arguments dits *a priori* : il veut seulement qu'ils reposent toujours directement, ou indirectement, sur l'observation (*Cours* VI, 701 et seq. [598]).

Dès lors, si vous observez les faits tels qu'ils sont, si

vous n'en excluez aucun de parti pris, si vous en tirez des conclusions justes, nous serons parfaitement d'accord. Et les catholiques éclairés, dont les recherches critiques aboutissent à montrer le système positiviste arbitraire et anti-scientifique, prétendent bien s'appuyer sur l'observation consciencieuse des faits. Ils pourraient même se dire des positivistes logiques et conséquents avec les principes de la méthode même : nous l'apercevrons peut-être.

Cette méthode est particulièrement nécessaire dans les sciences de faits, — sciences d'observation ou sciences expérimentales, — dont la tâche est de connaître les phénomènes et leurs relations mutuelles, de voir et partout de prévoir l'enchaînement naturel des antécédents et des conséquents, c'est-à-dire de dresser les lois des faits, des phénomènes, et de l'exprimer dans le langage scientifique qui le symbolise. C'est le propre des sciences physiques, chimiques, biologiques, physiologiques. La vigilante et sagace application de leurs principes leur a valu d'immenses et splendides progrès, dont on fait, à tort, hommage au système positiviste ; et c'est une grande partie de son succès intellectuel, si nous faisons abstraction de l'appui qu'il a pu trouver dans les sociétés secrètes et les passions antireligieuses.

Oui, on identifie à tort le progrès des sciences particulières dont nous sommes tous fiers, avec la doctrine générale du positivisme, qui se donne pour la Science, divinité par la magie de cette majuscule, et prétend dénouer l'énigme de l'homme, du monde de Dieu, de la destinée. Quand on a parlé de l'échec, de la banqueroute, de la faillite de la science, nul n'a voulu dire que, dans leurs domaines respectifs, chacune des sciences ne nous avait pas apporté des découvertes superbes, mais on affirme qu'elles se dépassent et nous trompent, si elles ont la prétention de dogmatiser sur nos destinées, car ce n'est pas leur affaire. Or, l'empirisme scientifique du positivisme, nous le verrons, avait bien cette prétention.

Mais n'anticipons pas.

Par un abus de la méthode, Comte a réduit les faits à la biologie et à la sociologie, et il a donné le primat à la sociologie dans un but utilitaire pour l'humanité, qui lui a semblé le fait seul réel, seul certain, seul positif. Car le caractère essentiel de la méthode, selon Auguste Comte, est celui-là.

Tout est relatif, voilà le seul principe absolu. La philosophie positive s'en tient aux réalités appréciables à notre organisme. « Elle est réelle. Elle écarte toute recherche de l'absolu, des causes premières et des causes finales, ainsi que des essences ; elle se borne à chercher, dans les phénomènes, les lois invariables pour les saisir dans leurs rapports de succession et de similitude, et pour les ramener de plus en plus à l'unité. Elle est donc relative. Par là, elle écarte aussi toutes les questions oiseuses. Elle incline l'esprit de l'homme vers l'*utile*, en le mettant en état de faire tourner à son profit le cours des événements par la prévoyance rationnelle qui s'appuie sur la connaissance des lois de la nature. En excluant tout ce qui échappe à l'expérience, elle bannit l'indéterminé et le vague : elle devient donc aussi précise que les sciences exactes dont elle emprunte la méthode. Grâce à toutes ces propriétés, elle est organique, c'est-à-dire qu'elle permet d'introduire l'unité et d'élever un système. Comme elle n'avance rien qui ne soit parfaitement démontrable, c'est à elle seule que les esprits doivent se soumettre. Enfin, parce qu'elle est entièrement d'accord avec les faits, parce qu'elle découvre les lois effectives et invariables de tous les phénomènes et de tous les ordres de phénomènes, elle ouvre dans toutes les directions une voie sûre au plus salutaire développement, elle conduit au véritable progrès de l'humanité, elle n'est autre chose que le sens commun systématisé. »

Voilà en quel sens Auguste Comte appelle la philosophie, suivant sa méthode, la « philosophie positive ». « Positif, écrit-il dans le *Système de politique positive* (1, 57) deviendra partout inséparable de relatif, comme il l'est aujourd'hui d'organique, de précis, de certain, d'utile, de réel. » — « Le caractère fondamental de la philosophie positive, dit le *Cours de philosophie positive* (1, 14 [16]) est de regarder tous les phénomènes comme assujettis à des lois naturelles invariables, dont la découverte précise et la réduction au moindre nombre possible sont le but de tous nos efforts, en considérant comme absolument inaccessible et vide de sens pour nous la recherche de ce qu'on appelle les causes soit premières, soit finales... Nous n'avons nullement la prétention d'exposer les causes génératrices des phénomènes, parce que nous ne ferions jamais alors que reculer la difficulté, mais seulement d'analyser avec exactitude les circonstances de leur production et de les rattacher les unes aux autres par des relations normales de succession et de similitude. »

Il est dit ailleurs : Dans chacun des différents ordres de phénomènes, la philosophie positive « écarte comme nécessairement vaine toute recherche quelconque des causes proprement dites, soit premières, soit finales, pour se borner à étudier les relations invariables qui constituent les lois effectives de tous les événements observables, ainsi susceptibles d'être rationnellement prévus les uns après les autres... A mesure que notre activité mentale trouve un meilleur aliment continu, ces questions inaccessibles sont graduellement abandonnées, et finalement jugées vides de sens pour nous qui ne saurions réellement connaître que les faits appréciables à notre organisme, sans jamais pouvoir obtenir aucune notion sur la nature intime d'aucun être ni sur le mode essentiel de production d'aucun phénomène. » (*Cours de ph. posit.*, vi, 701 [598].)

« Toute proposition », dit-il encore « qui n'est pas finalement réductible à la simple énonciation d'un fait ou particulier ou général, ne saurait offrir aucun sens réel ou intelligible. » (*Ibid.*, vi, 703 [600].)

Si c'était là une simple abstention intellectuelle, on pourrait l'admettre comme méthode des sciences particulières. Le chimiste, le physicien, le physiologiste étudient l'ordre des phénomènes et des événements qui les concernent, ils les coordonnent, et relèvent leurs lois : c'est au philosophe, ou au théologien, de méditer sur leurs causes, sur leur origine et leur fin, sur leur place dans l'ensemble des êtres, leur lien religieux avec le tout, sa cause première et sa dernière fin. Ramenée à ces limites, la méthode du fait exclusif serait encore discutable, mais enfin tolérable et admissible, bien que réellement certaines certitudes d'ordre métaphysique, philosophiques par conséquent, soient indispensables au savant.

Cette abstention serait peut-être chimérique, mais elle ne serait pas radicalement fausse et à rejeter. Ce serait la formule adoptée par Littré dans sa *Philosophie positive* (xv, 164). — « Aucune science ne nie une cause première, n'ayant jamais rien rencontré qui la démentît ; mais aucune ne l'affirme, n'ayant jamais rien rencontré qui la lui montrât. Toute science est renfermée dans le relatif. Partout on arrive à des existences et à des lois irréductibles, dont on ne connaît pas l'essence. On ne nie pas qu'une cause ultérieure ne soit derrière, mais on n'a jamais passé de l'autre côté. L'expérience n'y atteignant pas, chaque science, quelque créance qu'un savant en particulier puisse accorder au fait historique ou au dogme philosophique, chaque science, dis-je, se refuse à introduire, dans l'enchaînement des lois et des théories qui lui sont propres, rien qui soit emprunté à la conception d'une causalité première. Cela est toujours laissé à la théologie ou à la métaphysique. »

Mais cette abstention qui reconnaîtrait purement la distinction des trois étages de la connaissance et du savoir humain, les trois domaines de la science des faits, — de la science du sujet connaissant, des principes et des causes, — de la science religieuse, — cette abstention n'est pas le fait du positivisme. Il formule et décrète en réalité des exclusions. Or, pour exclure scientifiquement une solution, il faut avoir des raisons positives et démonstratives. On fait parfois des mémoires et des thèses, en mathématiques, par exemple, pour prouver que la recherche en tel sens n'aboutira pas et ne peut aboutir. Une thèse de ce genre est fort utile, et, sous sa forme négative, elle fait progresser le savoir. Les positivistes n'ont jamais apporté semblable travail scientifique pour exclure toute recherche des causes, de l'absolu, de l'âme, de Dieu. Aussi l'esprit avide, l'âme inquiète, ne trouve pas là son repos : ni l'instinct scientifique, ni l'instinct religieux ne sont satisfaits.

3° *Exclusions*. — Et comment s'en étonner ? Vous m'imposez sans preuve, par lassitude, des exclusions injustifiées qui décapitent le savoir humain : ceci me semble arbitraire et antiscientifique. Le positiviste allemand Büchner nous dit, dans son livre *Force et Matière* : « La métaphysique de Platon, Descartes, Malebranche, Bossuet, Fénelon, Leibnitz, Clarke, peut bien faire illusion aux esprits novices, on ne la prend pas au sérieux comme science. » Cette modestie dans l'affirmation ne m'en impose nullement, et je réplique par les protestations de véritables savants. « La métaphysique, dit Claude Bernard, tient à l'essence même de notre intelligence ; nous ne pouvons parler que métaphysiquement. Je ne suis donc pas de ceux qui croient qu'on peut supprimer la métaphysique. Je pense seulement qu'il faut bien étudier son rôle dans la conception des phénomènes du monde extérieur, pour ne pas être dupe des illusions qu'elle fait naître dans notre esprit » (*Phénomènes de la vie*, I, 291). Rien de plus juste et de plus sage que ces paroles. « La métaphysique a moins besoin de la science que la science n'a besoin de la métaphysique », disait Barthélemy Saint-Hilaire. Et Pasteur, dans son Discours de réception à l'Académie française : « Si nous étions privés de ces conceptions, les sciences y perdraient cette grandeur qu'elles tirent de leurs rapports secrets avec les vérités infinies... et je me demande au nom de quelle découverte, on peut arracher de l'âme humaine ces préoccupations. »

Les vues du positivisme sont donc ici fort incomplètes, et M. Fouillée (*Mouvement positiviste*, p. 5) montre fort bien le défaut philosophique du système. « Non seulement, dit-il, le problème des origines, soit primaires, soit secondaires, est légitime, — mais la théorie de la connaissance a raison d'examiner encore la valeur objective du savoir, — et en troisième lieu, les limites du savoir. Le positivisme, lui, préjuge toutes ces questions : il ne se demande ni en quoi consiste l'objectivité, ni jusqu'où elle va. Quant aux

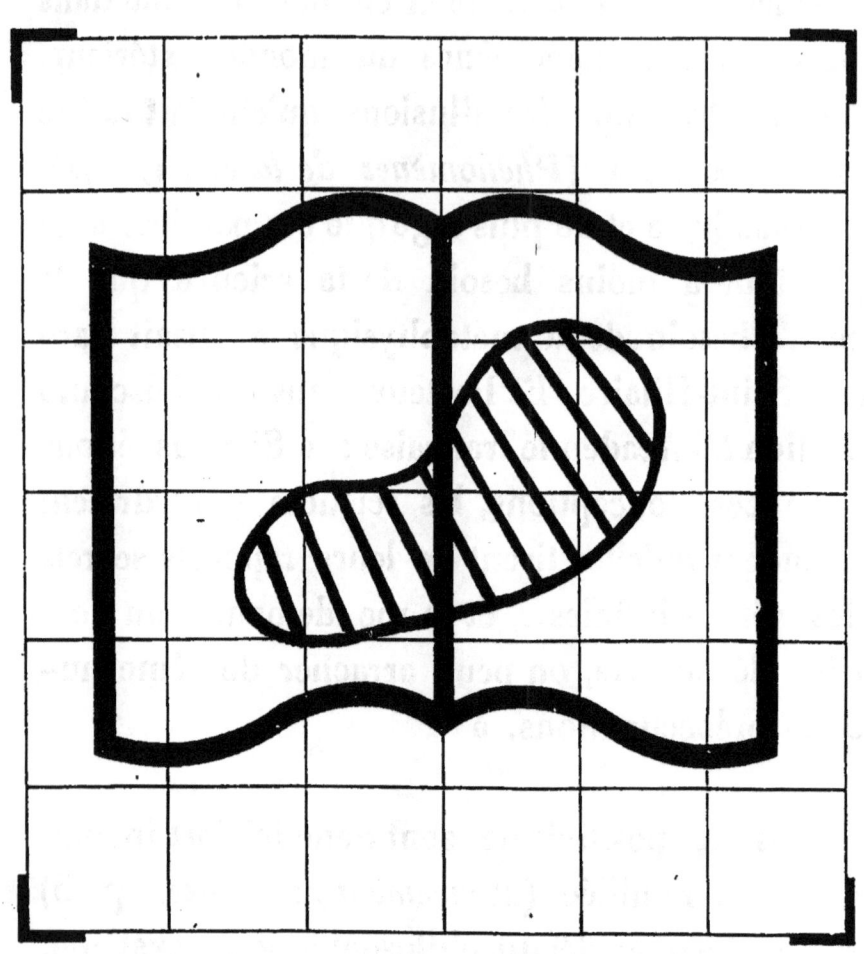

limites, il se contente de les affirmer sans les établir par une critique suffisante ; en conséquence, il ne peut déterminer exactement les bornes nécessaires de notre science. »

Bornons-nous à constater ici que l'exclusion de l'âme, de Dieu, du problème des origines et de l'absolu, est injustifiée, sans critique et sans preuve. J'ajoute, elle est impossible, impraticable aux positivistes même, car on n'étouffe pas la voix de l'intelligence humaine, toujours avide de savoir, on ne supprime pas la rapide déduction qui, du sentiment de l'universelle contingence, de l'universelle dépendance, de notre faiblesse et de notre ignorance, nous fait nous élever à l'être nécessaire, indépendant, suprême, le lieu du mystère, qui nous enveloppe et que nous touchons de toutes parts sans l'atteindre.

Littré le déclare lui-même : « Ce qui est au delà (de la science positive), soit matériellement, le fond de l'espace sans borne, soit intellectuellement, l'enchaînement des causes sans terme, est absolument inaccessible à l'esprit humain. Mais inaccessible ne veut pas dire nul ou non existant. L'immensité tant matérielle qu'intellectuelle tient par un lien étroit à nos connaissances et ne devient que par cette alliance une idée positive et de même ordre ; je veux dire que, en les touchant et en les bordant, cette immensité apparaît sous son double caractère, la réalité, et l'inaccessibilité. C'est un océan qui vient battre notre rive et pour lequel nous n'avons ni barque ni voile, mais dont la claire vision est aussi salutaire que formidable. »

Herbert Spencer, par sa notion de l'Inconnaissable, se rencontre dans cette même tentative de solution pour laisser une fissure vers l'absolu. « Dans l'affirmation même que toute connaissance est relative, est impliquée l'affirmation qu'il existe un non relatif... De la nécessité même de penser en relations, il résulte que le relatif lui-même est inconcevable s'il n'est pas en relation avec un non relatif réel... Il nous est impossible de nous défaire de la conscience d'une réalité cachée derrière les apparences, et de cette impossibilité résulte notre indestructible croyance à sa réalité. »

L'axiome éternel de Taine, qui se prononce au sommet des choses, n'est pas autre chose non plus qu'une rentrée en scène de la cause suprême qu'on prétend bannir.

C'est donc bien là une caractéristique de cet état d'âme, qui mérite d'être relevée, et nous devons constater comment le positivisme le plus orthodoxe se voit obligé de tenir compte du fait religieux, et d'introduire la religion dans sa conception scientifique du monde. « Il n'y a plus de mystères », disait un illustre chimiste, ou, si vous préférez le langage d'un poète du positivisme, Mme Ackermann :

> Il s'ouvre par delà toute science humaine
> Un vide dont la Foi fut prompte à s'emparer.
> De cet abîme obscur elle a fait son domaine ;
> En s'y précipitant elle a cru l'éclairer.
> Eh bien ! nous t'expulsons de tes divins royaumes,
> Dominatrice ardente, et l'instant est venu :
> Tu ne vas plus savoir où loger tes fantômes,
>   Nous fermons l'Inconnu.

Mais on ne ferme pas les âmes, et on n'enferme pas la poussée de la vie dans la conscience : l'inconnu y reparaît, et aussi le mystère. Et pour nourrir cette vie intérieure, l'incompressible désir mystique cherche un aliment. Le positivisme le plus orthodoxe aboutit dès lors à un mysticisme humanitaire, par des assertions aussi gratuites d'ailleurs, et aussi arbitraires que ses exclusions.

4° *Assertions.* — Auguste Comte, en effet, dans son *Système de politique positive*, en quatre volumes, son œuvre capitale, nous offre sa construction philosophique, et le lien qui relie toutes ses pensées. Dès le début, il n'a voulu élaborer son système de philosophie positive que pour assurer à sa politique (c'est-à-dire science sociale), le fondement scientifique nécessaire, en lui donnant comme base le nouveau pouvoir spirituel « la réorganisation spirituelle des sociétés modernes ». Cet ouvrage parut entre 1851 et 1854. Dans l'intervalle, le *Catéchisme positiviste* avait popularisé la doctrine, et il reste encore le véritable symbole religieux des positivistes.

Déjà quelques opuscules avaient posé les vues d'ensemble, et, dans la hiérarchie des sciences, la place prépondérante qu'il donnait à la sociologie, vers laquelle toutes les autres tendent et qui sert à les expliquer, parce que le supérieur explique l'inférieur, pouvait faire pressentir le point de vue religieux du fondateur. Pour lui, l'existence de l'Humanité est le fait concret le plus saillant, le plus important, à l'utilité la plus grande duquel tous les autres doivent converger. Il a cru étudier la loi de son développement en ses fameux stades des trois états : l'état théologique, l'état métaphysique, et l'état positif où nous sommes arrivés, et où il faut nous organiser en nous arrachant à l'anarchie intellectuelle et morale. La solidarité universelle a été bien mise par lui en lumière, il y rattache tout ce qu'il dit de cette gratitude qui doit relier les générations.

Cette piété qui unit les vivants aux morts, plus nombreux qu'eux, et par lesquels ils sont dirigés invisiblement, produit, selon Comte, le sentiment religieux. La religion n'est pour lui rien autre que « l'état de pleine harmonie propre à l'existence humaine, tant collective qu'individuelle, quand toutes ses parties sont dignement coordonnées, c'est le consensus normal de l'âme humaine, et l'union des individualités entre elles. »

Ce n'est pas Dieu, c'est l'Humanité qui est le centre de cette religion, comme elle est le principe de toute la réorganisation positiviste. Au fond, il n'y a de réel que l'humanité, la réalité n'appartient pas à l'individu. La grande idée de l'humanité élimine enfin irrévocablement l'idée de Dieu pour la remplacer par une unité bien plus parfaite et bien plus durable. Le grand Etre est formé des hommes des générations passées, présentes et futures ; non pas de tous, mais de ceux-là seulement qui sont « aptes à l'assimilation », c'est-à-dire qui se rendent vraiment utiles à l'humanité à l'exclusion de ceux qui ne sont pour elle qu'un fardeau. — « A ce seul véritable grand Etre, dit Comte, dont nous sommes sciemment les membres nécessaires, se rapporteront désormais tous les aspects de notre existence, individuelle ou collective, nos contemplations pour le connaître, nos affections pour l'aimer, et nos actions pour le servir... Ce culte épuré de l'Humanité exaltera et épurera nos sentiments ; il agrandira et éclairera toutes nos pensées ; il ennoblira et consolidera tous nos actes… Nul système ne doit altérer l'évidence spontanée qui caractérise le nouvel Être Suprême. »

Il faudrait ajouter à cela que la Terre est le grand Fétiche, et l'Espace le grand Milieu ; parcourir le calendrier positiviste, le culte (sociolâtrie), le dogme (sociologie) et le régime (sociocratie) par où la religion positive embrasse notre existence tout entière, gouverne nos sentiments comme nos pensées et nos actes ; sa morale qui consiste dans la prédominance des instincts « sociaux, altruistes, sympathiques » sur les instincts personnels, dans le sentiment de l'Humanité, dans la maxime qui devient sa devise : « Vivre pour autrui ». Cela nous entraînerait trop loin.

Laissons aussi certains détails qui font sourire, inutile de scruter la vie privée du Fondateur devenu grand-prêtre de l'Humanité, et son organe systématique, ou d'analyser ses relations avec Clotilde de Vaux, ou, de nous demander jusqu'à quel point l'aliénation mentale d'Auguste Comte, qui fut passagère, a influé sur ses travaux. Non, malgré des détails comiques, au fond tout cela est fort sérieux, et Comte, grand admirateur du catholicisme, dont il a dépeint les bienfaits, et qu'il a souvent imité et copié, ne se propose pas moins que de le supplanter : « On ne détruit que ce que l'on remplace », écrit-il dans le catéchisme (p. 6).

Mieux vaut contempler l'efflorescence de ce nouveau mysticisme humanitaire dans l'âme de ses adeptes, avant de voir comment les systèmes modernes le corrigent et le complètent, et quelle critique nous avons à faire des uns et des autres. Cet idéal religieux eut ses docteurs, ses poètes, ses liturgistes, ses apôtres. Nous avons à leur céder la parole autant que possible, pour prendre mieux contact avec ces âmes et ne pas déformer leurs pensées.

II

LE MYSTICISME HUMANITAIRE

1° *Un docteur*. — Littré a présenté le nouvel idéal avec une sorte d'enthousiasme, où le lyrisme l'envahit presque, et sa doctrine devient un chant à l'Humanité. Plus tard, il fut plutôt un dissident de ce culte d'abord partagé et propagé. D'autres avec lui, à tort, semble-t-il, voulurent nier la parfaite logique qui enchaînait les conceptions de Comte et son empirisme sociologique. Mais il a d'abord été le fervent de ce mysticisme.

« Pour avoir la pleine et religieuse notion de l'humanité », écrit-il (1), il ne suffit pas de vouloir la servir ; il faut encore savoir que nous vivons dans sa dépendance étroite, que nous tenons d'elle tout ce que nous sommes, et qu'elle seule nous donne, avec le pain de la vie corporelle, le pain de la vie spirituelle. Ce sont là les deux termes nécessaires auxquels conduit toute l'histoire.

Ces deux termes, la volonté de servir et l'étroite dépendance, se confondent en un seul sentiment, l'amour de l'humanité. Et ceci n'est point une création arbitraire. L'amour de l'humanité s'élève parmi nous, il inspire des actions, il suscite des dévouements, il dicte des pensées. C'est un sentiment réel, et qui a sa source dans une disposition de notre âme. L'homme primitif aime la tribu ; plus développé, il aime la patrie ; arrivé enfin au point culminant de son développement, il aime l'humanité. »

C'est ce sentiment, c'est cet amour nouveau qui sera le ferment religieux de la société de l'avenir. Aussi n'est-ce point une hymne, qui jaillit, en son honneur, sous la plume du grammairien? La prose s'anime d'un mouvement pieux, d'effusions admiratives, que vient rythmer un refrain :

« C'est l'humanité, seule providence qui travaille

(1) *Conservation, Révolution, Positivisme*, 1879, p. 408.

pour nous et qui allège le poids des fatalités naturelles, fatalités provenant de trois sources, l'ordre cosmique, l'organisme vivant et la loi des sociétés. Elle s'avance à travers les siècles, existence idéale et réelle à la fois, longtemps ignorée, puis pressentie, enfin se dégageant de ses nuages en notre temps ; elle s'avance à travers les siècles, fécondant la surface de la terre, gardant soigneusement l'héritage des richesses matérielles et intellectuelles, et nous améliorant tous de race en race sous sa discipline maternelle et sa bénigne influence.

Elle s'avance, abolissant la guerre, qui fut la dure et sanglante condition des sociétés passées. Alors on ne connaissait que la tribu ou la patrie : l'humanité n'avait point encore apparu aux hommes.

Elle s'avance, consacrant l'industrie et le travail, qui sera la pacifique et salutaire condition des sociétés à venir. Les mains se détournent du glaive et se dirigent vers les labeurs utiles, afin qu'une civilisation de plus en plus perfectionnée trouve des aliments de plus en plus abondants.

Elle s'avance, apportant une éducation profonde et sans réserve, qui sera le partage des plus humbles conditions. C'est à ce prix seulement que les hommes, connaissant les fatalités réelles qui les bornent, à la fois accepteront les nécessités sociales et obtiendront la somme de satisfactions morales, intellectuelles et matérielles, que comporte progressivement notre nature.

Elle s'avance, agrandissant la morale, qui, entravée par la préoccupation égoïste du salut individuel, sort enfin de la personnalité et s'épand dans la consécration de chacun au service de tous.

L'humanité est un idéal réel qu'il faut connaître (science et éducation), aimer (religion), embellir (beaux arts), enrichir (industrie) et qui, de la sorte, tient toute notre existence individuelle, domestique et sociale sous sa direction suprême. »

C'est bien là une hymne à l'idéal nouveau, éclairant l'adoration des néophytes, et pressant la ferveur des désirs mystiques. Rêves de poètes, et prière des dévots s'en inspireront, il aura des apôtres, on lui élèvera des temples.

2° *Un poète.* — Une femme poète du positivisme, Mme George Elliot (Miss Ewans) a bien rendu ce sentiment de religiosité pseudo-mystique, qui naît dans l'imagination au rêve de l'union au Grand Être, membres disparus ou à venir de l'humanité. « *O may I join the choir invisible...* » et le reste dont je cite quelques vers :

« Oh ! puissé-je m'unir au chœur invisible de ces morts immortels qui revivent en des vies que leur présence rend meilleures... Vivre ainsi c'est le ciel ; c'est remplir ce monde d'une harmonie qui inspire cet ordre superbe par lequel est gouvernée la vie toujours grandissante de l'homme... Ainsi hérite-t-on de la douce pureté pour laquelle nous avons combattu et souffert l'agonie, avec des souvenirs qui nous désespéraient ; ce moi meilleur vivra jusqu'à ce que le temps de l'humanité abaisse ses paupières fatiguées, jusqu'à ce que le firmament humain se replie sur lui-même, comme un parchemin désormais fermé. Voilà la vie future que tant de martyrs ont ennoblie de leur gloire pour nous servir d'exemple à nous qui les suivons. Oh ! puissé-je atteindre ce ciel pur, et devenir pour les autres âmes le breuvage des forts dans l'agonie ! Puissé-je ranimer leur ardeur généreuse, alimenter l'amour pur, répandre partout un sourire de bonté, devenir comme la douce présence du bien, qui se répand partout comme un parfum toujours plus pénétrant ! Ainsi pourrai-je me joindre au chœur invisible dont l'harmonie réjouit le monde ».

Nous ne critiquons pas en ce moment cet idéal incomplet que l'âme de l'artiste transfigure, et dont les parcelles de vérité, et les reflets de christianisme, rehaussent singulièrement la beauté : nous nous efforçons d'en prendre une idée nette et une impression juste. Après le docteur, puis le poète de ce nouveau mysticisme, entendons maintenant les liturgistes.

3° *Une prière*. — La liturgie positiviste a eu son formulaire, composé par Congreve pour le service du dimanche matin, Laffitte, professeur au collège de France, et grand-maître successeur de Comte, dans sa 30ᵉ circulaire (1878) reproduit ce formulaire comme un modèle pour la liturgie à suivre dans toute « l'Eglise positiviste ».

La lecture de l'Imitation de Jésus-Christ de Thomas a Kempis y est recommandée, d'après le fondateur, comme le manuel de dévotion et de sainte vie le plus universellement reçu. Mais pour éviter toute ambiguïté, et tout doute quant à l'usage de ce livre, on précise la transposition de sens qu'il faut adopter : « Nous substituons l'Humanité à Dieu, le type social au type personnel de Jésus, l'amélioration intime à la récompense extérieure, les instincts bienveillants innés (instincts altruistes) à la grâce, les instincts personnels (égoïstes) à la nature. Ainsi envisagées, ces leçons de dévotion et d'humilité, d'intime communion avec le type que nous adorons, de culture morale incessante, d'abnégation, d'effort sur nous-mêmes en faveur d'autrui, ne sont pas moins à notre service parce qu'elles sont revêtues des formes de langage d'une foi plus ancienne, et sanctionnées par l'expérience de beaucoup de générations d'hommes fidèles et religieux.

Après cette lecture on suggère quelque prière où

nous retrouverons le même esprit. « Grande Puissance, que nous reconnaissons ici comme la puissance suprême, Humanité ; dont nous sommes les enfants et les serviteurs, de qui nous tenons tout et à laquelle nous devons tout rendre, puissions-nous chercher à te connaître, pour t'aimer et te servir davantage, et, dans ce but, puissent nos sentiments devenir plus purs, plus vrais et plus profonds, notre pensée plus large et plus forte, notre action plus ferme et plus énergique, afin qu'ainsi, dans la mesure de nos forces, et dans notre génération, nous hâtions l'époque, où, visiblement pour tous, tu revendiqueras ta grande puissance et entreras dans ton règne, où toutes les races et les nations, toutes membres de la famille humaine, si déchirée actuellement par la discorde, dominées par la puissance de l'unité de ton passé, se placeront sous ta direction, les vivants sous le gouvernement des morts, et où, lié aux autres par la communauté de foi et d'affection, chacun prendra la part qui lui incombe dans l'œuvre du progrès humain, dans une association pacifique marchant à travers les âges à venir vers un état de plus en plus parfait, à ta gloire et au bien être commun des générations innombrables d'hommes et des êtres dépendants de l'homme qui successivement posséderont ta belle Planète, cette Terre, qui est ta demeure.

En communion avec toi, en communion avec ton

passé et ton avenir, puissions-nous toujours avoir ce grand but présent à nos yeux, pour fortifier et ennoblir toute notre vie et notre travail. Amen ».

Et la prière finale est encore plus expressive : « En te glorifiant, sainte Humanité, comme il est de notre devoir, pour tous les bienfaits que ton passé a accumulés pour nous ; pour les grands trésors de savoir, de beauté et de sagesse qu'il nous a légués ; pour sa longue série de grands types, notre nuée de témoins, qui nous console, nous soutient et nous guide dans le besoin ; finalement, comme nous sommes ici plus particulièrement tenus de le faire, pour la pleine liberté d'agir et de parler dont nous jouissons ; nous prions que nous ne nous montrions pas indignes de pareils dons, mais que jour par jour, en toute humilité et sincérité d'intention, avec une pleine hardiesse et pourtant non sans tendresse pour les autres, nous te magnifiions et atteignions pour nous-mêmes en aidant les autres à les atteindre, les immenses avantages que peut seule donner la communion avec toi : Union, Unité, Continuité. — Amen.

« La Foi de l'Humanité, l'Espérance de l'Humanité, l'Amour de l'Humanité vous servent d'appui et vous inspirent la sympathie, vous donnant la paix intime et la paix avec les autres aujourd'hui et pour toujours.
« Amen ! »

4° *Un temple*. — Cette prière positiviste n'est pas réservée à l'intimité, elle peut avoir des temples. Les positivistes du Brésil ont commencé la construction d'un temple de l'Humanité, en suivant aussi scrupuleusement que possible le plan prescrit par Auguste Comte pour les temples positivistes dans son système de politique positive. Une partie de ce temple a été solennellement inaugurée le 15 août 1891, jour consacré par Comte à la fête de la femme, — qui représente l'Humanité.

La façade de ce temple reproduit le frontispice du Panthéon de Paris, mais en la réduisant aux deux tiers de sa grandeur. On a choisi cette forme d'architecture, parce que Comte réclamait le Panthéon pour y inaugurer les « commémorations historiques » de la nouvelle religion. Sur la frise du fronton est inscrite en bas-relief et en grandes lettres dorées la formule sacrée du positivisme : « L'Amour pour principe et l'Ordre pour base ; le Progrès pour but ». Sur chacune des trois portes de la façade on lit une des trois devises, politique, morale et pratique : « Ordre et progrès ; Vivre pour autrui ; Vivre au grand jour ».

Un escalier de sept marches dont le nombre rappelle celui des sciences humaines donne accès dans le temple. Tout autour de l'édifice, du terrain a été ménagé pour un petit jardin, et c'est sur le côté intérieur de ses murs d'enceinte, que seront placés les marbres funéraires portant les noms des positivistes décédés.

Le temple proprement dit, c'est-à-dire le local où le culte positiviste sera définitivement célébré n'est pas encore construit, écrivait le P. Gruber à qui j'emprunte ces détails. Mais le tableau de l'Humanité existe déjà ; il a plus de deux mètres de haut. C'est l'œuvre de Decio Villares. Le tableau a été découvert à l'inauguration partielle qui s'est faite dans une salle improvisée pour le culte. Il représente une vierge sous les traits de Clotilde de Vaux, la déesse de Comte. La vierge est vêtue de blanc avec un ruban vert à la ceinture. Entre ses bras (1) est un bel enfant qui tient deux fleurs à la main, une marguerite et une pensée ; il entr'ouvre ses petits bras et regarde la vierge en souriant. Deux rossignols, levant la tête, chantent à ses pieds. Au fond, dans le lointain, on voit le Panthéon et le cimetière du Père Lachaise, où est le tombeau d'Auguste Comte. C'est un symbole de Paris, siège sacré de la nouvelle foi. Enfin, au-dessus du groupe le zodiaque est représenté, donnant l'aspect du ciel au jour et à l'heure de

(1) Cf. sur cette représentation typique de la Vierge Mère comme symbole de l'humanité : Gruber, II, 206 ; les références aux écrits de Comte et du groupe orthodoxe du Brésil. C'est le mystère fondamental du Positivisme.

la mort de Clotilde. Au bas du tableau, le mot « Humanitas ».

... Des deux côtés du tableau principal, quatorze tableaux plus petits représentent Héloïse et les treize principaux chefs de l'évolution humaine, qui donnent leurs noms aux mois du calendrier positiviste. A droite, en entrant, se trouvent : Moïse, Homère, Aristote, Archimède, César, saint Paul et Charlemagne ; — à gauche Dante, Gutemberg, Shakespeare, Descartes, Frédéric II, roi de Prusse, Bichat et Héloïse. C'est dans cet ordre que seront disposées, dans le temple positiviste les quatorze chapelles respectivement destinées à ces grands types de l'Humanité : toutes seront érigées latéralement à la nef centrale, au fond de laquelle se trouvera l'autel suprême avec la statue du Grand Etre.

Nous pouvons garder, de tout ce qui précède, une impression juste du sentiment religieux, dans le mysticisme humanitaire : nous ne l'avons pas déformé, nous pourrons le juger équitablement.

MYSTICISME HUMANITAIRE, NATURISTE

Le fondateur du positivisme orthodoxe, Auguste Comte, après avoir exclu systématiquement toute étude des causes, de l'absolu, de l'âme, de Dieu, avait abouti, nous l'avons vu, à une création religieuse, la religion de l'Humanité, envisagée comme le Grand Etre, vers lequel iront tous les mystiques désirs des cœurs, idéal qui guidera, auquel on rêvera de s'unir, qui aura son culte.

Il reste à critiquer la vie intérieure que nous offre ce mysticisme humanitaire — puis les modifications qu'apportent à ces vues religieuses du positivisme, soit Herbert Spencer par sa théorie de l'Inconnaissable, — soit la théorie du Monisme qui domine, et se retrouve sous mille formes de la pensée contemporaine.

Ni les uns, ni les autres, de ces pseudo-mysticismes où l'Humanité, où le Cosmos —, la Nature, le grand

Tout, jouent le rôle de la Divinité, ne nous calment le désir inquiet et chercheur.

I

Nous ne nions pas dans l'œuvre de Comte un effort remarquable de systématisation générale, ni même de nobles tendances vers une morale haute et pure ; mais nous ne pouvons que nous associer aux critiques qui montrent la fragilité des bases philosophiques, morales, religieuses du système.

On a dit de cette philosophie que c'était une tentative fort peu scientifique et absolument infructueuse pour ruiner la philosophie. Déjà, en 1846, Emile Saisset répondait à Comte et à Littré : « Sacrifier le métaphysique, c'est sacrifier la philosophie tout entière ». Et cinquante ans après, en 1896, des philosophes comme M. Alfred Fouillée ne sont pas moins forts quand ils signalent les déficits du début et du terme, puisque, dans la chaîne des faits, le positivisme néglige l'étude du sujet pensant, et s'arrête au fait de l'humanité.

Nous nous associons à ces critiques, nous les faisons nôtres, nous réservant pour l'avenir de les dépasser et d'aller plus loin : car il est vrai, disons-le dès maintenant, les recherches du désir mystique ne trouvent là qu'un système à base fragile, — qu'une notion d'Humanité vague, et insuffisante, — qu'un sentiment de bon vouloir, impuissant à fonder une morale, ou à contenter le sens religieux, l'appétit du divin.

1° *Fragilité des bases du système.* — Vous excluez le sujet pensant, mais pourquoi? La pensée, le sentiment, les émotions, les sensations ne sont pas réductibles aux mouvements mécaniques, physiques ou chimiques qui les accompagnent, ou les conditionnent. Et c'est tout le problème des faits psychiques, et l'analyse de la connaissance que vous laissez de côté. Mais biffer la question d'un trait de plume, ce n'est pas scientifique. — Vous prenez le fait de la société humaine, comme fait central et dominateur, mais pourquoi? Ce fait humain n'est-il pas lui aussi subordonné à un ensemble, à un fait plus universel, mondial, cosmique, ne fait-il pas partie du Tout? — Vous dites que la morale consiste à diriger ses actes en vue de l'intérêt social, mais (sans même parler de christianisme) ne pourrait-on étendre le point de vue, et dire que non seulement tous les hommes, mais tous les êtres forment une société universelle, et que l'harmonie qui doit régner dans le tout demande que chacun de nos actes tende à s'adapter consciemment aux lois universelles de ce tout?

Quelle preuve solide fondée sur l'observation immédiate, et vraiment scientifique, a donc apportée Auguste Comte à l'appui de son hypothèse fondamentale que l'ordre suprasensible tout entier est inaccessible à notre connaissance? Et comment peut-il être scientifique, d'une part, de rejeter comme insolubles tous les problèmes relatifs aux causes premières et aux causes finales, à l'essence des choses, à Dieu, à l'âme, etc., et cependant d'en donner sans preuves une solution, à savoir « que la Science écarte Dieu du monde, pour le remplacer par l'humanité, que l'homme n'est que le premier des animaux, l'âme une simple fonction du cerveau? »

Tout cela n'est pas justifié, ce sont autant de postulats auxquels vous ajoutez celui de la supériorité de la société sur l'individu, et l'affirmation des droits du Grand Etre, l'Humanité, sans les démontrer. « Le positivisme, dit M. Fouillée (*Mouvement positiviste*, etc., p. 332) en déniant les droits de la psychologie, et en rejetant toute spéculation sur les principes ultimes des choses, s'est mis dans l'impossibilité de justifier rationnellement le « culte de l'humanité ». Physiquement considérée... « l'humanité a beaucoup moins de valeur par rapport au Grand Tout que n'en a la ride passagère d'une onde sur la surface de l'océan. Le positivisme veut réduire la moralité à l'impulsion sociale chez l'homme : pour Auguste Comte, la société sera la seule divinité de l'avenir ; c'est là s'arrêter à moitié chemin, sans apercevoir ni le premier terme de la question qui est l'individu, ni le dernier terme qui est le Grand Tout. La valeur que nous attribuons à la société humaine résulte uniquement, soit de la valeur que nous attribuons à l'individu qui est son élément, soit de la valeur que nous attribuons à quelque idéal universel dont la société n'est qu'un moyen de réalisation.

2° *Obscurité de la notion d'Humanité.* — D'ailleurs, analysons de plus près : je veux savoir qui j'aime jusqu'au sacrifice ? Qu'est ce au juste que cette « Humanité », à majuscule, dont nous parle Auguste Comte ? Efforçons-nous de préciser ce terme un peu vague, qu'est-ce que ce Grand Etre, auquel doivent aller tous les hommages, tous les dévouements, toutes les affections, le centre de la religion universelle, dont Comte prophétisait l'avènement et le triomphe. Qu'est-ce que cette sorte de divinité nouvelle, qui rend si singulier et si original le système d'athéisme moderne, où la négation la plus sèche, le plus plat empirisme, se mêle à des effusions du sentimentalisme religieux ? — Est-ce l'humanité évanouie du passé ? Mais il vous en souvient, les positivistes n'admettent pas « d'immortalité, au vrai sens du mot, la persistance réelle de l'âme après la mort. Nous ne survivons, selon eux, que dans nos œuvres, dans la pensée et le souvenir d'autrui, nous ne sommes immortels que dans la mesure où nous laissons une trace dans l'imagination et la mémoire des vivants? — Est-ce l'humanité purement possible de l'avenir? mais par définition elle n'existe pas encore. — Alors le Grand Etre est-il composé des générations actuelles? auquel cas c'est vous, c'est moi, qui sommes des dieux ou des parcelles de divinité, sans le savoir. — Ou bien n'est-ce qu'une idée universelle et collective pour laquelle nous nous éprenons, nous nous dévouons, nous nous sacrifions, en adorant cette « catégorie de l'idéal »?

Si l'on presse bien jusqu'à la pensée intime, on s'aperçoit que c'est cette seule « pâle population des trépassés (1) », comme on l'a dit, qui constitue le Grand Etre. « Les vivants, dit A. Comte, se trouvent doublement placés sous le patronage croissant des morts, qui sont à la fois leurs protecteurs et leurs modèles. Ceux-ci peuvent seuls représenter l'humanité, qui consiste essentiellement dans leur ensemble ; tandis que ceux-là, toujours nés des enfants, deviennent ordinairement les serviteurs, à moins qu'ils ne dégénèrent en parasites. »

(1) Caro.

Ainsi les morts, — qui ne sont que des souvenirs d'êtres, — sont dans leur ensemble le Grand Etre, l'Humanité ; et non pas tous les morts, remarquez-le bien, tous ne sont pas déclarés membres du Grand Etre, mais ceux-là seuls qui « concourent librement à perfectionner l'Etre universel », selon l'expression d'Auguste Comte. Le Paradis pour les uns c'est l'Incorporation au Grand-Etre, et ils n'en jouissent pas, car ils ne sont pas, car ils ne sont plus ; — et les mécréants, les inutiles, les malfaiteurs, qui sont exclus, n'en pâtissent pas, car ils sont anéantis ; et... après tout, leur néant ne diffère pas beaucoup du Grand-Etre, ce qui serait pour eux, s'ils étaient capables de s'en apercevoir, une fiche de consolation.

Mais en définitive, et au résumé, cette « Humanité », ce Grand Etre, cette Déesse quelle qu'elle soit, elle n'est ni le Tout, ni l'auteur du Tout. Elle ne m'a pas fait, — je n'en dépends pas comme d'une cause, — mais comme d'une condition qui aide au plein épanouissement de mes facultés ; — je ne m'y unis jamais que par idée, par imagination, par sentiment, et non d'être à être, de substance à substance ; — je n'y survis pas en personne ; — et quant au souvenir, de combien rares œuvres et de combien rares personnalités on se souvient ! Voilà un bien mince espoir ; un désintéressement héroïque m'est demandé, et seul il doit être le consolateur, et le stimulant. Tout cela est bien vague ou bien illusoire à qui connaît le cœur humain et le sentiment d'union mystique à ce Grand Etre ne laisse pas d'être chimérique.

3° *Impossibilité de fonder une morale.* — Et admettons qu'en dupant tous les appels intérieurs, en faisant mon imagination complice, à certaines heures généreuses, je puisse bercer mon âme de l'illusion mystique, avec les beaux vers de George Elliot. Je suis homme, et je veux pouvoir contrôler mes impressions, ma vie intérieure, mes actes. Ce sentiment factice dont j'ai relevé l'existence résiste-t-il à l'examen? Cette idée de l'Humanité suffit-elle à fonder une morale, à donner un sens à la vie, à contenter l'instinct religieux de l'humanité?

Les avantages moraux et religieux que présente le positiviste, il ne peut les offrir que comme une constatation de ce que lui paraît un fait utile. « La morale positive ne peut donc juger les faits par rapport à un idéal supérieur aux faits mêmes; elle doit se borner à dire (j'emprunte l'idée de ce dialogue à M. Fouillée) : « Si, par hypothèse, vous désirez tel objet, par exemple votre maximum de vie ou votre plus grand bonheur personnel, voici les moyens scientifiques de l'obtenir ; si, par hypothèse, vous êtes altruiste, et désirez le bonheur général, voici les recettes scientifiques qui l'assurent, de même qu'on dit en médecine : Si vous désirez dormir, prenez de l'opium. — Mais faut-il dormir ? — Oui, si vous voulez conserver votre santé et votre vie même. — Mais faut-il conserver ma santé et ma vie ? — Oui, si vous voulez être utile à l'humanité, à la vie et au bonheur des autres. — Mais faut-il être utile à l'humanité ? — L'humanité désire que vous lui soyez utile. — Et si, moi, je ne le désire pas ? — La société vous empêchera du moins d'être nuisible. — Et si je réussis à nuire sans qu'elle le sache ?... L'entretien pourra se prolonger ainsi sans aboutir à rien de définitif. » (Fouillée, *Mouvement positif*, 331). D'où on conclut à bon droit : « On voit que toute obligation proprement dite disparaît dans la morale des faits. »

Il reste donc un idéal offert à ceux qui se sentent la vocation de l'adopter ; et un sentiment d'union vague à cet être fantomatique, fictif, l'Humanité, l'ensemble des « êtres convergents » vers le bien de cette humanité. Comment vivrons-nous de cela ?

4° *Ce n'est que Christianisme déformé, impuissant.* — Les chrétiens ont bien un amour de l'humanité, la fraternité humaine, ou la charité, mais c'est tout autre chose, et je ne puis me défendre, au terme de cette recherche qui me laisse l'esprit et le cœur mal contents, de relever que les vérités plaisantes du mysticisme humanitaire ne sont que des parcelles de christianisme égarées ou déformées.

Si nous franchissons l'horizon des affections de famille, dictées d'ordinaire impérieusement par la chair et le sang, et si nous observons le cœur humain, y découvrons-nous une aptitude à agir constamment en vue de l'humanité tout entière, fût-ce le Grand Etre, ou l'Humanité restreinte des trépassés bien méritants? Quels sont les motifs qui d'ordinaire rapprochent et groupent les hommes? Des ressemblances de goûts ou d'aptitudes, des sympathies, des intérêts les attirent et les joignent; ce sont autant d'attraits d'où naîtront divers cercles, diverses associations assurément légitimes. La richesse, un rang élevé dans la société, dans le luxe, ou l'aisance large, amèneront à jouir ensemble du confort de la vie; — l'amour du beau poussera à se réunir pour cultiver les arts; — ou bien dans un but commercial et financier, on mettra en société des capitaux, son talent, son industrie. Mais tous ces motifs et mille autres que nous pourrions énumérer sont limités et particuliers. Ces similitudes de surface unissent entre eux les membres d'un groupe, oui, mais le lien même qui les rattache les constitue en caste séparée, il devient une barrière pour tout ce qui n'est pas eux. C'est fatal. Etes-vous du club? Avez-vous été présenté? êtes-vous de notre cercle? cultivezvous les arts ? êtes-vous de notre société, avez-vous apporté des capitaux ? oui ? Vous êtes des nôtres. Sinon, le lien est fort lâche, pour ne pas dire nul, qui nous unit à la zône noire où grouillent les inconnus, les étrangers.

Ainsi participer à la nature humaine nous prédispose à nous réunir, à mettre en commun des intérêts, mais il y faut surajouter un motif spécial, particulier : l'amour de la science, de l'art, du commerce. Et s'il s'agit de se dévouer, de se sacrifier, de faire triompher les intérêts du voisin sur les siens propres, parce qu'il est homme, on vous répondra ; « Mais je suis homme, aussi, moi, et en quoi l'humanité est-elle intéressée à me perdre et à m'immoler pour le plus grand bien du prochain ? » Qui jugera entre moi et l'humanité ? Et les êtres dépourvus de qualités aimables — car il y en a... — et les coupables, les inutiles, les criminels, faudra-t-il les exclure de l'humanité et de ma pitié ?...

L'amour de l'humanité chez les chrétiens a d'autres motifs, et ce vague humanitarisme n'est qu'un pâle succédané. Jésus-Christ a enseigné le « Pater », et si du cœur autant que des lèvres nous le récitons avec lui, dès les premiers mots nous donnons les raisons supérieures de notre amour de l'humanité. Nous disons : « Notre Père ». Nous ne disons pas « Père », ou « Mon Père ». Cette formule serait peut-être trop égoïste, trop personnelle, nous disons « Notre Père », affirmant dès le début l'esprit de famille et la communauté d'intérêts; et nous demandons pour tous les membres de la grande famille humaine. Dès ce premier mot « Pater », nous pouvons discerner le motif supérieur et surnaturel de notre amour de l'humanité. Nous sommes frères de Jésus-Christ, appelés à partager la même vue béatifiante de Dieu, c'est-à-dire, **nous sommes les cohéritiers de Jésus-Christ**, et nous voyons et nous **aimons** en chacun des hommes la créature de Dieu, l'image de Dieu, le racheté de Dieu, l'être capable de posséder Dieu, vraiment fils de Dieu, et qui participe de la Vie de Dieu.

En un mot, je comprends cette fraternité, l'amour de l'humanité, extension de l'amour de Dieu, selon l'acte de charité chrétienne, « et j'aime mon prochain, comme moi-même pour l'amour de vous ». Et sans cela l'humanité vaudrait-elle d'être tant aimée, exclusivement et pour elle-même? Le pourrai-je? Le pourrons-nous? L'observation positive des faits ne me dirait-elle pas que loin de Jésus-Christ cela ne s'est point vu?

De fait, la parole de Jésus-Christ : « Aimez-vous les uns les autres », a renouvelé le monde. L'union fraternelle, née dans le sang du Calvaire, s'est étendue de Jérusalem en tout l'empire romain comme une nouveauté, si bien que les païens des premiers siècles de l'Église disaient en reconnaissant des chrétiens : « Voyez donc comme ils s'aiment ». Et c'était vraiment neuf. Quiconque jette seulement un rapide regard sur l'histoire du monde antique avant la venue de Jésus-Christ le surprend en flagrant délit d'égoïsme, jouisseur et cupide. Dans la vie domestique, que voyons-nous ? une minorité qui méprise la foule des esclaves, rangés parmi les choses dont on trafique, dont les Catons, les sages du temps, tiennent compte dans le matériel de la maison, selon leur utilité, entre des meubles ou des instruments de labour, du bétail ou de la vieille ferraille. Dans la vie sociale, chaque peuple vit constitué dans sa sphère étroite, il s'y confine. Ses affections ne rayonnent pas au delà des frontières, et l'étranger a pour lui un nom : c'est l'ennemi, c'est le barbare.

Et si nous regardons autour de nous, les hommes, laissés à leur pente, démentent-ils le proverbe *homo homini lupus*? Ces loups dangereux, quand leur intérêt égoïste est en jeu, ne luttent-ils pas au plus fort, comme entre carnassiers ? Un des derniers survivants du cours qu'Auguste Comte professa au Palais Royal, en 1848, M. Émile Ollivier, le disait superbement en son discours de réception à l'Académie française. « Qu'est-ce donc, que cette humanité que vous proposez à notre adoration ? Nous y voyons des hommes doués de génie et de vertu appelés d'un nom spécial, les héros et les saints, pour marquer qu'ils sont des exceptions. Au dessous, qu'aperçoit-on ? Les succès étalés de la force, du crime et de la médiocrité, ceux qui rampent, supplantant ceux qui planent, et parfois les immolant, un perpétuel tournoiement dans un cercle fermé, non un incessant progrès, autant d'écroulements que d'élévations. Ils n'ont jamais ressenti les mélancolies de l'histoire, ceux qui divinisent l'humanité. »

Non, le mysticisme humanitaire n'a pas de quoi remplir le vide de l'âme contemporaine, mais il témoigne de sa recherche inquiète.

II

Nous tournerons-nous, pour améliorer la théorie positiviste, vers l'évolutionnisme de Spencer, qui semble offrir par la notion de l'Inconnaissable une ouverture au mystère, au sentiment du divin, et un aboutissement aux désirs mystiques, par où le principe individuel aspire toujours à l'expansion de sa vie intérieure ? Assurément, cette notion de l'Inconnaissable me paraît un aveu et un effort pour corriger ou compléter la théorie du fondateur, pour réserver une place à la croyance religieuse, à laquelle on donne pour base l'agnosticisme, le fait « que la puissance dont l'univers est la manifestation est complètement impénétrable ». Mais cette religion spencérienne renferme trop d'incohérence pour subsister, et être un lieu de repos pour l'âme.

Cet inconnaissable, dirai-je à Spencer, nous est présenté d'une façon très vague et même assez illogique. Est-ce un être conçu simplement comme possible ? alors une simple conjecture, une hypothèse, — ou plus exactement, semble-t-il, comme nécessaire ? car cet absolu, cet inconditionné, que vous appelez inconnaissable, il paraît à H. Spencer indispensable pour expliquer le relatif et le conditionné. Mais s'il est réel, existant, comment n'en pas tenir plus de compte, dans votre explication totale du monde et de la vie ?

Est-ce un inconnaissable inconnu, et ne pouvant l'être ? Mais sur quoi vous basez-vous pour l'affirmer, et comment parler de ce qui est absolument inconnaissable ? On le connaît donc. Selon vous la philosophie a pour objet (*First principles*, § 45) « les manifestations de l'inconnaissable dont les divisions capitales sont le moi et le non-moi ». C'est donc un inconnaissable que l'on connaît en quelque façon, au moins dans ses manifestations. « Tout connaissable, disent les *Premiers Principes* (n. 581), n'est qu'une manifestation de l'inconnaissable partout présent. Nos notions d'esprit, de corps, de mouvement, etc., sont simplement des symboles de cette réalité suprême et très certaine. » — Et dans les *Principes de Psychologie* (II, 475), la question du rapport entre le sujet et l'objet nous amène encore à conclure « que derrière toutes les manifestations intérieures et extérieures, il y a une puissance cachée qui se révèle par ces manifestations... Toute sensation et toute pensée étant transitoire, et les objets eux-mêmes, au milieu desquels la vie se passe, tendant sans cesse, quoique moins transitoires, à perdre plus ou moins rapidement leur individualité, nous voyons ainsi que l'unique chose permanente est *l'inconnaissable réalité cachée sous toutes ces formes changeantes* ».

Et dans le premier volume (I, 272, 273) : « Nous ne pouvons penser la matière que par les termes de l'esprit. Nous ne pouvons penser l'esprit que dans les termes de la matière. Quand nous avons poussé jusqu'aux limites extrêmes nos recherches de la matière, on nous renvoie à l'esprit pour trouver une réponse définitive, on nous renvoie à la matière pour y trouver l'explication de la réponse. Nous trouvons la valeur de x dans les termes de y ; nous trouvons ensuite la valeur de *y* dans les termes de *x*, et nous pouvons procéder de la sorte indéfiniment, sans approcher jamais d'une solution. L'antithèse du sujet et de l'objet, qui est et restera irréductible tant que la conscience durera, *rend impossible toute connaissance* de cette réalité dernière dans laquelle le sujet et l'objet sont unis. Et cela nous amène à cette conclusion certaine... que c'est une seule et même réalité qui se manifeste à nous subjectivement et objectivement. »

Je ne puis trouver, je l'avoue, ces affirmations contradictoires ni scientifiques, ni philosophiques. Vous me parlez de manifestations de l'inconnaissable, de sa réalité cachée sous toutes les formes changeantes, et vous prétendez m'en déclarer impossible toute connaissance. N'est-ce point une confusion ? Si c'est une réalité dont vous affirmez l'existence d'après ses manifestations, vous connaissez d'elle au moins une chose, c'est *qu'elle est*. L'inconnaissable peut donc être connu quant à son existence et j'ai droit de le chercher.

Peut-être voulez-vous dire simplement que nous ne pouvons savoir *ce qu'il est*. Mais à cette seconde question vous pourriez répondre tout au moins partiellement : l'Inconnaissable est une réalité capable de se manifester de toutes façons que nous apercevons en ces formes changeantes. Cette réalité est donc partiellement connue ; son existence est conclue, — et aussi sa nature, tout au moins en partie, comme une Réalité capable de ces manifestations.

Elle est, dites-vous, incompréhensible? Vous seriez alors prêts de vous entendre avec la doctrine chrétienne. Car si des faits observés nous sommes forcés de conclure à une Réalité supérieure, à un Etre nécessaire, — tout en concevant et prouvant son existence, nous ne pénètrerons pas jusqu'à une connaissance exhaustive de sa nature, de son essence. Et les deux choses ne sont pas en contradiction. Permettez-moi de vous rappeler encore les belles et récentes paroles de M. Emile Ollivier (1).

« Voilà, venue des profondeurs du firmament, une blanche lueur qui nous attire et nous charme. Quel est-il, le soleil invisible qui nous l'envoie? Quelle est sa nature, sa constitution? Quel est son rôle dans l'insondable espace? Notre illustre confrère Janssen aura beau multiplier ses analyses spectrales, il ne nous l'apprendra pas. Et cependant, bien que ne comprenant pas, bien que ne sachant pas, nous disons : Il existe !

De même, quoique nous ne puissions ni atteindre,

---

(1) E Ollivier. Discours de réception à l'Académie française. (Cf. de Roberty, *L'Inconnaissable*, p. 27, 66, 127).

ni définir, ni contempler l'essence insaisissable de Dieu, quoique notre intelligence se perde à comprendre comment il est à la fois créateur et incréé, invisible et présent, maître du bien et du mal et permettant le mal, quoique nous ne percevions pas même un léger murmure du Verbe par qui les mondes sont et durent ; cependant quand nous le sentons en nous comme un désir, quand à son nom notre être entier tressaille d'une espérance heureuse, s'anime d'un plus fier courage, se relève et s'ennoblit, alors aussi, bien que ne comprenant pas, bien que ne sachant pas, nous nous écrions : Il existe ! »

Jamais intelligence créée, — vous dirai-je avec tous les philosophes qui reconnaissent Dieu — n'épuisera la connaissance de l'Etre nécessaire, et par conséquent infini. Car connaître enferme l'objet connaissable, connu, dans les limites du sujet connaissant. Et toujours agrandie, toujours reculée, cette limite n'atteindra jamais l'infini.

Ceci fut attesté par l'illustre Pasteur, ce grand savant, ce grand Français, ce grand chrétien, dans son discours de réception à l'Académie française. « Celui qui proclame l'existence de l'infini, et personne ne peut y échapper, accumule dans cette affirmation plus de surnaturel qu'il n'y en a dans tous les miracles de toutes les religions, car la notion de l'Infini a ce double caractère de s'imposer et d'être incompréhensible » (au sens que j'ai relevé tout à l'heure). « Quand cette notion s'empare de l'entendement, il n'y a qu'à se prosterner... Cette notion positive et primordiale, le positivisme l'écarte gratuitement, elle et toutes ses conséquences dans les sociétés. La notion de l'Infini dans le monde, j'en vois partout l'inévitable expression. Par elle, le surnaturel est au fond de tous les cœurs, l'idée de Dieu est une forme de l'idée de l'Infini. » — « La grande et visible lacune du système positiviste consiste en ce que, dans la conception positive du monde, il ne tient pas compte de la plus importante des notions positives, celle de l'infini. »

L'Inconnaissable de Spencer n'est pas, en effet, cet infini : il reste relégué dans une sinécure sublime, selon l'ironique et quelque peu impie sarcasme de M. Fouillée. Au contraire, pour nous, philosophes et chrétiens, si la première Réalité reste en partie inconnaissable, nous affirmons connaître l'existence démontrée de cette réalité ; et la partielle connaissance de sa nature sera aussi démontrée par l'affirmation des perfections connues que nous manifestent les êtres et les négations de leurs limites. Cette connaissance partielle s'impose, selon nous, à la conception du monde, de l'homme et de la vie. Le rapport de chaque homme avec cet ensemble, conçu et voulu par la Réalité première, constitue son harmonie avec le Tout, et quand il en prend conscience et s'y adapte affectueusement, il vit de la vie intérieure.

III

Quelques penseurs ont cru trouver la conciliation, et le but terminal de ces recherches, par une vue plus nette du sujet pensant et du Tout, de la société universelle des êtres : et adoptant l'évolutionnisme comme une loi du développement du monde, ils s'efforcent d'en exprimer une synthèse plus complète à la fois subjective et objective. L'idéalisme, le psychisme, deviennent ainsi « le nécessaire complément du positivisme. Le positivisme de Comte, l'évolutionnisme de Darwin et de Spencer, l'idéalisme de Kant et de Hegel, dit M. Fouillée (*Mouv. positiviste*, p. 337), sont parfaitement conciliables ; de fait, nous les voyons réconciliés dans les grandes écoles contemporaines.

Leurs systèmes prennent en général le nom de monisme, et admettent une Réalité qui se manifeste, dans un perpétuel devenir, sous l'aspect des êtres divers de plus en plus conscients ; lesquels forment une société universelle qui est le Tout. Que cette réalité soit matière, vous avez le monisme matérialiste, que cette réalité soit idée, vous avez le monisme idéaliste, qu'elle ne soit ni l'un ni l'autre, mais tienne de l'un et de l'autre, réduisant ainsi la nature à l'unité, vous avez le monisme naturaliste, à forme psychique, de MM. Fouillée et Guyau.

Ils rétablissent les certitudes du fait conscient, atteint par le sujet pensant, et conçoivent tout le reste à l'image de ce fait bien certainement possédé. Les faits de conscience où s'unifient les phénomènes extérieurs sont ainsi ramenés à l'unité. Ce n'est pas une explication mécanique qu'il faut en chercher, car elle se manifeste insuffisante à rendre compte de la conscience. D'ailleurs, toutes les découvertes modernes semblent nous inviter à mettre partout de la subconscience, de plus en plus assoupie et dégradée, de plus en plus atténuée, à la place de l'inconscient. Les phénomènes de tendances, d'appétitions, d'affinités, leurs manifestations physiques, chimiques, vitales, seront donc assimilés, comme analogues, au fait de conscience plutôt que d'échouer, à l'ordinaire, à expliquer le fait de conscience par un processus mécanique, ce qui est parfaitement inadéquat : — ou de placer un hiatus entre l'inconscient et le conscient, ce qui gênerait, en effet, terriblement, la théorie qui demeure chère, l'évolutionnisme et le processus régulier des êtres dans un devenir, sans cause, immanent.

Le monde ainsi conçu comme un Tout nécessaire et universel, est une société de tous les êtres, et là doit être cherchée la source de toute morale et de toute religion, dont le nœud est dans l'adaptation harmonieuse au principe universel du tout et à ses lois : M. Fouillée écrit dans son rapport de 1895 sur le Prix Bordin :

« *L'essence de la vie religieuse et morale ne consiste pas seulement dans l'harmonie de l'homme avec soi, ni même avec l'humanité;* elle consiste encore dans son harmonie avec l'univers et avec le principe universel. Toute vraie religion est obligée de représenter la nature entière, en apparence immorale et inhumaine, comme un moyen nécessaire pour le développement de la moralité et de l'humanité. De même que l'individu est partie organique de l'humanité, de même l'humanité est partie organique de la nature, dont la conscience individuelle et surtout la conscience sociale nous révèlent l'universelle aspiration. Aug. Comte a lui-même admis, comme fondement de la morale, qu'il existe en nous un principe assez universel pour constituer une communauté entre tous les hommes, mais il n'a pas vu que ce principe est précisément la conscience de soi, qui implique la conception d'autrui et de tous, et qui, par cela même, nous permet de sortir du moi pour « vivre en autrui ». De là résulte la moralité, qui est l'identification de la volonté individuelle à la volonté universelle, et par cela même, le triomphe de la sociabilité en embrassant l'infinité des êtres. Auguste Comte a eu le tort de ne pas étendre au monde entier cette idée de société dont il avait si bien compris l'importance : une religion humaine et terrestre est insuffisante ; ce qui est nécessaire à un être capable de concevoir l'univers, c'est une religion universelle. « Vivre en autrui » doit aboutir à vivre la vie du tout. ».

L'Inconnaissable devient donc ici le connu ; ce connu, c'est la réalité unique qui évolue, et s'ouvre de plus en plus à la conscience ; le « moi » et le « tout » qui est la réalité universelle sont religieusement unis, en société. Aussi le point de vue sociologique doit dominer et même absorber tout dans les sciences, dans la philosophie, dans la religion.

Nous avons soutenu il y a longtemps, dit M. Fouillée (*Mouv. posit.*, 306) dans nos études sur la liberté et le déterminisme, que le monde est « une république universelle », puis dans nos recherches sur la science sociale et contemporaine, que le monde est un « organisme social ou tendant à devenir social » parce que « la complète satisfaction de la volonté individuelle enveloppe celle de la volonté universelle. » Et en note au même endroit : « En d'autres termes, disions-nous, l'état social est la fin à laquelle semble tendre naturellement le monde, sans que cette fin lui soit imposée du dehors... On pourrait définir le monde un organisme qui tend à devenir conscient et volontaire, une république qui tend à se réaliser elle-même par sa propre idée... La Sociologie peut fournir, comme on voit, une représentation particulière de l'univers, un type universel du monde conçu comme une société en voie de formation, avortant ici et réussissant ailleurs, aspirant à changer de plus en plus la force mécanique en justice, et la lutte pour la vie en fraternité. S'il en était ainsi, la puissance essentielle et immanente à tous les êtres, toujours prête à se dégager, dès que les circonstances lui donnent accès à la lumière de la conscience, pourrait s'exprimer par ce seul mot : « Sociabilité » (*La science sociale contemporaine*, p. 412-418). »

Ce système est encore complété dans la *Psychologie des idées-forces*, et les études sur la *Liberté et le déterminisme*, où M. Fouillée s'efforce, dans le déterminisme universel — qui régit l'évolution générale du principe un et immanent, multiple en ses manifestations — de réintégrer le moi, l'unité individuelle, par l'idée du « moi » qui l'aide à se reconstituer ; de sauvegarder la liberté, par l'idée que nous en avons, qui, agissant à son tour, nous affranchit, et nous permet de devenir moralement libre au sein de l'immense Nature.

Le monisme est aussi la pensée de Guyau (*Irréligion de l'avenir*, p. 436) : « Les deux aspects, matériel et spirituel, recouvrent sans doute la même unité. La synthèse des deux aspects est le naturalisme moniste. Le monisme ne désigne pour nous qu'une hypothèse unifiant les données les plus positives de la science... L'unité fondamentale que désigne le terme de monisme n'est pas pour nous la substance une de Spinoza, l'unité absolue des Alexandrins, ni la force inconnaissable de Spencer, encore moins une cause finale préalablement existante comme dans Aristote. Nous n'affirmons pas non plus une unité de figure et de forme qu'offrirait l'univers. Nous nous contentons d'admettre, par une *hypothèse* d'un caractère *scientifique* (1), en même temps que *métaphysique*, l'homogénéité de tous les êtres, l'identité de nature, la parenté constitutive. Le vrai monisme, selon nous, n'est ni transcendant ni mystique, il est immanent et naturaliste. Le monde est un seul et même devenir ; il n'y a pas deux natures d'existence, ni deux évolutions, mais une seule, dont l'histoire est l'histoire même de l'univers. »

Si donc vous demandez ce que devient le moi, et

---

(1) C'est moi qui souligne.

quelle est la vie intérieure dans ce concert des choses, en philosophe et en poète, on ne vous laissera point là-dessus dans l'incertitude.

« Le moi, dit M. Fouillée (*Mouv. positiviste*, p. 192), ne fût-il en définitive qu'une idée centrale et dominante, cette idée ne peut pas se réaliser en une certaine mesure, par cela même qu'elle se conçoit ; de plus, cette réalisation constituant un avantage, un surcroît de force dans la lutte pour l'existence et pour le progrès, les êtres en qui l'idée du moi s'est le plus développée ont dû l'emporter, survivre et se propager...

« Mais quelque utile, quelque nécessaire que soit ainsi l'idée du moi, elle n'en a pas moins besoin, en morale, d'avoir son contrepoids dans l'idée du tout... C'est l'action du tout qui se continue en moi au lieu d'y commencer ; je sers à modifier cette action, je joue mon rôle, je fais ma partie ; mais je ne saurais jouer seul ; je ne puis que du bout des lèvres m'écrier : — Moi, moi, dis-je, et c'est assez. Le chœur immense des choses me répondra toujours : nous, et, il couvrira ma voix, perdue dans le concert infini des mondes. C'est en tous les autres que nous avons « vie, mouvement, existence », — et les autres en nous, puisque nous coopérons à l'œuvre universelle, puisque nous connaissons les autres, puisque nous les aimons. Je ne puis, ni sentir seul, ni penser seul, ni vouloir seul, ni exister seul. Et pourquoi se plaindre d'une loi qui, comprise et acceptée par notre intelligence, devient la loi de solidarité, la loi de fraternité universelle.

Et c'est là précisément l'épanouissement du sentiment de religiosité et de mysticité naturiste, l'union du moi avec la Nature, avec le Tout doit l'enchanter. Un poème :

> Éternel se déroule et vit dans l'univers,
> J'y suis une syllabe, un mot, pas même un vers :
> Qu'importe, si je trouve un charme qui m'enivre
> Dans le rythme divin où je suis emporté ? (1)

Qui ne serait consolé, ému, de vibrer avec le Tout ; le poète philosophe et d'une mysticité panthéiste, ou moniste, s'abandonne au caprice des choses, au déterminisme universel, dont il dépend, et qui l'enserre, il tâche de s'en consoler et d'en vivre :

> Un concours, un concert, telle est en moi la vie.
> Il est beau de sentir dans l'immense harmonie
> Les êtres étonnés frémir à l'unisson
> Comme on voit s'agiter, dans un même rayon,
> Des atomes dorés par la même lumière.

Dès lors, il croit sentir « la rose éclose dans son

---

(1) GUYAU, Vers d'un philosophe, p. 37, *Solidarité*.

cœur », « baiser la fleur » avec le papillon ; et dilater son cœur dans cette communion à la Nature jusqu'à la destruction de l'égoïsme hostile. Il nous y exhorte.

> Elargissons-nous donc ; laissons nos cœurs ouverts
> A tout tressaillement de ce vaste univers.
> Demandons notre part de toutes les souffrances
> Dont le poids fait frémir les êtres révoltés ;
> Demandons notre part des lointaines clartés
> Qui se lèvent sur eux comme des espérances.
> Faisant tomber enfin cet obstacle éternel,
> Le *moi*, réfléchissons en nous toute lumière
> Qui monte de la terre, ou qui descend du ciel :
> Soyons l'œil transparent de la nature entière.

IV

Il est difficile de discuter sérieusement et surtout de réfuter efficacement un système tout entier fait d'hypothèses, de conjectures, que l'on avance avec un certain scepticisme, y croyant assez pour se bercer d'un rêve métaphysique qui donne quelque percée et quelque jour sur le sentiment religieux, et en quelque façon sur l'infini ; mais pas assez pour ne pas se dérober devant l'obligation d'appuyer son système sur des faits observés, et des déductions logiques.

C'est une hypothèse? soit! Vous n'avez donc aucunement le bénéfice d'une certitude même subjective et personnelle à nous proposer. Et, de plus, je dirai qu'elle ne satisfait ni l'esprit scientifique, ni l'esprit philosophique, ni l'esprit religieux.

C'est une hypothèse scientifique? oh! non! car l'hypothèse scientifique doit surgir de l'observation des faits, ou concorder avec leur nature, et leurs lois, pouvoir se vérifier par eux. Or, ici n'est-il pas plutôt conforme à la fantaisie et à l'arbitraire d'assimiler la vibration des molécules dans un cristal, le mouvement de la limaille de fer vers l'aimant, l'appétition du végétal, de l'animal, et le fait conscient le plus élevé de l'être humain. Ne voir là qu'une donnée unique, est-ce suggéré par les faits? Considérer la volonté comme fonction psychique consciente ou subconsciente, principe de l'évolution universelle, c'est une conjecture arbitraire. Cette évolution, qui amènerait le développement merveilleux de la conscience latente et sourde du caillou à la pleine conscience d'un artiste, d'un orateur, d'un penseur, d'un homme d'état, c'est encore une hypothèse, qui peut aider comme méthode de groupements de faits, mais qui, dans le domaine des réalités, des faits, n'est pas prouvée. D'ailleurs, quelle que soit la probabilité de l'évolution comme développement de l'univers, sa certitude même n'exclurait ni Dieu ni l'âme.

Ce monisme est-il une hypothèse métaphysique ? Mais non encore : elle n'est ni logique, ni cohérente, ni déduite d'une sage observation des faits. Le Tout qui est un éternel devenir et qui se suffit à lui-même, cette hypothèse a tous les inconvénients de l'hypothèse cent fois réfutée du panthéisme immanent.

MM. Fouillée et Guyau ont beaucoup d'esprit et de talent, et leur critique du positivisme de Comte ou de Spencer est fort juste. Mais quand on voit la fragilité de leur construction propre, et cette dépense ou ce gaspillage d'efforts et de talent, on se demande pourquoi ils laissent de côté les questions préalables et fondamentales. L'existence du fait, quel qu'il soit, du monde, de l'univers, du tout, se suffit-elle à elle-même ? Ce monde est-il l'être nécessaire ? Est-il Dieu alors ? Car Dieu c'est l'être nécessaire, qui existe par lui-même, pas autre chose. Mais ce monde, ensemble d'êtres contingents, finis, changeants, peut-il être affirmé, être nécessaire, l'Etre par excellence ? Un philosophe ne peut éluder cette question, elle est primordiale. Or, ici je la vois négligée.

Puis, sous prétexte d'opposer la science expérimentale au dogme de la création, il est étonnant de voir des hommes si bien doués, d'un si beau talent, se laisser entraîner par le préjugé au point de méconnaître les données de l'expérience, en identifiant les phénomènes si disparates du psychisme et du mécanisme.

D'ailleurs que devient, en suivant cette hypothèse, la reconstruction de la morale, et que vaut la religion et le sentiment religieux qui l'accompagne? Votre morale, j'en reconnais les aspirations généreuses, mais elle n'est pas plus obligatoire que celle d'Auguste Comte, critiquée par vous si justement. Ceux qui voudront s'harmoniser à la loi du tout, s'ils s'ont doués de ce désir voudront bien vous suivre, mais les autres? Pas de cause efficiente et première, pas de cause finale et dernière, le Tout et l'ordre hiérarchique de ses lois n'est pas conçu, voulu par un auteur, et manifesté par l'intermédiaire de ma raison obligée par le fait. Dès lors la morale n'est plus qu'une esthétique supérieure, un beau poème pour ceux qui se sentent inspirés.

Et la religion, et le sentiment de mystique union au Tout que vous chantez? cette religion de la Société universelle des êtres, comme la morale qu'elle accompagne, approche sans doute plus près de la vérité que la théorie strictement positiviste : mais si elle permet au sentiment de se complaire dans les aperçus poétiques de l'évolutionnisme, et du mysticisme naturiste, elle ne dit rien de positif sur le fait divin, ou bien elle le nie en le confondant avec le Tout qui est Dieu.

Aussi l'humanité reste, de fait, anxieuse à l'école de la Science, et de la philosophie positiviste ou moniste, elle demeure en son doute angoissant :

> Non ! nulle certitude où l'âme se repose
> Les grands cieux ont gardé leur silence sacré.
>
> (Guyau).

Ou, si vous l'aimez mieux, avec Darmesteter : « La science arme l'homme, mais ne le dirige pas : elle éclaire pour lui le monde jusqu'aux derniers confins des étoiles, elle laisse la nuit dans son cœur » (Prophètes d'Israël).

L'ÉTAT D'AME PESSIMISTE

Les lacunes du positivisme, sous toutes ses formes, mènent droit à une lassitude et une désespérance, que provisoirement nous appelons pessimiste. La tristesse, l'abattement à la suite des déceptions et des mécomptes de la vie, ne constituent pas, à vrai dire, un état d'âme pessimiste, conforme à la doctrine de vie intérieure que suggèrent les maîtres. Mais au sens vulgaire et courant, vous êtes pessimiste si vous voyez en noir. Ce n'est là qu'un fait, qu'un affaissement, une dépression mentale ; ce n'est pas précisément conforme aux théories du pessimisme doctrinal. Celles-ci s'efforcent au contraire, nous le verrons, de fonder la paix de l'âme, et peuvent se concilier avec la force et l'activité, et même la justifier et la soutenir. Toutefois, le désenchantement douloureux fait désirer et adopter le système : il y prédispose.

En ce moment nous voulons uniquement peindre l'état d'âme engendré par la vie intérieure conforme aux vues positivistes, évolutionnistes, monistes. Nous constatons le fait de la souffrance contemporaine, et nous voyons parmi ses causes les doctrines précédemment rappelées.

Ni la nature, ni l'humanité, ne sont assez vastes pour emplir le cœur, et rassasier nos intimes désirs. Guyau, dont le beau talent de poète philosophe, — encore plus poète dans sa prose que dans ses vers, — a souvent traduit, en les revêtant du charme et des séductions de l'art, les idées de son maître, M. Fouillée, interrogeait ainsi la nature dans une belle pièce intitulée : *La Nature et l'Humanité, genitrix hominumque deumque*. Il y passe peut-être un souffle de Lucrèce, mais on y sent aussi son amertume, et on y retrouve, à deux mille ans de distance, la même inquiétude, la même angoisse, qui feint de se tranquilliser :

> Dis-moi, Nature, ô toi notre éternelle mère, etc.,
> ... pour toi l'on ressent
> Un respect étonné mélangé de tristesse
> Nul cœur ne bat-il donc dans ton immensité ?

I

1° *Le fait de la souffrance contemporaine.* — Certes, c'est une bien vieille histoire que celle du cœur humain aux prises avec la douleur, vieille comme les plaintes de notre mère Eve devant le cadavre d'Abel, vieille comme les sanglots de Job, maudissant le jour qui l'a vu naître, vieille comme les lamentations de Jérémie devant le peuple d'Israël, vieille comme le mythe de Prométhée cloué sur son rocher, suivant la fable antique. Mais n'est-elle pas plus aiguë et plus désespérée chez nous cette souffrance, surtout chez nos contemporains qui ont perdu la foi ? « Faisons les fiers tant que nous voudrons, écrivait Michelet, philosophes et raisonneurs que nous sommes aujourd'hui; mais qui de nous, parmi les agitations du mouvement moderne, ou dans les captivités volontaires de l'étude, dans ses âpres et solitaires poursuites, qui de nous entend sans émotion le bruit de ces belles fêtes chrétiennes, la voix touchante de ces cloches, et comme leur maternel reproche, qui peut voir, sans leur porter envie, ces fidèles qui sortent à flots de l'église, qui reviennent de la table divine rajeunis et renouvelés... » et il termine en avouant que « l'âme est bien triste ».

En effet, la douleur doit paraître plus pénible que jamais aux âmes modernes qui n'en comprennent plus le sens et la portée. Elle est plus aiguë, car elle vient heurter des êtres d'une organisation nerveuse plus raffinée, dont l'hyperculture de l'esprit a décuplé le pouvoir de sentir et de souffrir : sorte de patients pareils à un écorché à vif, exposé aux morsures de l'air, et que ferait frémir le plus léger contact. Elle est plus désespérée, car un fait nouveau a changé le monde, quelque jugement qu'on en porte, depuis que Jésus-Christ a paru sur notre terre et fondé son Eglise. Ceux qui l'ont connu, à qui il fut annoncé, ne peuvent, sans empirer leurs maux, repousser le baume de la divine parole, et Celui qui a paru le guérisseur, le consolateur de notre pauvre humanité.

Depuis cent ans, il est vrai, l'esprit humain a connu d'étranges ébranlements, et s'est développé dans les sens les plus divers. L'intelligence positive et pratique s'est donnée carrière en de merveilleuses applications de la science et de l'industrie, elle s'est évertuée à dompter la matière, à lui arracher un à un tous ses secrets. Les nations les plus éloignées se trouvaient rapprochées par les communications les plus rapides : et l'essor nouveau donné au commerce, et à l'échange mutuel de toutes les productions de la terre devait assurer plus de bien-être pour tous avec l'accroissement de la richesse. Et, en même temps, l'imagination plus que jamais éveillée, et par les bouleversements inouïs des grandes guerres du commencement de ce siècle, et par le goût nouvellement introduit chez nous des littératures du Nord, l'imagination affranchie de tous les jougs de convention, s'élançait dans tous les domaines de la poésie et de l'art avec une fougue plus grande qu'à aucune époque de la vie française.

Or, il s'est trouvé qu'à son aurore comme à son déclin ce grand siècle a gémi, et si vous en écoutez les fils les plus dévoués, ils lui découvrent tous une plaie, ils avouent que « les raisons de souffrir abondent, et finissent par sembler des motifs de désespérer ». Et si vous leur demandez où ce mal du siècle a sa racine, ils accuseraient la pensée qui les ronge plutôt qu'elle ne les nourrit ou ne les repose : ils vous répondraient par une image splendide et expressive que j'emprunte à l'un d'eux. « Parfois, dans les montagnes de la Tartarie on voit passer un animal étrange, fuyant à perdre haleine sous le brouillard du matin. Il a les grands yeux d'une antilope, des yeux démesurés, éperdus d'angoisse, mais tandis qu'il galope et de son pied frappe le sol tremblant comme son cœur, on voit s'agiter des deux côtés de sa tête deux ailes immenses qui semblent le soulever dans chacun de leurs battements. Il s'enfonce dans les sinuosités des vallées, laissant des traces rouges sur les rochers durs ; tout d'un coup il tombe : alors on voit les deux ailes géantes se détacher de son corps, et un aigle, qui s'était abattu sur son front et lui dévorait lentement la cervelle, s'envole rassasié vers les cieux. » (Guyau, *Irréligion de l'avenir*, p. 408.)

C'est l'image de l'humanité moderne ! C'est dans le cerveau que le mal a son siège, c'est de la tête que l'humanité souffre, ou, pour parler moins matériellement, les intelligences sont malades ; elles sont prises de vertige devant le problème de la destinée, du sens de la vie, de la douleur, de la souffrance, du mal physique ou moral dans le monde. Réduites au positivisme, vides de la vérité complète qui unit, selon nous, les clartés de la raison et de la foi, nous les voyons hésiter en cette alternative de maudire Dieu ou de le nier, ce qui revient souvent au même.

2° *Plainte populaire*. — De fait, soit qu'on écoute en haut ou en bas de la société, les poètes ou les philosophes qui écrivent, ou les travailleurs qui manient l'outil, on entend les cris d'une plainte désespérée. Faut-il vous rappeler les doléances ouvrières ? elles sont assez connues. Je ne parle pas des agitateurs, qui excitent mal à propos les grondements de la colère populaire, mais des travailleurs sérieux qui représentent et exposent en toute sincérité leurs souffrances. Ce sinistre inventaire est présent à toutes les mémoires. Les problèmes de la vieillesse, de la maladie, des accidents, des chômages involontaires sont passés à l'état de crise plus aiguë et plus insupportable.

Mais comment ce problème est-il contemporain ? car il n'est pas absolument nouveau !

Je veux bien que vous me rappeliez les causes mécaniques, comme l'introduction des machines qui a créé la grande industrie, — les usines agglomérant des centaines, des milliers d'ouvriers, — la disparition fatale de l'ancienne organisation par petits ateliers qui favorisait l'assistance familiale, — la concentration compliquant ainsi le problème par le surchauffement et les excitations réciproques.

Dites encore qu'il est des causes politiques, que le pouvoir est aux mains du nombre, que, par la force du régime démocratique, les petites gens dont jadis la voix se perdait davantage, sont maintenant au premier plan. Jadis des pestes, des famines, des jacqueries seules faisaient apparaître le mal des masses sociales profondes ; aujourd'hui, avec le droit de coalition et les syndicats, et aussi le bulletin de vote, elles font entendre leur voix, et, s'il le faut, leur clameur.

Mais n'ajouterez-vous pas aussi qu'en rétrécissant

l'horizon de la vie, le bornant à la terre, à l'engrenage des faits que décrit la science positiviste, sans laisser place au rayon consolant d'en haut, on a doublé, ou triplé et décuplé le sentiment de la souffrance, et diminué du même coup la patience à le supporter. De tout temps on s'est plaint de son sort : *qui fit Mecænas ?...* disait Horace. Mais parfois un fardeau moins lourd peut nous paraître plus pesant. Quand on se courbait sous le heurt des choses, et l'inégalité des conditions, et les injustices de la vie sociale, on invoquait le Père des cieux, en attendant les compensations futures : et l'on reprenait cœur. Aujourd'hui, là où règne le terre à terre positiviste, germe l'angoisse, qui irrite et exaspère, et l'on dit : « Tout va mal ici-bas, puisque nous n'y sommes pas bien : nos droits au bonheur valent les vôtres ; nous en réclamons une plus large part, au nom de la justice, à la société. »

Jamais n'a été plus juste qu'aujourd'hui cette parole de Lamennais dans ses œuvres posthumes (cité Caro, *G. Sand*, p. 100). On ne saurait tromper plus dangereusement les hommes qu'en leur montrant le bonheur comme but de la vie terrestre. Le bonheur n'est point de la terre, et se figurer qu'on l'y trouvera est le plus sûr moyen de perdre la jouissance des biens que Dieu a mis à notre portée. Nous avons à remplir une fonction grande et sainte, mais qui nous oblige à un rude et perpétuel combat. On nourrit le peuple d'envie et de haine, c'est-à-dire de souffrance, en opposant la prétendue félicité des riches à ses angoisses et à sa misère. J'ajouterai « en lui ôtant du cœur la vie d'espoir divin, et l'amenant par là à maudire son sort présent, s'il y est enfermé comme dans un paradis manqué ».

3° *Plainte des intellectuels.* — D'ailleurs, si nous nous tournons vers les classes plus instruites ou plus riches, y trouverons-nous moins de souffrance et moins de lassitude morale? Ouvrez les *Essais de psychologie contemporaine* de M. Paul Bourget, et ses analyses de quelques âmes de marque parmi nos écrivains ; dès les premières pages, où nous a-t-il mené? « Une nausée universelle devant les insuffisances de ce monde soulève le cœur des Slaves, des Germains et des Latins et se manifeste chez les premiers par le nihilisme, chez les seconds par le pessimisme, chez nous-mêmes par de solitaires et bizarres névroses. La rage meurtrière des conspirateurs de Saint-Pétersbourg, les livres de Schopenhauer, les furieux incendies de la Commune, et la misanthropie acharnée des romanciers naturalistes, — je choisis avec intention les exemples les plus disparates, — révèlent ce même esprit de négation de vie qui, chaque jour, obscurcit davantage la civilisation occidentale » (p. 15).

Et après ses études sur Baudelaire, Renan, Flaubert,

Taine, Stendhal (p. 322) : « J'ai rencontré, dit-il, chez ces cinq Français de tant de valeur la même philosophie dégoûtée, de l'universel néant. Sensuelle et dépravée chez le premier, — subtilisée et comme sublimée chez le second, — raisonnée et furieuse chez le troisième, raisonnée aussi mais résignée chez le quatrième, cette philosophie se fait aussi sombre, mais plus courageuse chez l'auteur de *Rouge et Noir*. Cette formidable nausée des plus magnifiques intelligences devant les vains efforts de la vie a-t-elle raison ? Et l'homme, en se civilisant, n'a-t-il fait vraiment que compliquer sa barbarie et raffiner sa misère ? »

Aujourd'hui, dit Taine dans ses *Origines de la France contemporaine* « aujourd'hui la lutte est partout et aussi le sérieux triste. Chacun a sa position à faire... La vie n'est plus une fête dont on jouit, mais un concours où l'on rivalise. Joignez à cela que nous sommes obligés de nous faire nos opinions. En religion, en philosophie, en politique, dans l'art, dans la morale, chacun de nous doit s'inventer ou se choisir un système : invention laborieuse, choix douloureux... La vie n'est plus un salon où l'on cause, mais un laboratoire où l'on pense. Croyez-vous qu'un laboratoire ou un concours soient des endroits gais ? Les traits y sont contractés, les yeux fatigués, le front soucieux, les joues pâles ».

Et plus récemment, se félicitant de cette tristesse contemporaine comme d'une marque de noblesse morale, M. Desjardins écrivait dans le *Devoir présent :* « Jamais, je crois, on n'a été plus généralement triste qu'en ces derniers temps ». « Ce n'est plus cette mélancolie née de l'insuffisance de la réalité extérieure une fois reconnue qu'éprouvèrent Obermann et les fiers romantiques, mais une rancœur humble, contractée, déchirée, mêlée de mépris, de dégoût, née de notre insuffisance à nous aperçue à fond... » « Et c'est ce qui nous sauve ; je retrouve ici notre grandeur... les consciences sans inquiétude sont seules désespérées. »

Je pourrais multiplier ces témoignages éloquents, mais il faut nous borner.

Il ne serait que trop facile aussi, pour éclairer et renforcer cette vue rapide sur le peuple et sur les « intellectuels », d'apporter le témoignage de faits, de chiffres et de statistiques, d'invoquer le nombre des suicides croissants ; la décroissance continue des naissances ; la progression de la criminalité, des divorces ; et comme si, dans ce malaise social, les hommes allaient chercher un étourdissement et un stupéfiant, dans l'absinthe et l'alcool sous toutes ses formes, la France, devenue de tous les pays du monde celui où la consommation alcoolique moyenne est la plus élevée.

Nous pourrions continuer et demander aux doctrines régnantes : « Avez-vous fait le monde meilleur et plus heureux ? »

Tous ces faits donnent à réfléchir, et leur accumulation étonne, elle explique un état de souffrance et de dépression, dont il nous faut désormais déterminer le caractère, et partiellement les causes.

II

A ce malaise profond, n'assignerons-nous pas comme cause non pas unique, mais notable, l'impuissance à donner une réponse aux problèmes de la vie, aux appels de tout l'être humain, à la poussée de sa vie intérieure? Et c'est le lien qui unit nos études précédentes à celles qui vont suivre dans l'analyse psychologique de l'inquiétude religieuse.

Des adeptes du positivisme, comme M. Hurrel Mallock, devant ses conceptions de la vie, ont écrit : *Is life worth living ?* « La vie vaut-elle de vivre ? » C'est sous une forme vive, originale, souvent ironique, le réquisitoire vivant contre l'inanité du système pour donner à la vie du prix, un sens, un but, pour nourrir le désir inquiet, et sourdement mystique, du divin.

Cette formidable accusation d'impuissance explique la poussée de pessimisme, que nous analysons, et qui a entraîné pour un temps les plus belles intelligences. C'est l'aboutissement obligé, et presque fatal, de ces doctrines désespérantes et non prouvées. Et le pessimisme lui-même, n'étant pas un lieu de repos définitif pour l'esprit et le cœur, n'a fait qu'accentuer et accélérer la recherche vers d'autres promesses de paix et de vérité : nous le verrons par la suite.

Ou pas de réponse ou une réponse désolante, ou une réponse dérisoire et le doute, tel est le bilan du positivisme.

1° *Pas de réponse à la vie intérieure, (ni but, ni idéal à aimer).* — Le positivisme (1) condamne les facultés de l'homme à ne jamais obtenir l'objet supérieur de leur désir, il laisse l'imagination sans rien au delà du monde sensible, et le cœur sans l'espoir d'un bonheur parfait et perpétuel, sans réponse au désir d'aimer qui veut un objet vivant, parfait et idéal, et en même temps immortel, qui veut de l'éternité dans l'amour. L'intelligence et la raison se voient également sacrifiées dans leurs aspirations les plus chères. L'esprit humain veut connaître les causes : « Non, lui

(1) Cf. Abbé de Broglie, qui développe bien cette accusation ; *Réaction contre le Positivisme* ; — id., abbé Piat, *La Destinée, la Personne humaine* ; — Ollé-Laprune, *Le Prix de la Vie.*

dites-vous, il n'y a que des faits, et les lois de leur enchaînement. Il faut se tourner vers la pratique, et abandonner le champ des spéculations aux mirages trompeurs, pour la plus grande utilité humaine ».

Mais alors cette science utilitaire devrait connaître la fin qu'elle poursuit. Quel est donc le vrai bien de l'humanité? Sa fin? Sa destinée?

Ces problèmes sont interdits au positiviste, et leur solution déclarée impossible ou conjecturale. L'âme est-elle une substance capable de survivre à l'organisme? Le principe du monde est-il un principe juste, poursuivant la rétribution du bien et du mal, ou un principe aveugle, indifférent, en présence des actions des hommes? On nous répond en parquant l'intelligence dans le souci d'améliorer la vie présente.

La conscience qui parle au dedans, aux hommes les mieux cultivés, les plus droits, a trois caractères en contradiction avec la doctrine positiviste. Elle parle d'un ordre à suivre, d'un devoir à observer, il faut agir, faire ou omettre, c'est un impératif catégorique, a-t-on dit. Elle a l'idée d'une règle absolue, inflexible, d'un type idéal auquel il se faut conformer. Elle suggère l'idée d'une sanction à venir, corrigeant et compensant les injustices inévitables du présent.

Tout cela n'est qu'erreur, reprend le positivisme.

Le devoir n'est qu'une idée qui s'est formée par association d'idées et hérédité. La conscience est donc mensongère : il n'y a pas de règle, pas de juge invisible.

Puisque telle est toute la réponse de la science positive à l'humanité sur sa destinée, mieux faut avouer, avec le savant Darmesteter (*Prophètes d'Israël* : Préf. x.) que la science proprement dite n'a pas mission pour répondre, et ne répond pas sans sortir de son domaine : « Elle a cru qu'elle était la reine du monde, et quand le chrétien du christianisé vient à elle et lui dit : « Tu as soufflé sur mon Christ et l'as réduit en poussière, tu m'as fermé les avenues du ciel, tu as fait pour moi de la vie une chose sans objet et sans issue ; eh bien, remplace ce que tu m'as pris ; dis-moi ce que je ferai de ma vie : je t'obéirai aveuglément, ordonne !.. » Elle se trouble, balbutie, et reconnaît avec confusion et terreur que la seule chose qu'elle ait à lui dire, que sa grande découverte, son dernier mot sur la destinée humaine, c'est la parole même qui planait sur la religion qu'elle a condamnée : « Ce monde ne vaut ». Sur tout le reste, c'est un aveu d'ignorance.

Et pourtant la recherche métaphysique est naturelle et inhérente à l'esprit humain, si bien qu'on la retrouve chez des enfants, et chez des sauvages. Casalis, dans un ouvrage sur les Basutos, ne parle-t-il pas d'un indigène, qui déclara avoir pleuré parce qu'il ne savait pas pourquoi le monde existe, d'où il était aussi lui-même et où il allait (1).

2° *Ou réponse désolante.* — Nous savons ce que détruisent les positivistes, que mettent-ils à la place ? S'ils répondent, la réponse est désolante. Pourtant je sais, je sais ce qu'ils promettent : à la place du bonheur individuel, le bonheur futur de l'humanité sur cette terre ; à la place du devoir, le dévouement spontané, la sympathie, l'altruisme opposé à l'égoïsme, et se substituant à lui.

Mais d'abord quel est ce bonheur futur de l'humanité ? Sans illusions, on n'espèrera que des améliorations partielles, et d'autant plus difficiles à atteindre que les désirs aiguisés deviennent plus exigeants, si l'horizon est borné à cette terre. D'ailleurs, ce progrès social ne sera pas mieux poursuivi qu'avec le Christianisme, dont Auguste Comte fit un magnifique éloge.

L'altruisme, nous l'avons vu, ce n'est après tout qu'un succédané de la charité chrétienne, avec cette différence que pour la masse des hommes il devient utopique. Avec les souffrances et les inégalités sociales

(1) NAVILLE, *Définition de la Philosophie*, p. 242.

qui persisteront, l'homme, enfermé de plus en plus dans ses préoccupations terrestres, irait constamment, croyez-vous, se soulever au-dessus de lui-même pour se dévouer aux autres? Mais voyez plutôt autour de nous, là où le positivisme règne en pratique dans la société : n'est-ce pas l'égoïsme et l'amour du plaisir personnel qui entraînent la multitude?

Avec la doctrine qui maintient les freins du devoir et de la sanction céleste, il y a aussi une culture rationnelle du principe de dévouement, en développant l'amour de Dieu et du prochain. Mais aujourd'hui on supprime les freins, et tout naturellement les penchants inférieurs et égoïstes, non comprimés, doivent se développer. Et si la justice est violée, elle le restera éternellement, puisqu'il n'est pas de Dieu, pas de sanction, pas d'idéal de bonheur proposé à tous !

M. Ollé-Laprune relève justement les interprétations désolantes de la vie (1) que nous offrent seuls le positivisme, et le déterminisme scientifique, et la critique. Le positivisme conséquent avec lui-même, dit-il, est manifestement pessimiste en ses conséquences. « A la lettre il dévaste la vie. Il déclare toutes les hauteurs inaccessibles : on est, dès lors, porté à les croire vides. Les idées que le positivisme développe comme ayant

(1) *Prix de la Vie*, ch. XVI.

seules du prix parce que, seules, elles lui semblent scientifiques, ce sont des idées très tristes. La lutte pour la vie, la sélection naturelle, l'évolution naturelle, quand aucune idée morale n'y est mêlée, ne sont-ce pas des choses désolantes ?

Et, assurément, l'âge d'or promis dans un avenir plus ou moins lointain, s'il doit être le bonheur futur de l'espèce, ne laisse pas d'être assez désolant pour l'individu. Celui-ci est un rouage, un ressort de la grande machine, et ses maux sont comptés pour rien : il faut s'incliner devant le règne morne de la force, et du hasard, devant cette grande roue de la nature « qui ne peut se mouvoir sans écraser quelqu'un ».

Puis, pour comble, on joint parfois cette idée, chère à des critiques, macabres sous leurs apparences ingénieuses et élégantes, que peut-être nous sommes les jouets et les dupes d'une puissance qui s'amuse à nos dépens, — d'un « démiurge jovial », — d'une nature rusée qui se plaît à nous mystifier.

Mettez d'ailleurs tout au mieux : « Supposé, se dit un jour Stuart Mill (1) — un positiviste de marque, assurément — que tous les objets que tu poursuis dans la vie soient réalisés, que tous les changements dans les opinions et les institutions dans l'attente desquels tu

---

(1) *Mémoires*, p. 127-128, Paris, Alcan, 1894.

consumes ton existence, puissent s'accomplir sur l'heure, en éprouveras-tu une grande joie, seras-tu bienheureux? » — « Non! » me répondit nettement une voix, que je ne pouvais réprimer ». Et le penseur ne trouve dès lors de meilleure expression de son état d'âme que ces vers de l'*Abattement* de Coleridge :

« Une douleur sans angoisse, vide, sourde, lugubre, — une douleur lourde, étouffée, calme, — qui ne trouve aucune issue naturelle, aucun soulagement dans les paroles, ni dans les sanglots, ni dans les larmes ».

M. Kegan Paul (1), élevé à Eton, puis à Oxford, depuis professeur dans la grande école où il avait reçu son éducation au catholicisme, après avoir embrassé pendant un temps les doctrines positivistes : « Le positivisme, dit-il, est une religion adaptée au beau temps, lorsqu'on est fort, heureux, qu'on est sans tentations ou que l'on ignore qu'on en a, tant que la vie future et ses redoutables éventualités ne pénètrent pas dans notre pensée ; mais il n'apporte aucun message consolant aux malheureux ni aux pécheurs ; il ne ramène pas dans le droit chemin ceux qui s'égarent, il n'offre aucun secours à l'heure de la mort. »

Donc, ou bien pas de réponse; ou bien réponse désolante, j'ai ajouté ou bien réponse dérisoire.

---

(1) *La Croix*, 7 décembre 1899. Lettres d'Angleterre.

3° *Ou réponse dérisoire, ou doute.* — a) *Dérisoire.*
Les aveux désespérés, au nom de la science positiviste, impuissante à dénouer l'énigme, ou les réquisitions contre les philosophies de la vie qui se réclament des sciences expérimentales, se sont tellement multipliés qu'ils ont forcé l'attention. Le monde qui pense s'est ému. Mais, dans la discussion, qu'ont répondu les savants? Ils répondent à des questions d'origine purement biologique.

« A la demande : « Que sommes-nous? » l'un des champions de la science positiviste s'est contenté de répondre, nous sommes vértébrés mammifères, primates, d'un ordre peu dissemblable de celui des quadrumanes. » A la demande : « D'où venons-nous? » on a répondu : « Nous venons de formes antiques qui, dans l'adaptation aux conditions de la vie, ont acquis le petit nombre de caractères spécifiques pour lesquels nous nous distinguons des autres anthropoïdes... De nos jours on vient de trouver une forme probablement intermédiaire entre l'homme et les primates, le *Pithecanthropus erectus* de Sumatra.» M. Morselli ne s'apercevait pas qu'il répondait ainsi à des questions d'origine purement biologiques, lesquelles ne nous apprendront point ce que nous sommes intellectuellement et moralement.

Il est dérisoire de penser que cette réponse calme la

recherche anxieuse. D'autres proposent simplement d'oublier et de se distraire. Il y a quelques années, s'adressant à la jeunesse des écoles, raconte M. Fouillée dans l'*Introduction au Mouvement idéaliste*, M. Zola, « qui se déclarait lui-même « un vieux positiviste endurci » s'efforçait de défendre la science. A-t-elle promis le bonheur ? demandait-il. Et il répondait : « Je ne le crois pas. Elle a promis la vérité, et la question est de savoir si on fera jamais du bonheur avec la vérité. Pour s'en contenter un jour, il faudra beaucoup de sacrifice, l'abnégation absolue du moi, une sérénité d'intelligence satisfaite qui semble ne pouvoir se rencontrer que chez une élite ». Mais, en attendant, quel cri désespéré monte de l'humanité souffrante ! Et M. Zola terminait en conseillant d'oublier le « tourment de l'infini » ; à ceux qui « souffrent du mystère » il conseillait d'occuper leur existence de quelque labeur énorme, dont il serait bon même qu'ils ne vissent pas le bout. »

Assurément, ce peut être un palliatif, non une solution : Le travail devient ici un moyen de s'étourdir, un moyen de « divertissement », comme disait Pascal, plus hygiénique peut-être, en général, que le jeu et les plaisirs, mais dont le vrai sens moral échappe faute d'une doctrine sur l'homme en tant qu'homme, sur son origine et sa destinée.

b) *Doute.* Resterons-nous là-dessus dans le doute, c'est un peu le point d'arrêt de beaucoup de modernes : au fond de toutes leurs doctrines exposées on sent le doute intellectuel, ils ne donnent leurs constructions métaphysiques que pour des hypothèses, je dirai presque le roman de la pensée, ou son poème. Ce n'est point là une réponse de paix. Car ce doute n'est point un « mol oreiller » à toutes les têtes, — surtout aux têtes bien faites, quoiqu'on en dise. Et bien qu'un Ernest Renan, dans ses amusements philosophiques, se soit plu à railler l' « horrible manie de la certitude », il n'en reste pas moins vrai, pour tous les esprits droits et sérieux, que l'intelligence est faite pour connaître ; que sa curiosité, dès qu'elle est éveillée et piquée, reste haletante et en quête, elle cherche, elle s'efforce jusqu'au plein repos de la certitude.

Donc ni ce doute, ni ce poème ou ce roman de l'esprit, ingénieux, subtils, hardis et surprenants, — comme des châteaux de rêve dressés sur les nuages ou sur des toiles d'araignées, diaprées des diamants de la rosée matinale — ni ce poème ni ce roman n'apportent la paix à l'esprit ou au cœur.

Pourtant ce doute et son anxiété restent le lot d'un grand nombre, ils disent avec Guyau :

> Le doute restera dans mon cœur révolté
> Aussi long qu'ici-bas est longue la souffrance.

III

Ouvrez les œuvres de Guyau —, une des plumes de philosophe contemporain les plus séductrices, joignant à la souplesse de la pensée, à l'étendue des connaissances, à l'intelligence des conceptions les plus modernes, toute la magie d'une prose riche, ou d'une poésie sincère et souvent belle, — je défie d'y trouver autre chose que la graine du pessimisme ; peut-être, malgré les intentions de l'auteur, mais il n'y a qu'à regarder la récolte pour savoir de quoi le champ fut ensemencé. Et ce nous est un beau champ d'observations, que cette âme de poète, reflet de bien d'autres expériences intimes, de bien d'autres âmes dévastées et vides, où végètent les pâles mysticismes humanitaire et naturiste.

Cet examen confirmera nos précédentes remarques, et nous les vérifiera pour ainsi dire, dans un exemple vivant et représentatif.

Voici les « Vers d'un philosophe ».

L'*Agave-aloès* est une pièce où je vois poindre le *pessimisme latent de la religion humanitaire.* L'agave ne vit que pour sa fleur. Après des années une tige s'élance de son cœur, et la plante qui ne vivait que pour voir sa frêle vie fleurir, « l'œuvre achevée, meurt sur le sol ». — L'humanité est cette plante fixée au sol nu « où dort la vague pensée, — le rêve d'un ciel inconnu » ; toute sa sève attend sans doute qu'un jour son idéal lève « sa vivante corolle aux cieux. »

> Chacun de nous, courbé sur terre,
> Fouillant le sol profond et dur,
> Travaille pour toi, fleur légère
> Qui t'entr'ouvriras dans l'azur !

Mais l'homme, l'individu, racine patiente de cette fleur, ne sait si son attente ne sera point trompée, et cette mort incertaine décolore son espoir :

> La plante, elle, aperçoit ravie
> S'ouvrir sa fleur blanche au matin
> Nous en te donnant notre vie,
> Nous ne savons si c'est en vain.
> Quand donc te verrons-nous éclore ?
> Peut-être mourrons-nous ce soir,
> Nous travaillons pour ton aurore
> Mais qui de nous pourra la voir ?

Ceci ressort tout naturellement de la doctrine, et c'en est l'écho dans un cœur vivant. Or, je le demande, est-ce là un but, un terme, une solution de l'énigme de la vie, ou une impasse qui aboutit à une désespérance pessimiste ?

*
* *

Les doctrines *évolutionnistes et monistes* ne trouvent pas dans l'âme du philosophe-poète un retentissement moins triste. Dans *Analyse spectrale*, l'univers se révèle à lui pauvre et stérile en son immensité. Isis lève son voile, et l'immense forge de la nature, en son travail sans repos, lui apparaît sans but, et sans réussite finale.

> Dans quel but prodiguer, Nature, en ton ciel triste,
> Ces astres renaissant pour mourir ?...
> ... Depuis l'éternité, quel but peux-tu poursuivre ?
> S'il est un but, comment ne pas l'avoir atteint ?
> Qu'attend ton idéal, ô nature, pour vivre ?
> Ou, comme tes soleils, s'est-il lui-même éteint ?
>
> L'éternité n'a donc abouti qu'à ce monde !
> Le vaut-il ? Valons-nous, hommes, un tel effort ?

Et la pièce s'achève dans un gémissement qui rappelle l'antique Lucrèce, — dont, en fait, les modernes renouvellent et rajeunissent le système :

Vers quel point te tourner, indécise espérance,
Dans ces cieux noirs, semés d'hydrogène et de fer,
Où la matière en feu s'allonge et se condense
Comme un serpent énorme enroulé dans l'éther ?

Puisque tout se ressemble et se tient dans l'espace,
Tout se copie, aussi, j'en ai peur, dans le temps ;
Ce qui passe revient, et ce qui revient passe :
C'est un cercle sans fin que la chaîne des ans.

« Eadem sunt omnia semper ! » disait en son fastidieux dégoût le disciple d'Epicure. C'est la même lassitude désolée.

*
* *

Ce n'est pas là un pur sentiment passager : s'il est dans les vers du poète, vous le retrouveriez formulé en pensées, en images, en doctrines, chez le philosophe. Pourtant Guyau se défendait d'être pessimiste : pour lui la nature, qui est le Grand Tout, la nature n'est ni cruelle, ni bonne, elle est indifférente. Fort bien ! Mais ce n'est pas plus consolant pour les pauvres mortels, apparitions éphémères, phénomènes fugitifs du Grand Tout. Prenons dans l'*Essai d'une morale sans obliga-*

tion ni sanction, une page expressive, où la doctrine et l'image se font un mutuel relief.

« Il n'y a peut-être rien qui offre à l'œil et à la pensée une représentation plus complète et plus attristante du monde que l'Océan. C'est d'abord l'image de la force dans ce qu'elle a de plus farouche et de plus indompté ; c'est un déploiement, un luxe de puissance dont rien autre chose ne peut donner l'idée ; et cela vit, s'agite, se tourmente éternellement sans but. On dirait parfois que la mer est animée, qu'elle palpite et respire, que c'est un cœur immense dont on voit le soulèvement puissant et tumultueux ; mais ce qui en elle désespère, c'est que tout cet effort, toute cette vie ardente est dépensée en pure perte ; ce cœur de la terre bat sans espoir ; de tout ce heurt, de tout ce trépignement de vagues il sort un peu d'écume égrenée par le vent »...

Le philosophe, assis sur le sable, devant la foule mouvante des vagues, croit voir, dans cette marée montante, l'image de la nature entière assaillant l'humanité, qui veut en vain diriger sa marche, l'endiguer, la dompter. L'homme lutte avec courage, il multiplie ses efforts, par moments il se croit vainqueur ; c'est qu'il ne regarde pas assez loin, et qu'il ne voit pas venir du fond de l'horizon « les grandes vagues qui tôt ou tard doivent détruire son œuvre et l'emporter lui-même ».

... « Nous parlons d'un idéal, nous croyons que la nature a un but, qu'elle va quelque part ; c'est que nous ne la comprenons pas ; nous la prenons pour un fleuve qui roule vers son embouchure, et y arrivera un jour, mais la nature est un océan. Donner un but à la nature, ce serait la rétrécir, car un but est un terme. Ce qui est immense n'a pas de but... »

Quel sophisme ! quelle navrante conception ! Et son retentissement dans un cœur humain se change moins en harmonie qu'en blasphème, et en malédiction pour cette nature :

« Sois maudite, ô marâtre, en tes œuvres immenses.
(Mme ACKERMANN).

Mais laissons le philosophe poète achever de déployer ses images riches de ses doctrines.

Un grain de blé est, il est vrai, pour produire d'autres grains de blé, il n'y a rien en vain, cela est vrai dans le détail. « Mais la nature, en son ensemble, n'est pas forcée d'être féconde : elle est le grand équilibre entre la vie et la mort. Peut-être sa plus haute poésie vient-elle de sa stérilité. Un champ de blé ne vaut pas l'océan. L'océan, lui, ne travaille pas, ne produit pas, il s'agite, il ne donne pas la vie, il la contient ; ou plutôt il la donne et la retire avec la même indifférence : il est le grand roulis éternel qui berce les êtres. Quand on regarde dans ses profondeurs, on y voit le fourmillement de la vie : il n'est pas une de ses gouttes d'eau qui n'ait ses habitants, et tous se font la guerre les uns aux autres, se poursuivent, s'évitent, se dévorent ; qu'*importe au tout*, qu'importe au grand océan, ces peuples que promènent au hasard ses flots amers ! »

Et pourtant, ô poète, ô philosophe, ô penseur, c'est à ce Grand Tout, que vous pressez le cœur humain de s'immoler sans autre compensation. Si c'est la vérité, confessez qu'elle est désolante pour la petite goutte d'être que vous envoyez s'abîmer dans l'indifférent océan.

Ce tout, cet océan, comme la petite goutte d'eau nous donne « le spectacle d'une guerre, d'une lutte sans trêve : ses lames qui se brisent, et dont la plus forte recouvre et entraîne la plus faible, nous représentent en raccourci l'histoire des mondes, l'histoire de la terre et de l'humanité ». — « Si nos yeux pouvaient embrasser l'immensité de l'éther, nous ne verrions partout qu'un choc étourdissant de vagues, une lutte sans fin, parce qu'elle est sans raison : une guerre de tous contre tous. Rien qui ne soit entraîné dans ce tourbillon ; la terre même, l'homme, l'intelligence humaine, tout cela ne peut nous offrir rien de fixe à quoi

7

il nous soit possible de nous retenir ... là aussi règne la guerre éternelle, et le droit du plus fort ».

Et, remarquez-le bien, Guyau est un des plus épanouis de cette école, c'est le philosophe poète qui célèbre en tout l'expansion de la vie, et trouve en cette formule la clef de l'art, de la société, de la morale, de la religion.

Il se déclare adversaire du pessimisme, mais il le développe dans les âmes sans le savoir, ou tout au moins sans le vouloir, il favorise son éclosion, il sème le découragement de vivre. C'est fatal. Car ce Tout, il est une abstraction, qui me laisse froid, où mon âme n'a rien à voir (1) « Le Tout n'est personne, et ne peut être aimé », comme a dit un autre poète philosophe, M. Sully Prudhomme (*Le Prisme*, p. 72), dans la belle pièce intitulée : *Le Tourment divin*.

Mais, de plus, ce Tout apparaît de soi comme radicalement mauvais, inique, puisque je n'ai qu'à subir cette guerre éternelle, ce droit du plus fort, sans compensation. Dès lors, il ne séduit ni ne subjugue ma raison, il la révolte. Mon cœur se soulève, et, emprisonné dans ces lois barbares, ou bien je m'épuiserai en lutte, comme le fauve contre les barreaux d'acier, ou je m'affaisserai dans un calme menteur, et obscuré-

---

(1) Abbé Piat, *La Personne humaine*, p. 353.

ment désespéré ; telle est la vie intérieure qui naît de
votre doctrine d'un monde sans au-delà.

Positivistes orthodoxes, ou monistes eux-mêmes, seront forcés de confesser ici qu'ils ressentent comme les autres cette morne et écrasante déconvenue du cœur ; ils témoignent ainsi à leur façon de « cet élan invincible vers l'au-delà, qui part du fond même de notre nature », ce ne sont pas seulement les Augustin, les Gerson et les Pascal qui l'ont mis en lumière.

L'ÉTAT D'AME PESSIMISTE (*suite*)

PESSIMISME DOCTRINAL : ASCÉTISME DE SCHOPENHAUER

L'humanité douloureuse, que nous avons vue, de par les faits et la logique, contrainte de se courber sous la désespérance pessimiste, ressemble ainsi à cette femme « dont l'innocente folie était de se croire fiancée et à la veille de ses noces. Le matin, en s'éveillant, elle demandait une robe blanche, une couronne de mariée, et, souriante, se parait. « C'est aujourd'hui qu'il va venir, disait-elle ». Le soir, une tristesse la prenait après l'attente vaine, elle ôtait sa robe blanche. Mais le lendemain, avec l'aube, sa confiance revenait : « C'est pour aujourd'hui », disait-elle. Et elle passait sa vie dans cette certitude toujours déçue et toujours vivace, n'ôtant que pour la remettre sa robe d'espérance. L'humanité est comme cette femme : oublieuse de toute déception, elle attend chaque jour la venue de son idéal. Il y a probablement (1), disent les modernes découragés commentant cette belle image symbolique, des centaines de siècles qu'elle dit : « C'est pour demain » ; chaque génération revêt tour à tour la robe blanche... Peut-être il y a une infinité de siècles, disent-ils, dans quelque étoile maintenant dissoute en poussière, espérait-on déjà le fiancé mystique. L'éternité, de quelque façon qu'on la conçoive, apparaît comme une déception infinie ».

Jamais donc, l'on n'avait si bien vu, l'on n'avait encore aussi fortement senti que le présent ne nous satisfait pas, selon la pensée de Pascal, « que l'espérance nous pipe, et de malheur en malheur nous mène jusqu'à la mort, qui est un comble éternel ».

Si donc, suivant le système positiviste, il n'y a rien de plus pour nous que ce présent, ou une survivance imaginaire dans le souvenir de nos amis ou de nos proches (petit remous vite disparu à la surface du grand océan des êtres), il faut que l'homme soit dans la nature un monstre incompréhensible, — que la vie de l'homme n'ait aucun sens, et n'en puisse jamais avoir, qu'elle ne soit faite que pour engendrer la satiété et le dégoût (Cf. abbé Piat, *loc. cit.*).

(1) Guyau et abbé Piat, *Destinée de l'homme*, p. 188.

Tel est l'état d'esprit qu'enfante forcément la doctrine positiviste dans une âme qui réfléchit et qui souffre. Et dès lors l'heure est venue d'écouter les théoriciens du malheur, de doctrine et de logique pessimistes. Poètes et philosophes, nous les entendrons nous suggérer la vie intérieure conforme à leur ascétisme de la négation du vouloir vivre. Non seulement vous souffrez, mais vous ne pouvez pas ne pas souffrir : exister est une douleur ; votre mal est donc inhérent à la vie même. Sondez le fond de l'abîme, le mal de vivre, vous y trouverez le remède et la guérison.

I

LE MAL DE VIVRE

1° *Le sentiment pessimiste* est très caractéristique, chez des poètes tels que Léopardi, Ackermann, de Vigny, et d'autres encore. — On l'a remarqué avec justesse, la source des pensées douloureuses, éparses, et peu répandues parmi les anciens « se trouve toujours dans l'infortune particulière ou accidentelle de l'écrivain et du personnage mis en scène, imaginaire, ou réel » (Leopardi). Ce qui est proprement moderne et pessimiste au sens propre du mot, — car il indique le superlatif du mal — c'est de déclarer mauvais le fond même de la vie, et d'affecter la forme scientifique, pour s'ériger en théoriciens du malheur. Parmi les poètes, Leopardi en Italie, au delà de ses propres souffrances voit le mal de vivre, l'*infelicità* l'incurable vanité et néant de tout : tous ses écrits analysent le renouvellement du même dégoût des choses, le même amer désir d'une félicité inconnue. Ni l'au-delà transcendant devenu incertain, — ni, dans le présent, le patriotisme, l'amour ou la gloire, dont il raille les chimères, — ni dans l'avenir, les progrès possibles de l'humanité, ne nous consoleront. Tout ce que l'homme ajoute à sa sensibilité et à son intelligence il l'ajoute à sa souffrance.

Le refrain de cette œuvre et de cette âme, c'est l'infinie vanité de tout, la vie est un mal, et l'*infelicità* finira quand tout finira. « Repose-toi pour toujours, dit-il à son cœur fatigué. Tu as trop palpité. Aucune chose ne mérite tes battements, et la terre n'est pas digne de tes soupirs. Amertume et ennui, voilà la vie ; elle n'est rien autre : le monde n'est que fange. Repose-toi désormais. Désespère à jamais. A notre race le destin n'a donné que de mourir. Désormais, méprise tout, toi-même, la nature, et cette puissance occulte et brutale qui travaille sans relâche au mal universel ; méprise l'infinie vanité de tout ».

Il ne s'agit plus là, vous le voyez, de souffrances passagères et localisées, d'un individu, ou d'une race, ou d'une époque. C'est la vie elle-même qu'on déclare mauvaise, et un petit apologue de Leopardi exprime cela d'une façon originale : c'est le « Dialogue d'un marchand d'almanachs et d'un passant (1) ».

« Almanachs ! almanachs nouveaux ! calendriers nouveaux ! Des almanachs pour l'année nouvelle ? — Oui, Monsieur. — Croyez-vous qu'elle sera heureuse, cette année nouvelle ? — Oh ! oui, illustrissime, bien sûr. — Comme l'année passée ? — Beaucoup, beaucoup plus. — Comme l'autre ? — Bien plus, illustrissime. — Comme celle d'avant ? Ne vous plairait-il pas que l'année nouvelle fût comme n'importe laquelle de ces dernières années ? — Non, Monsieur, il ne me plairait pas. — Combien d'années nouvelles se sont écoulées depuis que vous vendez des almanachs ? — Il va y avoir vingt ans, illustrissime. — A laquelle de ces vingt années voudriez-vous que ressemblât l'année qui vient ? — Moi ? je ne sais pas. — Ne vous souvenez-vous d'aucune année en particulier qui vous ait paru heureuse ? — Non, en vérité, illustrissime. — Et ce-

---

(1) Cité dans Caro, *Pessimisme.*

pendant la vie est une belle chose, n'est-il pas vrai ?
— On sait cela. — Ne consentiriez-vous pas à revivre ces vingt ans, et même tout le temps qui s'est écoulé depuis votre naissance ! — Eh ! mon cher Monsieur, plût à Dieu que cela se pût ! — Mais si vous aviez à revivre la vie que vous avez vécue, avec tous ses plaisirs et toutes ses peines, ni plus ni moins ? — Je ne voudrais pas. — Et quelle autre vie voudriez-vous revivre ? La mienne, celle d'un prince ou celle d'un autre ? Ne croyez-vous pas que moi, le prince ou un autre, nous répondions comme vous, et qu'ayant à recommencer la même vie, personne n'y consentirait ? — Je le crois. — Ainsi à cette condition vous ne recommenceriez pas ? — Non, Monsieur, non, vraiment, je ne recommencerais pas. — Quelle vie voudriez-vous donc ? — Je voudrais une vie comme Dieu me la ferait, sans autre condition. — Une vie au hasard dont on ne sait rien d'avance, comme on ne sait rien de l'année nouvelle ? — Précisément. — Oui, c'est ce que je voudrais, si j'avais à revivre, c'est ce que voudrait tout le monde. Cela signifie qu'il n'est personne jusqu'à ce jour que le hasard n'ait traité mal. Chacun est d'avis que pour lui la somme du mal a été plus grande que la somme du bien : personne ne voudrait renaître à condition de recommencer la même vie avec tous ses biens et tous ses maux. *Cette vie qui est une belle chose n'est pas celle*

qu'on connaît, mais celle qu'on ne connaît pas, non la vie passée, mais la vie à venir. L'année prochaine le sort commencera à bien nous traiter tous deux, et tous les autres avec nous ; ce sera le commencement de la vie heureuse. N'est-il pas vrai — ? Espérons-le. — Montrez-moi le plus beau de vos almanachs. — Voici, illustrissime, il vaut trente sous. — Voilà trente sous. — Merci, illustrissime. Au revoir. Almanachs ! almanachs nouveaux ! calendriers nouveaux. »

Sous une forme moins humoristique, Mme Ackermann, dont le pessimisme a inspiré la verve poétique, en explique fort bien le sentiment, dans la Préface de ses *Poèmes philosophiques* : « Ma vie, dit-elle, peut se résumer tout entière en quelques mots ; une enfance engourdie et triste, une jeunesse qui n'en fut pas une, deux courtes années d'union heureuse, vingt-quatre ans de solitude volontaire. Cela n'est pas précisément gai, mais on n'y découvre cependant rien qui justifie mes plaintes et mes imprécations. Les grandes luttes, les déceptions amères, m'ont été épargnées. En somme, mon existence a été douce, facile, indépendante. Le sort m'a accordé ce que je lui demandais avant tout : du loisir et de la liberté. Quant aux résultats récents de la science, ils ne m'ont jamais personnellement troublée ; j'y étais préparée d'avance. Je puis même dire que je m'y attendais. Bien plus, j'acceptais avec une sorte de satisfaction sombre mon rôle d'apparition fugitive au sein des agitations incessantes de l'être. Mais si je prenais facilement mon parti de mon sort individuel, j'entrais dans des sentiments tout différents dès qu'il s'agissait de mon espèce. Ses misères, ses douleurs, ses aspirations vaines, me remplissaient d'une pitié profonde. Considéré de loin, à travers mes méditations solitaires, le genre humain m'apparaissait comme le héros d'un drame lamentable qui se joue dans un coin perdu de l'univers, en vertu de *lois aveugles*, devant une *nature indifférente*, avec le *néant* pour dénouement... Contemplateur à la fois compatissant et indigné, j'étais parfois trop émue pour garder le silence. Mais c'est au nom de l'homme collectif que j'ai élevé la voix ; je crus même faire œuvre de poète, en lui prêtant des accents en accord avec les horreurs de sa destinée. »

Et c'est du joli climat de Nice que ces lignes sont datées, en 1874, c'est elles qu'il faut avoir présentes, quand cette femme maudit la destinée, et ce que Paul Verlaine nommait « la vie atroce et laide d'ici-bas ! » C'est le meilleur commentaire de ces vers affreux et beaux, affreux de leurs blasphèmes, et beaux du jaillissement d'éloquence virulente, qui en est l'expression et l'accompagnement, sauvagement beaux dans leur lyrisme puissant, mais affolé.

L'HOMME ACCUSE LA NATURE

« C'en est fait, je succombe, et quand tu dis : J'aspire !
Je te réponds : Je souffre ! infirme, ensanglanté ;
Et par tout ce qui naît, par tout ce qui respire,
        Ce cri terrible est répété.

Oui, je souffre ! et c'est toi, mère, qui m'extermines,
Tantôt frappant mes flancs, tantôt blessant mon cœur ;
Mon être tout entier, par toutes ses racines,
        Plonge sans fond dans la douleur.

. . . .

Sois maudite, ô marâtre ! en tes œuvres immenses,
Oui, maudite à ta source et dans tes éléments,
Pour tous tes abandons, tes oublis, tes démences,
        Aussi pour tes avortements !

Que la Force en ton sein s'épuise perte à perte !
Que la Matière, à bout de nerf et de ressort,
Reste sans mouvement, et se refuse, inerte,
        A te suivre dans ton essor !

Qu'envahissant les cieux, l'Immobilité morne
Sous un voile funèbre éteigne tout flambeau,
Puisque d'un univers magnifique et sans borne
        Tu n'as su faire qu'un Tombeau !

La date, Paris, février 1871, rappelle des jours sombres. Les malheurs de la patrie qui ébranlèrent si profondément les cœurs, aidèrent alors le sentiment pessimiste à se propager, et plus cruellement que par le talon du vainqueur, une génération de lettrés se laissa broyer par la funèbre métaphysique des Schopenhauer et des Hartmann.

2° Ce sentiment pessimiste, quand il s'est une fois ancré dans les âmes, prédispose à accueillir des *théories de métaphysiciens* qui semblent l'expliquer, comme les Allemands Arthur Schopenhauer et Edouard von Hartmann. Le problème du mal et de la douleur devient le point de départ et le centre de leurs constructions intellectuelles : et leurs systèmes *à priori* prétendent dénouer le nœud de l'énigme. Nous n'avons pas à les exposer longuement ici, il suffit de les rappeler en quelques mots.

Selon ces philosophes du problème de la vie et du monde, le fond de tout, derrière la représentation toute subjective de notre intelligence, c'est une réalité unique, — la Volonté, ou l'Inconscient, — qui, pressée du désir de vivre, évolue et prend conscience de soi, dans les personnalités éphémères que nous sommes. Ce désir est un besoin, et par conséquent une douleur.

a) Dans le roman de M. Max Nordau intitulé le

Mal du siècle, un des personnages, Dörfling, a invité ses amis à une « symposie », à un festin à l'antique. Il veut fêter avec eux la mise au jour d'un ouvrage, où il a mis toute sa pensée sur la philosophie de la destinée. Pressé d'exprimer en quelques mots le principe fondamental de son système, il s'y refuse d'abord : comment condenser en quelques mots tout un ouvrage et rester clair, — son hésitation, je la comprends, et je dirai presque, en ce moment, que je la partage. — Enfin, devant l'insistance tenace de ses amis, il s'y résigne et leur dit : — « A mon avis (1), un principe gouverne le monde ; il est un et spirituel » ; appelez-le comme vous voudrez : force, cause dernière, volonté, conscience du monde, Dieu. Ce principe, un et éternel, se subdivise en diverses parties : ce sont les âmes humaines. Chaque âme se rappelle nettement qu'elle est une fraction d'un tout « éternel » (moi pas, je ne sais si vous avez ce souvenir, j'en doute, mais continuons). Son existence fragmentaire est pour elle une souffrance et un malheur, et elle aspire à revenir au tout dont elle a été séparée et dans lequel seul elle peut retrouver sa perfection. La vie individuelle est son éloignement de l'être suprême universel, qu'aucune borne ne limite ; la mort individuelle est le retour de la partie finie au « tout » infini.

(1) *Mal du siècle*, p. 322.

« La vie est donc forcément une souffrance continuelle, un désir sans fin, et la mort est la délivrance de cette souffrance et la satisfaction de ce désir. La fin unique de la vie, c'est la mort, but vers lequel tend avidement l'activité de tout organisme vivant. »

Ainsi parle le philosophe amphytrion. Ses affirmations, sans preuves, nous laissent bien un peu rêveurs, comme ses convives. Et pourquoi le principe se subdivise-t-il? Pour varier son unité par une pluralité, pour arriver à la conscience du moi, en créant des non-moi. Autrement dit : « le principe éternel crée des organismes afin de devenir objectif, et d'arriver à la conscience. » La construction intellectuelle veut cela, cela fait partie de l'échafaudage : mais une preuve, une base, un appui il n'en faut pas chercher.

Cette conversation se continue par divers incidents, et dans la soirée on apprend que l'auteur du système, Dörfling, satisfait d'avoir livré sa pensée au monde, et désireux d'instruire ses contemporains par un grand exemple, vient de se délivrer de la vie par un coup de pistolet. C'est toute l'application pratique de sa philosophie de la délivrance.

Schopenhauer et Hartmann en proposent une autre, mais ce roman n'est, paraît-il, que la transcription assez exacte d'une histoire, inspirée par les écrits de ces pessimistes de cabinet. Puisque, d'après l'interprétation pessimiste de la vie le mal est inhérent à l'existence même, l'anéantissement de la vie ne doit-il pas s'imposer comme le seul salut possible. Ainsi pense un certain Philipp Mainlaënder, dont parla la *Revue philosophique* en juin 1885. Il est l'auteur de la *Philosophie de la délivrance* (die philosophie der Erlösung). Dans sa parenté il semble avoir été entouré de piétistes exaltés, malades : un de ses frères, parti pour les Indes, s'était donné au bouddhisme, et mourait bientôt après, épuisé par ses luttes intérieures. « Philipp trouva lui-même son chemin de Damas dans la boutique d'un libraire de Naples où il découvrit les écrits de Schopenhauer. Après avoir rédigé son système de philosophie pessimiste, il veilla à l'impression du premier volume, et le jour où il en reçut le premier exemplaire, il se pendit. »

Si l'on n'avait que cette porte du suicide pour conclure ses méditations sur la vie, et si c'était là le nouvel attrait qui devrait remplacer ce que, dédaigneusement, on nomme « la belle illusion de l'immortalité », le salut par la mort remplacerait désormais le salut par la vie éternelle. Ainsi qu'on l'a déjà observé avec esprit, l'arbre de la science deviendrait le figuier légendaire de Timon le misanthrope, qui, à chaque matin nouveau, portait, pendus à ses fortes branches, ceux qui étaient venus chercher l'oubli du mal de vivre.

b) Schopenhauer, je l'ai dit, raisonne autrement, et nous le verrons aboutir non pas au suicide, mais au renoncement qui mortifie le vouloir-vivre. Il regarde autour de lui et voit un monde de douleurs ; les uns luttent péniblement pour vivre, les autres ne sont heureux qu'en exploitant les faiblesses communes. Le philosophe refuse d'admettre l'évidence d'un monde ainsi fait : ce que nos yeux perçoivent, ce n'est pas la réalité des choses, c'est une représentation toute subjective de notre intelligence. Par quoi cette représentation est-elle provoquée ? Par la force qui réside dans l'intimité la plus profonde de notre être, la force universelle d'où résulte le vouloir-être, le vouloir-vivre, la Volonté. Or, le vouloir-vivre, essence de l'être, est un désir, est un besoin, par conséquent une douleur ; donc le monde, représentation de ce vouloir-vivre, est essentiellement mauvais, et la nature est le règne du mal. Il n'y a qu'un remède, supprimer la volonté d'être, arrêter par la *chasteté* le cours de l'existence universelle.

Ce serait le remède radical, définitif, selon le philosophe de Francfort, mais qui ne nous semble pas, à nous, dépourvu d'extravagance. D'ailleurs, on l'a remarqué sagement (1) : « Quand la théorie d'une chas-

---

(1) Guyau, *Irréligion de l'Avenir*, p. 403. — Fiérens-Gevaert, *Tristesse contemporaine*, p. 79.

teté de ce genre, toute négative, se produit dans des esprits et des cœurs qui ne sont pas chastes, en vue de fins chimériques comme la destruction du monde, elle aboutit dans la pratique à un système de compensations qui ne sont pas autre chose que des dérèglements sans nom. On ne gagne rien à vouloir arrêter la nature qui veut vivre, qui doit vivre, et qui se révolte contre des freins imaginaires. Elle pervertit les imaginations, elle déprave les sens, et c'est là sa vengeance. »

c) Hartmann propose aussi, lui, un remède radical et définitif, mais encore plus enfoncé dans le royaume d'utopies et de chimères. Je mentionnerai pourtant cet absurde *suicide cosmique*, — et ses délirantes conceptions.

Il faut, pour supprimer le mal de vivre, et réintégrer dans l'inconscient tout désir de vivre :

1° Que l'humanité concentre dans son sein une telle masse d'intelligence et de volonté cosmiques, que la somme d'intelligence et de volonté répartie dans le reste du monde paraisse insignifiante en comparaison ;

2° Que la conscience de l'humanité soit pénétrée profondément de la folie du vouloir-vivre ;

3° Que tous les peuples de la terre communiquent assez facilement entre eux pour qu'il soit possible qu'au même moment, sur tous les points où il se trouve un homme, une résolution commune puisse être prise (1).

Ces remèdes absolus et métaphysiques étant d'une application manifestement impossible, et, comme tels, inutiles au genre humain, il reste de se résigner de son mieux et de se calmer en pratique par la négation du vouloir-vivre.

II

NÉGATION DU VOULOIR-VIVRE

Laissons de côté les théories métaphysiques de Schopenhauer et de Hartmann, qui pourront paraître, au chercheur loyal, de purs amusements intellectuels, et, si j'osais dire, de pures fumisteries d'hommes très intelligents : les tendances morales du pessimisme pourront mériter un peu plus d'indulgence, et paraître hautes et belles par certains côtés. Mais aussi, il

---

(1) Oh ! quelle immense joie après tant de souffrance !
    A travers les débris, par dessus les charniers,
    Pouvoir enfin jeter ce cri de délivrance :
    Plus d'hommes sous le ciel, nous sommes les derniers.
                                    (Mme ACKERMANN)

faudra l'avouer, c'est une beauté d'emprunt : et là encore nous reconnaîtrons du christianisme déformé.

Pourquoi ne pas déclarer que nous préférons infiniment, et que nous trouvons plus juste cette vue des laideurs de la vie présente, — qui la montre absolument incomplète, — au plat optimisme, qui veut nous faire voir tout en rose, ou, s'il ne peut nous cacher l'horreur et l'atrocité de certains maux présents, veut espérer tout du progrès de l'humanité future, à la mode positiviste. A d'autres ! Nous les avons vues à l'œuvre les générations humaines, et depuis six mille ans au moins, si leur surface varie, elles se ressemblent toutes dans leur fond : le cœur humain a ses mêmes passions, ses mêmes joies, ses mêmes douleurs, et, si nous nous contentons de juger d'après les faits, nous concluons qu'il en sera toujours ainsi.

Or, le pessimisme met fortement en relief la folie de vouloir faire de la terre un paradis, et de poursuivre ici-bas le plein bonheur ; cette vérité, incomplète il est vrai pour un chrétien, fait sa beauté et sa grandeur. Beauté et grandeur qui ne seraient pleinement achevées que dans ce qui porterait bien l'appellation abrégée de « pessimisme chrétien ». Le christianisme ne s'en tient pas à la critique des biens chétifs de cette terre, à une doctrine négative d'ascétisme et de renoncement. Il y ajoute des vues positives d'amour, d'espérance, de joie dans l'attente, et dans l'anticipation, parfois l'avant-goût du ciel par l'espoir « *Spe gaudentes* », dit saint Paul. Mais, en somme, j'accorde à Schopenhauer que l'apôtre se rencontre avec lui, sans imiter son amertume pour déprécier les fugitifs bonheurs d'ici-bas. Il a d'autres procédés pour créer la joie dans l'âme et nous les analyserons plus tard ; mais il la fonde, comme Schopenhauer et les pessimistes indous, sur le mépris de ce qui passe.

Or, quand on lit Schopenhauer (il conviendrait peut-être d'ajouter, surtout quand on le lit, l'esprit déjà chrétien,) on discerne parmi ses boutades humoristiques, et ses charges trop acrimonieuses contre les travers humains, d'admirables pages d'un moraliste au regard aigu et perspicace, — et dont les paroles prêchent un renoncement, malheureusement démenti par la vie du prédicateur.

M. Brunetière (1) dans un article de 1890 (il a fait du chemin depuis) rapprochait, non sans originalité, la façon dont Schopenhauer a parlé de la mort avec celle de notre Bourdaloue, dans un de ses plus beaux et plus solides sermons, sur la Pensée de la mort. « Pour le philosophe comme pour le prédicateur chrétien,

---

(1) *Essais sur la littérature contemporaine*, p. 64.

c'est de la mort même que nous apprenons à mépriser la mort, mais aussi, par un juste retour, à ne pas estimer au delà de ce qu'elles valent réellement les satisfactions de la vie. La mort seule donne à la vie son intérêt et son sens : elle seule en détermine le prix et la valeur. Parce que nous sommes les seuls de tous les êtres qui connaissions la mort, c'est pour cela que nous sommes hommes ; et quelque ressemblance qu'on puisse trouver d'ailleurs entre l'homme et l'animal, c'est cette connaissance de la mort qui met entre eux un abîme... C'est à quoi ne songent pas ceux qui trouvent la méditation de la mort inélégante, comme ils disent, et même volontiers un peu vile. Mais nous, avec Schopenhauer et avec Bourdaloue, c'est au contraire la méditation de la vie que nous trouverions bien courte et bien grossière. Car, à quoi sert-elle, en développant en nous la volonté de vivre, qu'à y nourrir en même temps tout ce qu'il y a d'instincts bas et vulgaires ? Qu'à nous rendre les esclaves affairés de nos sens et de nos passions ? Qu'à rétrécir l'horizon de notre pensée ? Seulement, ce que Bourdaloue, dans le sermon sur la Pensée de la mort, n'établit que sur la confiance qu'il met dans la religion, Schopenhauer y arrive par un tout autre chemin. »

Il y arrive par d'autres chemins, certes, et il

exagère, et fausse bien des vérités. Mais donnons-lui la partie belle, et regardons le meilleur et plus sage côté de sa doctrine ; la vie intérieure de son disciple se formera ainsi : 1) vue nette de la souffrance inévitable ; 2) acceptations et renoncements, par la négation du vouloir-vivre ; 3) calme d'âme.

1° Pour mieux pacifier l'âme, il la fait plonger jusqu'au tréfonds de la douleur, et l'envisage en face ; il le convainc que nous ne pouvons qu'*osciller entre la souffrance et l'ennui* ; nous ne sortons dans l'une que pour entrer dans l'autre.

« La vie est une chasse incessante, où tantôt chasseurs et tantôt chassés, les êtres se disputent les lambeaux d'une horrible curée ; une guerre de tous contre tous ; une sorte d'histoire naturelle de la douleur qui se résume ainsi : vouloir sans motif, toujours lutter, puis mourir, et ainsi de suite dans les siècles jusqu'à ce que la croûte de notre planète s'écaille en petits morceaux ».

Si vous n'en croyez pas cette funèbre définition il vous y fera venir : si les raisons a *priori* de sa métaphysique, que nous avons rappelées, ne vous suffisent pas, il recourra à l'expérience, à la preuve *a posteriori*. Quiconque a franchi l'âge des rêves et des illusions, s'il se connaît, par la vie, par l'histoire du temps passé et du présent, par la lecture des grands poètes, il verra que le monde humain est le royaume du hasard et de l'erreur ; et, à côté d'eux, le fouet en main, marchent la sottise et la malice. « L'inepte et l'absurde en fait de pensées, le plat, le sans goût en fait d'art, le mal et la perfidie en matière de conduite, dominent, sans être dépossédés, sauf par instants. » Voilà le monde. « Et quant à la vie de l'individu, toute biographie est une pathographie, car vivre, en règle générale, c'est épuiser une série de grands et de petits malheurs », etc.

D'autre part, le besoin et la souffrance ne nous accordent pas plutôt un répit que l'ennui arrive, quand nous avons assuré notre existence, nous ne cherchons plus qu'à « tuer le temps », ce qui veut dire fuir l'ennui. Aussi les gens les plus aisés, les plus à l'abri du besoin sont les plus en proie à ce mal : ils finissent par être à charge à eux-mêmes, et semblent se dire à chaque heure qui passe : autant de gagné (1) !

« ...Si l'on nous mettait sous les yeux à chacun les douleurs, les souffrances horribles auxquelles nous expose la vie, l'épouvante nous saisirait ; prenez le plus endurci des optimistes, promenez-le à travers les hôpitaux, les lazarets, les cabinets où les chirurgiens font des martyrs ; à travers les prisons, les chambres

---

(1) Cf. I, 326, 327, 338, etc.

de torture, les hangars à esclaves ; sur les champs de bataille, et sur les lieux d'exécution ; ouvrez-lui toutes les noires retraites où se cache la misère, fuyant les regards des curieux indifférents ; pour finir, faites-lui jeter un coup d'œil dans la prison d'Ugolin, dans la Tour de la Faim, il verra bien alors ce que c'est que son meilleur des mondes possibles. Et d'ailleurs, d'où est-ce que Dante a tiré les éléments de son Enfer, sinon de ce monde réel lui-même ? Pourtant il en a fait un Enfer fort présentable. Mais quand il s'est agi de faire un Ciel, d'en dépeindre les joies, alors la difficulté a été insurmontable : notre monde ne lui fournissait point de matériaux, etc. ».

2° Cette vue nette des choses doit nous amener à la négation du vouloir-vivre, autrement dit à l'ascétisme.

Ici Schopenhauer exagère d'une façon absurde, puisqu'il va jusqu'à prêcher la chasteté volontaire et parfaite pour tous. — Et on sait assez où aboutissent ces soi-disant purs « καθροι » de tous les siècles, car les hérésies et les erreurs se copient toutes et se perpétuent. — Passons.

Mais voyons seulement l'effet moral, la Résignation, le fruit prétendu de cette négation du vouloir-vivre !

> O résignation ! religion dernière,
> Seul culte que doit l'homme à l'ordre universel,
> Toi qu'il embrassera quand, malgré sa prière,
> Les dieux l'un après l'autre auront quitté le ciel,
> Désapprends-lui les vœux et la plainte inutile ;
> Se taire et renoncer, c'est se sanctifier.
>
> (ACKERMANN).

Se sanctifier par le renoncement au vouloir-vivre égoïste, à la poursuite du bonheur personnel, c'est en effet le texte de la théorie Schopenhauerienne, boudhiste et chrétienne, à la fois, affirme-t-il.

Le tome I, livre IV, est tout entier délicieux.

P. 367. « Sans doute, celui qui est encore captif dans le principe d'individuation et dans l'égoïsme, qui ne connaît que des choses individuelles et leurs rapports à sa propre personne, peut y trouver des motifs toujours nouveaux pour sa volonté ; mais la connaissance du tout, telle que nous venons de la décrire, la connaissance de l'essence des choses en soi est au contraire pour la Volonté un calmant. La Volonté alors se détache de la vie : les jouissances, elle y voit une affirmation de la vie, et elle en a horreur. L'homme arrive à l'état d'abnégation volontaire, de résignation, de calme véritable et d'arrêt absolu du vouloir ». — « Nous autres qui sommes environnés par le voile de Maya, cependant parfois le sentiment violent de nos souffrances ou la vive représentation des maux d'autrui nous met devant l'esprit le néant et l'amertume de la vie ; et alors, nous voudrions abdiquer pleinement, pour toujours, brisant l'aiguillon des désirs, fermant tout accès aux douleurs, et épurant et sanctifiant notre être. Mais bientôt l'illusion des apparences nous enveloppe de nouveau, et de nouveau elles mettent en mouvement notre volonté : nous ne pouvons nous délivrer. L'espérance avec ses appâts, le présent avec ses flatteries, les jouissances avec leurs attraits, le bien-être qui parfois nous échoit personnellement en partage au milieu d'un monde souffrant, soumis au hasard et à l'erreur, toutes ces séductions nous ramènent en arrière et resserrent nos liens. Aussi Jésus dit-il : « Il est plus facile de faire passer un câble par le trou d'une aiguille, qu'à un riche d'entrer au royaume de Dieu. »

Et notre Schopenhauer se met à citer des mystiques chrétiens : Angelus Silesius, qu'il appelle « ce vaste et profond esprit » ; maître Eckhard, dont les « écrits prodigieux », c'est son mot, viennent d'être rendus accessibles il y a 40 ans, (1857, Franz Pfeifer) ; puis des boudhistes. Il loue la chasteté, il loue la pauvreté volontaire, la mortification de la volonté, et du corps, le jeûne, la macération même et les disciplines, et il nous renvoie (p. 403) aux vies de saints, celle de saint François par saint Bonaventure, ou par Chavin de

Mallan (alors récente ; il ne pouvait citer celle du Père Léopold ou de M. l'abbé Monnier) ; mais il cite aussi avec éloge les *Sufis*, les *ascètes de l'Inde*, et ramène leurs vies diverses à ce trait commun « la négation du vouloir-vivre ». « Pour le philosophe, ajoute-t-il, les biographies de saints et d'ascètes, si mal écrites qu'elles soient la plupart du temps, si mêlées de superstitions et de folies, sont bien plus instructives, bien plus importantes — vu la signification de la matière — que les histoires de Plutarque ou de Tite-Live. »

P. 405. Les Evangiles, remarque-t-il, se ramènent à « renoncer à soi-même » et « porter sa croix » (Matt., xvi, 24, 25. Marc., viii, 34, 35. Luc, ix, 23, 24, xiv, 23, 27, 63). Il note dans les écrits des saints et des mystiques, « pureté de la vie, résignation complète, pauvreté volontaire, vrai calme, indifférence absolue aux choses de la terre, l'abnégation de la volonté, l'esprit d'enfance en Dieu, l'oubli entier de soi-même et l'anéantissement dans la contemplation de Dieu ».

3° L'aboutissement et le but, c'est la paix, la sérénité. « De même que nous avons vu le méchant, par l'obstination de sa volonté, endurer une souffrance intérieure, continuellement cuisante, ou bien, lorsque tous les objets de vouloir sont épuisés, apaiser la soif furieuse de son égoïsme dans le spectacle des peines d'autrui ; de même l'homme qui est arrivé à la négation du vouloir-vivre, si misérable, si triste, si pleine de renoncements que paraisse sa condition, lorsqu'on l'envisage du dehors, de même cet homme est rempli d'une joie et d'une paix célestes. Ce n'est pas, chez lui, cette vie tumultueuse, ni ces transports de joie, qui supposent et qui entraînent toujours une vive souffrance, comme il arrive aux hommes de plaisir ; c'est une paix imperturbable, un calme profond, une sérénité intime, un état que nous ne pouvons nous empêcher de souhaiter lorsque la réalité, ou notre imagination nous le présente ; car nous le reconnaissons comme le seul juste, le seul qui nous élève véritablement ; et notre bon génie nous y convie. *sapere aude*. Nous voyons bien alors que la satisfaction que le monde peut donner à nos désirs ressemble à l'aumône donnée aujourd'hui au mendiant et qui le fait vivre assez pour être affamé demain. La résignation, au contraire, ressemble à un patrimoine héréditaire ; celui qui le possède est à l'abri des soucis pour toujours. »

La contemplation des douleurs du monde a pu amener à cet état. Mais Schopenhauer remarque fort justement que la plupart du temps il faut l'épreuve de grandes souffrances personnelles (I, 410) pour briser la volonté, et la détacher de son égoïsme par le renoncement. « Nous ne voyons un homme rentrer en lui-même, se reconnaître et reconnaître aussi le monde, se changer de fond en comble, s'élever au-dessus de lui-même et de toute espèce de douleurs, et, comme purifié et sacrifié par la souffrance, avec un calme, une béatitude et une hauteur d'esprit que rien ne peut troubler, renoncer à tout ce qu'il désirait naguère avec tant d'emportement et recevoir la mort avec joie, nous ne voyons un homme en arriver là, qu'après qu'il a parcouru tous les degrés d'une détresse croissante, et qu'ayant lutté énergiquement, il est près de s'abandonner au désespoir. Comme la fusion d'un métal s'annonce par un éclair, ainsi la flamme de la douleur produit en lui la fulguration d'une volonté qui s'évanouit, c'est-à-dire de la délivrance. »

Il faut donc bien savoir que l'état de paix n'est pas stable, il faut l'entretenir par des luttes, par des souffrances, par des mortifications volontaires qui sont un chemin vers la résignation, le renoncement et la paix.

Cet état d'absorption dans le Grand Tout et de résignation à ses lois, vous le trouverez exprimé en deux pièces célèbres de Leconte de Lisle : *Midi* et l'*Orbe d'Or*.

Quand « la terre est assoupie en sa robe de feu »,

tandis qu'il contemple « la lointaine forêt dont la lisière est sombre », « les grands blés mûris », et « quelques bœufs blancs », qui « suivent de leurs yeux languissants et superbes » « le songe intérieur qu'ils n'achèvent jamais », le poète invite le passant à y lire des conseils de nirvana boudhique ou schopenhaucrien. Puis il

> retourne à pas lents vers les cités infimes,
> Le cœur trempé sept fois dans le néant divin.

Le soir, quand « l'orbe d'or du soleil tombé des cieux sans bornes », s'enfonce avec lenteur dans l'immobile mer », la même quiétude l'envahit :

> Et l'âme qui contemple en soi-même s'oublie
> Dans la splendide paix du silence divin,
> Sans regrets, ni désirs, sachant que tout est vain,
> En un rêve éternel s'abîme ensevelie.

Ceci est très schopenhaucrien, mais reste très loin, du repos de l'âme dans l'amour, si bien célébré par les mystiques chrétiens et par Dante en sa *Comedia* en plusieurs chants du *Paradiso*. Le chrétien se détache de l'amour égoïste de soi et du monde, mais pour mieux s'attacher au Bien, à l'Amour, à la Joie suprême qui est Dieu. Ce côté positif de la connaissance et de l'amour de Dieu manque totalement au pessimiste.

« Le terme où aboutit la négation du vouloir vivre est le néant. Mais ce mot n'a qu'un sens relatif. Aux yeux du saint, parvenu à la sérénité suprême, ce néant est la seule réalité vraie ; et c'est notre monde actuel qui est le néant véritable. »

Schopenhauer, vous le voyez, est extrêmement franc dans son langage : c'est la religion du néant qu'il propose. « Cela vaut mieux, dit-il, que de tromper notre terreur, comme les Hindous, avec des mythes et des mots vides de sens, tels que la résorption en Brahma, ou bien le nirvâna des bouddhistes. Nous autres, nous allons hardiment jusqu'au bout : pour ceux que la Volonté anime encore, ce qui reste après la suppression totale de la Volonté, c'est effectivement le néant. Mais à l'inverse, pour ceux qui ont converti et aboli la Volonté, c'est notre monde actuel, ce monde si réel avec tous ses soleils et toutes ses voies lactées, qui est le néant. »

Nous verrons si cette vie intérieure du pessimiste est acceptable 1° avec sa métaphysique arbitraire pour point de départ ; 2° et le néant pour point d'arrivée ; 3° et que vaut ce calme tant prôné, morne résignation qui n'est qu'une passibilité stoïque, impossible, ou un pis aller d'esprit fourvoyé dans une impasse et qui renonce à trouver le Bien que l'âme rêve.

III

Le pessimisme, tel que nous l'avons peint d'après des documents authentiques, pourra faire quelques stoïques résignés, comme Taine, mais croyez-vous qu'il se trouvera beaucoup de ces êtres, forçats d'un travail entrepris sans autre aboutissement que de les étourdir, de les divertir de la souffrance. Ce sera fort heureux qu'il les préserve de sombrer dans la volupté ; mais qu'il puisse les consoler et leur dilater le cœur, je ne le crois pas, j'en appelle à tous ceux qui ont vraiment souffert.

D'ailleurs, à toutes les belles doctrines pacifiantes de la théorie on ne peut se défendre d'opposer le Schopenhauer de la pratique : « Nous comparons involontairement (1) cette prédication de la grande mansuétude avec la violence de ses haines, avec l'injustice et la brutalité savante de ses anathèmes contre ses adversaires, tout spécialement contre les hégéliens, et les professeurs d'université, qu'il accuse de n'être que des « plats valets à genoux devant le pouvoir des farceurs,

(1) Caro, *Pessimisme*, p. 244.

des cagots, des hypocrites ». Que l'on réalise tous ces beaux sermons sur le renoncement au sens propre, sur l'humilité nécessaire qui est une forme de dépouillement de soi, sur la douceur universelle et la pitié envers tout ce qui vit, et qu'on les rapproche de cette fureur chronique qui l'animait contre le public ingrat, contre la sottise humaine, contre la « canaille souveraine ». Ce doux ascète, qu'on dirait débordant de sympathie universelle, était le plus atrabilaire des hommes, un misanthrope exaspéré, un misogyne enragé. »

Mais soit, passons, admettons que sinon son exemple, du moins sa doctrine puisse contenter une élite, — une toute petite élite, des êtres d'exception. Et le peuple, et la foule qui souffre, croyez-vous que cela lui suffira ? Oui, dites-moi, ne faut-il point songer à prévoir, à répartir les responsabilités ; et quand on l'aura dépouillée de son espérance, la multitude des humbles, des pauvres, des travailleurs, — et, disons-le, de tous les souffrants et les déshérités — si vous tremblez, et si les commotions de la société vous effraient, à la veille du triomphe de l'anarchie, sur qui ferons-nous peser la faute ? Et où irons-nous chercher le remède ? Est-ce aux élucubrations d'un Germain sur le grand Tout, ou le nirvana, qu'ils demanderont le réconfort, ces simples ?

Ne fussions-nous pas chrétiens, ici le souvenir du christianisme avec son passé consolateur s'impose.

De fait, quand on arrache le crucifix de l'école, quand on déracine la foi du cœur du peuple, ne sait-on pas qu'il s'attachera plus désespérément à la terre ? Et si les petits n'ont rien à espérer de la cité du ciel, pourquoi ne voudrait-on pas qu'ils réclament impérieusement leur place dans la cité de ce monde ? — Qu'avez-vous à leur dire ? de se sacrifier à l'Humanité, à la Nature, au Grand Tout, à l'ordre public, à l'ordre universel ?

Allons donc : il n'y a qu'un mot, qui ait jamais eu l'efficacité de la vérité simple et faite pour tous, le mot de la foi qui est tout ensemble, espoir, justice et charité, — ou bien mieux vaut se taire. Mais si vous vous présentez au nom du pessimisme, ou du positivisme, ou de l'ordre public, soyez-en sûr, le serf des capitaux regardera de travers des sceptiques ou des pessimistes, qui après tout vivent grassement, tout en dissertant, le dos au feu et le cigare aux lèvres, sur la question sociale.

L'ordre du monde, l'ordre public ? de qui et de quoi ? vous diront-ils. Votre ordre à vous, vous en haut, nous en bas : à vous la richesse assurée, et les demeures opulentes, à nous la peine, la sueur et les taudis. Ah ! mais nous n'en voulons pas de cet ordre-là et nous le refusons. Nos bras sont musculeux, et nous saurons nous faire justice.

En vérité, nous qui prêchons l'espoir surnaturel, nous ne répondons plus de rien, quand grondera la colère populaire et que bruira le sifflement des balles. C'est tout au plus si nous pourrons interposer notre poitrine, comme jadis le curé de Fourmies, et peut-être tomber en nous écriant : « assez de victimes ». Ce ne serait pas la première fois, après Mgr Affre en 1848, et les Pères Olivaint, de Bengy, et les autres en 1870, que nous serions la rançon et les otages de tous les faiseurs de théories. Et quand nous voyons ce qu'elles nous coûtent de notre sang, et de notre liberté, nous avons après tout le droit de les juger, et d'en demander compte aux théoriciens fantaisistes, qui n'y dépensent qu'un peu d'encre et beaucoup de vanité.

C'est ici, à ce moment de nos recherches, un mouvement naturel de l'esprit, et un ressouvenir du Christianisme sur lequel la méthode nous pressera d'insister, et de revenir plus tard.

Nous avons droit de leur dire, quand il en est encore temps, demandez-vous s'il n'est pas vrai qu'un chrétien seul peut sécher les larmes d'ici-bas, parce que *seul il sait ce qu'il dit* quand il proclame le Credo de la douleur (1) : « Je crois que nous n'avons point ici de de-

(1) *Récit d'une sœur*, II, p. 32, abbé GERBET.

meure stable, et que nous en cherchons une autre pour l'avenir. Je crois que toutes choses coopèrent au bien de ceux qui aiment Dieu. Je crois que s'ils sèment dans les larmes, ils moissonnent dans la joie. Je crois que bienheureux sont ceux qui meurent dans le Seigneur. Je crois que Dieu essuiera toute larme dans les yeux des justes, que la mort ne sera plus en eux, ni le deuil, ni les gémissements, et que leur douleur s'arrêtera enfin, car tout le premier monde aura passé. Je crois que nous verrons Dieu face à face. »

Voilà tout ce que nous avions à dire de la douleur et du pessimisme au moins pour le moment. Il nous reste à étudier la réaction nécessaire, qu'a provoquée la marche en cascade du positivisme jusqu'au bas fond de ses conclusions désespérantes et désespérées.

RÉACTION CONTRE LE PESSIMISME
L'ÉTAT D'AME DILETTANTE

Nous étudions la marche du sentiment religieux, et de l'union divine dans une âme depuis le zéro initial, jusqu'aux degrés les plus élevés du thermomètre de l'amour chez les Thérèse d'Avila, les Catherine de Sienne, les François d'Assise et les Ignace de Loyola. Nous nous étions promis d'analyser et de critiquer la genèse et la nature de la mysticité contemporaine. Nous avons achevé une première étape, l'heure est venue de faire le relevé du chemin parcouru.

Le positivisme se flattait en vain d'exclure le souci des âmes et de Dieu, lui-même ne put vivre sans un mysticisme humanitaire : il ne nous a pas retenu, ni charmé, non plus que le mysticisme naturiste prosterné devant l'Inconnaissable de Spencer, ou le Grand Tout des monistes. Et nous avons senti nos âmes vides glisser jusqu'au bas fond de désespérance, où le Pessimisme devrait être notre guérisseur. Mais il échoue, nous semble-t-il, dans la tâche qu'il assume. Il est totalement insuffisant à l'âme moyenne, ordinaire, et encore plus à l'âme des foules. La révolution sociale et l'anarchie montent, c'est une marée que n'arrêtera pas la digue fragile des théoriciens du malheur : les petits qui souffrent renverseront la société quand ils ne chanteront plus le credo chrétien de la douleur.

Mais, de plus, le pessimisme suffit à peine à quelques rares adeptes, d'élite intellectuelle, pour en faire des stoïques à la Taine. Il laisse les âmes en proie au blasphème, ou au doute, ou à une morne, et froide, et sombre résignation. Il nous faut une vie dilatée, et nous aurons désormais à étudier la réaction contre le positivisme, et contre le pessimisme où il aboutit.

I. — Réaction contre le Pessimisme : point de départ

Une génération neuve s'est lassée de l'atmosphère de blasphème, de doute ou de résignation triste, que dégage le pessimisme, et a tenté d'en sortir.

Mme Ackermann, malgré ses grands airs, et la virilité d'accent de ses vers, n'en garde pas moins la naïveté d'une intelligence féminine éblouie par la science, qu'elle a cru comprendre, — et, bafoue la foi, qu'à travers les cahiers de l'abbé Daubrée, cette petite fille de seize ans avait dédaignée, et rejetée, et n'avait certainement pas comprise. Cela apparaît aussi manifestement dans ses œuvres. Mais une chose apparaît aussi manifestement, elle est trop émue, elle blasphème trop pour témoigner d'une tranquille certitude, et on ne hait pas, on n'injurie pas ce qu'on croit ne pas exister.

Elle reconnaît en Pascal nos doutes, nos tortures, « et devant l'Infini ce sont là nos frissons », mais elle veut surtout refuser le Christ et sa croix :

> Ah ! nous ne pouvons point nous défendre d'être hommes,
> Mais nous nous refusons à devenir chrétiens.
> Quand de son Golgotha, saignant sous l'auréole,
> Ton Christ viendrait à nous, tendant ses bras sacrés,
> Et quand il laisserait sa divine parole
> Tomber pour les guérir en nos cœurs ulcérés,
> Quand il ferait jaillir devant notre âme avide
> Des sources d'espérance et des flots de clarté,
> Et qu'il nous montrerait dans son beau ciel splendide
> Nos trônes préparés de toute éternité,
> Nous nous détournerions du Tentateur céleste,

et sa bouche ne trouve pas assez de : Non ! Non à la Croix sinistre, « non même à la Victime

> Et non, par dessus tout, au Sacrificateur ! »

C'est la même pensée qu'elle exprimait vivement dans sa pièce *Les Malheureux*.

> Près de nous la Jeunesse a passé les mains vides
> Sans nous avoir fêtés, sans nous avoir souri.
> Les sources de l'amour sur nos lèvres avides,
> Comme une eau fugitive, au printemps ont tari.
> Dans nos sentiers brûlés pas une fleur ouverte.
> Si, pour aider nos pas, quelque soutien chéri
> Parfois s'offrait à nous sur la route déserte,
>
> Lorsque nous les touchions, nos appuis se brisaient :
> Tout devenait roseau quand nos cœurs s'y posaient.

Et là encore elle refusait la consolation divine.

> Et bien, nous renonçons même à cette espérance
> D'entrer dans ton royaume et de voir tes splendeurs,
> Seigneur ! nous refusons jusqu'à ta récompense,
> Et nous ne voulons pas du prix de nos douleurs.

Le petit poème intitulé *Pascal* est partagé comme un drame, — drame poignant, en effet, en ces cinq actes, Le Sphinx, La Croix, l'Inconnue, La Résignation, — et le dernier mot qui est le refus du Christ, et le blasphème pour le Dieu où l'on ne veut voir qu'un bourreau.

Le gladiateur qui, à Rome, aux applaudissements de la plèbe, marchait vers l'arène, saluait le César tout puissant quand il allait mourir.

> Nous, qui saluerons-nous ? à nos luttes brutales
> Qui donc préside armé d'un sinistre pouvoir ?
> Ah ! seules si des Lois aveugles et fatales
> Au carnage éternel nous livraient sans nous voir,
> D'un geste résigné nous saluerions nos reines.

Et ce roseau prétend qu'il s'inclinerait sans fléchir ; mais contre un Dieu spectateur de nos douleurs, elle veut « entrecouper ses râles de blasphèmes », pour exciter sa fureur, et en finir avec le monde et l'humanité. Et ce serait la joie finale,

> Pouvoir enfin jeter ce cri de délivrance :
> Plus d'hommes sous le ciel, nous sommes les derniers.

C'est forcené ! Mais ce n'est pas le langage calme d'une âme assurée que Dieu n'est point. Dans ses *Destinées*, Alfred de Vigny prenait une autre attitude, plus modérée, mais non moins triste. Son loup symbolique, qui, sans « daigner savoir comment il a péri », « refermant ses grands yeux, meurt sans jeter un cri » est un pessimiste orgueilleusement taciturne. Et le poète, commentant ce symbole, semble bien nous livrer le secret de sa stoïque fierté.

> Gémir, pleurer, prier, est également lâche.
> Fais énergiquement ta longue et lourde tâche
> Dans la vie où le sort a voulu t'appeler,
> Puis après, comme moi, souffre et meurs sans parler...

> A voir ce que l'on fait sur terre et ce qu'on laisse,
> Seul le silence est grand, tout le reste est faiblesse.

L'énigme angoissante de la vie laisse aux *Vers d'un philosophe*, de Guyau, la même note anxieuse, en son doute découragé.

> ... Qui sait si la mort même
> Est sincère, sans voile, et résout tout problème ?...
> Si la mort n'allait point être la vérité,
> Le doux apaisement de toute anxiété ?
> Si derrière elle encor la fuyante Nature
> Replaçait l'inconnu, rouvrait la conjecture ?...
> (Le Problème d'*Hamlet*.)

Et, de fait, il a beau vouloir se prêcher l'indifférence de la nature, et l'abandon des maux dont on l'accuse, cette absolution presque ironique, et blasphématoire au fond, vous semblera la confession d'une douleur incurable, sans espoir :

> Si les astres, traçant en l'air leur courbe immense,
> M'emportent au hasard dans l'espace inconnu,
> Si j'ignore où je vais et d'où je suis venu,
> Si je souffre et meurs seul, du moins dans ma souffrance
> Je me dis : Nul ne sait, nul n'a voulu mes maux ;
> S'il est des malheureux, il n'est pas de bourreaux,
> Et c'est innocemment que la nature tue.
> Je vous absous, soleil, espaces, ciel profond,
> Étoiles qui glissez, palpitant dans la nue !...
> Ces grands êtres muets ne savent ce qu'ils font.

C'est là le jeu d'une imagination de sceptique, mais son cœur prend parfois sa revanche et dit peut-être qu'il résiste aux caprices des systèmes. Devant un mélèze, dépouillé de son feuillage au premier soir d'hiver, le poète-philosophe se dit :

> C'est ainsi qu'en un jour, de mon cœur étonné,
> J'ai vu se détacher mes premières croyances
> Et mourir à mes pieds toutes mes espérances ;
> Et je me suis trouvé nu, seul, abandonné,
> Sous les grands cieux déserts, sous le vent déchaîné.
> Mais comme l'arbre, encor debout, monte intrépide,
> Soulevé dans l'azur d'un élan éternel,
> Tel j'ai continué de regarder le ciel
>   Même en le croyant vide.

Et ne croyez pas que cette attitude d'âme soit propre aux poètes, aux rêveurs ; les hommes de prose, et de science, et de rigueur abstraite dans les conceptions, s'ils ont moins d'élans ou d'abattement n'ont pas plus de joie. Hippolyte Taine était bien un de ces hommes, et il donne à ses critiques les plus impartiaux une impression d'austère tristesse.

Comme le fait très justement remarquer M. Faguet (*Politiques et moralistes*, 3ᵉ série), Taine « était un positiviste pessimiste, effrayé de bonne heure de la perversité humaine, et de la cruauté de la nature, très convaincu, du reste, que tout *au-delà* est fermé à la connaissance de l'homme, et, par conséquent, au sein de la nature hostile et de l'humanité effrayante, et n'ayant point le recours d'une espérance, restait sombre et triste, dans une sorte d'accablement moral qui ne pouvait être le fondement d'aucune doctrine vivifiante et salutaire. Sorte de stoïcien résigné le plus souvent, quelquefois nerveux et irrité, il ne savait, aux heures de sagesse, que conseiller comme il les pratiquait l'abstention et l'endurance de la vieille maxime du Portique. Il fut de ceux qui apprennent à désespérer avec énergie et avec calme, et, certes, il enseignait le courage ; mais sans rien de ce sourire où entrent de la confiance et quelque joie, avec lequel les énergiques disent « Courage ! » et sa façon d'enseigner le courage n'était pas un encouragement... Ce qu'il est rationnel de tirer des idées générales de Taine, c'est que l'humanité est mauvaise, et que qui que ce soit est impuissant à la réformer ; qu'il faut la supporter avec patience et dignité, et se tirer de la vie par « le suicide lent et intelligent » et honorable, qui est le travail. »

Si vous n'avez le temps de vérifier et de faire vôtre ce jugement, en relisant toutes les œuvres de Taine, méditez attentivement toute sa philosophie de la paix de l'âme. Elle est en entier consignée dans un apologue humoristique, que vous trouverez dans les *Notes sur Paris*. Ce sont des conseils et des aphorismes sur la vie, qu'expose à son neveu Durand — ou du Rand, ou d'Urand, selon qu'il fréquente des salons qui ont le snobisme de la particule, — M. Graindorge, Frédéric Thomas (huiles et porc salé à Cincinnati, Etats-Unis d'Amérique).

« Si tu veux comprendre la vie, lui dit-il, que ceci soit le commencement et comme l'assiette de tous tes jugements et de tous tes désirs : tu n'as droit à rien, et personne ne te doit quelque chose, ni la société, ni la nature. Si tu leur demandes le bonheur, tu es un sot ; si tu te crois injustement traité, parce qu'elles ne te le donnent pas, tu es plus sot. Tu voudrais être honoré, ce n'est pas une raison pour qu'on t'honore. Tu as froid, ce n'est pas une raison pour qu'un habit chaud et commode vienne de lui-même se poser sur ton dos. Tu es amoureux, ce n'est pas une raison pour qu'on t'aime. Il y a des lois immuables qui gouvernent la possession de la gloire, comme la rencontre de l'amour, comme l'acquisition du bien-être. Elles t'enveloppent et te maîtrisent, comme l'air méphitique ou sain dans lequel tu es plongé, comme les saisons qui, sans s'inquiéter de tes cris, tour à tour te gèlent ou te brûlent. Tu es parmi elles, pauvre être débile, comme *un mulot parmi les éléphants* ; aie l'œil vigilant, prends garde où ils vont poser le pied, ne te hasarde pas sur leurs sentiers accoutumés ; grignotte avec précaution quelque petite portion des provisions qu'ils accumulent ; mais surtout ne sois pas à ce point ridicule que de t'étonner s'ils ne sont pas à ton service, et si leurs redoutables masses se meuvent sans songer à toi. Ce que tu auras de vie est un don gratuit; mille qui valaient mieux que toi ont été écrasés dès leur naissance. Si tu trouves dans ton trou quelques grains amassés d'avance, remercie ton père qui est allé les chercher au péril de ses membres. Quand tu attraperas une minute de jouissance, regarde-la comme un accident heureux; c'est le besoin, l'inquiétude et l'ennui qui, avec la douleur et le danger, accompagneront tes gambades de rat ou te suivront dans ta taupinière. Tu t'y complais, elle te paraît solide ; cela est vrai, jusqu'au premier flot d'eau lancé par une de ces grosses trompes, jusqu'à l'approche de ces lourdes pattes. Après tout, au vingtième jour, au cinquantième ou un peu plus tard, l'effet sera pareil. Le monstrueux galop rencontrera ton petit corps, un soir que tu mettras le nez dehors au soleil couchant, un matin que tu sortiras pour aller à la pâture. Plaise à la chance que du premier coup la patte s'appuie sur toute ta triste carcasse ! A peine si tu la sentiras ; c'est ce que je puis souhaiter de mieux à mes amis, à toi, à moi-même. Mais il est probable que la mort te prendra par parcelles, et que cette fois tu rentreras au logis avec un membre écrasé, laissant une traînée de sang sur le sable. Ainsi éclopé et boiteux, le premier galop aplatira ta tête et ta poitrine, et le lendemain ce sera le tour des autres. Contre ces sortes de maux l'expérience et le raisonnement de tous les rats et de toutes les taupinières n'ont point trouvé de remède : tout au plus, après tant de siècles, la race trottinante a su découvrir quelques habitudes des éléphants, marquer leur sentier, prévoir d'après leur cri leur rentrée ou leur sortie ; elle est un peu moins écrasée qu'il y a cinquante siècles ; mais elle l'est encore, elle le sera toujours. Augmente ton adresse si tu veux, pauvre rat ; tu n'augmenteras pas beaucoup ton bonheur, essaie plutôt, si tu peux, d'endurcir ta patience et ton courage. Habitue-toi à subir convenablement ce qui est nécessaire. Evite les contorsions et les agitations grotesques ; quel besoin as-tu de faire rire tes voisins? *Garde le droit de t'estimer* puisque tu ne peux te soustraire à la nécessité de souffrir. A la longue, les gros pieds des éléphants et les incommodités qui s'ensuivent te paraîtront dans la règle. *Le meilleur fruit de notre science* est la résignation froide, qui, pacifiant, préparant l'âme, réduit la souffrance à la douleur du corps. »

Tout cela est bien insuffisant à combler le vide de l'âme, et nous laisse comprendre pourquoi, même parmi l'élite, un jour ou l'autre, la réaction se fait contre les vues pessimistes sur la vie. Ainsi Wagner, ainsi Nietzsche, amis de Schopenhauer, se séparèrent de lui : les Français pouvaient encore moins s'en accommoder pour longtemps.

D'ailleurs, tous ces motifs psychologiques d'insuccès n'étaient-ils pas confirmés à la réflexion par les raisons objectives de délaisser un pareil système. L'arbitraire et les contradictions de ses métaphysiques, choquent par trop le bon sens ; l'exagération et la fausseté manifestes de sa critique des biens et des maux, ne témoignent pas d'un sens bien net des réalités ; et, finalement, la poussée de vie intérieure appelle autre chose, un épanouissement, un aboutissement, et non la négation du fond même de tous nos désirs. La vie appelle la vie, et ne peut être satisfaite que par une plus ample et plus opulente floraison, c'est le souhait impérieux et incompressible de l'humanité. *Vitam abundantius habeant.* Le pessimisme est une doctrine de cimetière, où ne perce l'aube d'aucun lendemain ; l'humanité ne peut suivre les fossoyeurs sarcastiques ou blasés qui la propagent.

Pour remonter la pente, où peu à peu nous avons glissé, à la suite du positivisme, jusqu'aux tré-fonds du désespoir, on nous offre le choix entre le culte du moi, le culte des autres, le culte de l'invisible ; et pour dire les choses en gros, Renan, Nietzsche, Tolstoï, ou des Mages initiés, sont les guides et les sauveurs d'âmes, les maîtres de vie intérieure qui s'offrent à nous, et que nous devons critiquer.

II. — Le Dilettantisme

Continuons de relever les étapes de l'âme contemporaine époinçonnée par son inquiétude du problème de la vie. Après que l'individu a été sacrifié au culte de l'Humanité, au culte du Tout, au culte du Néant, comme toutes les exagérations fausses appellent une réaction, nous avons eu celle de l'individualité sous les aspects divers du culte du Moi. Il affecte, à mon sens, deux formes que nous esquisserons si vous le voulez l'une après l'autre. La première est celle du « dilettantisme », souple, ondoyante, variable, aimable, souriante et sans doctrine ; — la seconde est celle dont Nietzsche fut le prophète, et le Dieu, et le martyr : elle est sauvagement orgueilleuse, dogmatique dans l'exaltation du moi révolté, centre, et dominateur de l'univers.

Pour tout dire, les dévots de ces chapelles nous apparaîtront, les uns et les autres, comme des intellectuels anarchistes dans leur Egotisme. — Parlons d'abord du dilettantisme.

Et si vous me demandez de parler français plutôt qu'italien, qu'est-ce après tout que dilettantisme, et dilettanti ? Jusqu'ici nous savions bien que ce fut l'étiquette des amoureux de belle musique, des dévots du divin Mozart, ou du divin Beethoven, ou du divin Wagner, à moins qu'ils ne préfèrent Gounod ou Rossini. Paix à tous les fervents de toutes ces mélodieuses chapelles ! Mais ici c'est l'harmonie et l'eurythmie de la vie qui est en cause : et le trait commun, pour nos philosophes de la vie, est qu'ils se disent, et ils sont, des amateurs « dilettanti ».

Et ces messieurs furent à la mode — oh combien ! — et combien trop ! — et trop longtemps ! — Mais leur règne est passé, dit-on, et le glas est sonné de cette néfaste manie d'ironistes esthètes où s'égarèrent, quelques années durant, bien des jeunes. C'était une manière, après tout, de s'échapper du pessimisme ou de l'esquiver. Il y en avait bien une autre, c'était de se tourner droit au catholicisme, de s'y convertir. « Alors j'ai compris, disait Durtal, que le Pessimisme était tout au plus bon à réconforter les gens qui n'avaient pas un réel besoin d'être consolés ; j'ai compris que ses théories, alléchantes quand on est jeune et riche, et bien portant, deviennent singulièrement débiles et lamentablement fausses, quand l'âge s'avance, quand les infirmités s'annoncent, quand tout s'écroule !

Je suis allé à l'hôpital des âmes, à l'Eglise. On vous y reçoit au moins, on vous y couche, on vous y soigne; on ne se borne pas à vous dire, en vous tournant le dos, ainsi que dans la clinique du Pessimisme, le nom du mal dont on souffre. »

Mais tous n'aboutissent pas si droit et d'un même bond. Le dilettantisme a été, pour plusieurs, le type très raffiné de l'indifférence religieuse, du « je m'en fichisme », pour employer un terme devenu courant, mais d'une indifférence très lointaine de l'oubli que flagellait la parole amère et courroucée de Lamennais. « Le dilettantisme, nous dit M. Paul Bourget, dans ses *Essais de Psychologie contemporaine*, c'est beaucoup moins une doctrine qu'une disposition d'esprit très intelligente à la fois et très voluptueuse qui nous incline tour à tour vers les formes diverses de la vie, et nous conduit à nous prêter à toutes ces formes sans nous donner à aucune. » Et de ceci, naguère, je trouvais une formule toute moderne, dans la *Revue Bleue*, à propos de la réception de M. Lavedan à l'Académie : « Après tout, qu'importe, pourvu qu'on rigole, n'est-ce pas le fond de toute vie et de toute littérature. » Cette théologie athénienne, cette spiritualité abrégée est signée d'un monsieur Zadig.

Et voilà le genre d'indifférence très cultivée, et très bienveillante des modernes. Aussi, dans le pèlerinage d'âme que nous accomplissons en ce moment, où je m'efforce d'être le Virgile d'un Dante renouvelé, ce serait le lieu, peut-être, de rappeler : les « tristes âmes de tous ceux qui vécurent sans blâme et sans éloge. Elles sont mêlées à ce mauvais chœur des anges qui ne furent ni fidèles, ni rebelles à Dieu, mais qui furent *pour eux-mêmes*. » Et imitant le dédain du guide virgilien, je vous dirais : « Ne parlons pas d'eux, mais regarde et passe. » « Non ragionam di loro, ma guarda e passa » (1).

Ne cédons pas à cette tentation, et armés de patience et d'équité, prenons contact. Il est aussi difficile de définir un système sans doctrine que d'enfermer de l'eau fugace dans ses mains, il faut s'en faire une idée d'après ses types, ses représentants, et dépeindre plutôt qu'exprimer cet état d'âme et cette vie intérieure (2).

« Tantôt on s'enchantera des acrobaties d'une dialectique transcendantale, tantôt, dédaignant la pesanteur d'une armure même légère, on rira des lourdauds qui, casque en tête, se battent selon les règles, dans un corps à corps avec le vent. Par l'histoire, être de tous les temps et de toutes les races ; par la science, appartenir à tout l'espace et égaler l'univers ; par la

---

(1) Dante, *Inferno*, III.
(2) Blondel. *L'Action*, p. 3.

philosophie, devenir le théâtre de la bataille intermittente des systèmes, porter en soi l'idéalisme et le positivisme, le criticisme et l'évolutionnisme, et se repaître du carnage des idées ; par l'art, s'initier à la divine grâce des frivolités sérieuses, au fétichisme des civilisations avancées, quelle aimable industrie pour se donner à tout sans donner rien, pour réserver cet inépuisable pouvoir d'esprit, tour à tour sympathique et destructeur, pour tisser et défaire sans relâche comme une toile de Pénélope la vivante parure du Dieu qui ne sera jamais ! On s'agenouille devant tous les autels, et on se relève souriant pour courir à de nouvelles amours ; on s'enferme un instant dans la lettre afin de pénétrer au sanctuaire de l'esprit. Si devant la grandeur du mystère partout répandu l'on sent comme un frisson de religieuse horreur, vite on s'abrite derrière les épaisses certitudes des sens : on se sert de certitudes brutales pour dissiper les rêves, des rêves pour sublimer la science, et tout n'est plus que figures peintes en l'air. L'on sait qu'il y a contre l'abus du positif des réactions inévitables, et l'on s'y prête dévotement, ni plus ni moins disposé à vénérer la cornue du chimiste qu'à se prosterner sous l'ineffable splendeur du néant dévoilé à l'âme. Tel se plaît à mêler les extrêmes et à composer dans un seul état de conscience l'érotisme avec l'ascétisme mystique ; tel, à l'aide de cloisons étanches, développe parallèlement un double rôle d'alcoolique et d'idéaliste. Tour à tour, ou à la fois, l'on goûte, l'on aime, l'on pratique différentes religions et l'on savoure toutes les conceptions du ciel par le dilettantisme de la vie future. »

2° Si c'est bien là le fond de l'âme et de l'art de vivre, n'y reconnaît-on pas l'empreinte du fondateur, Ernest Renan ? Lisez M. Gabriel Séailles, M. Raoul Allier, M. Faguet, et vous verrez le père du dilettantisme désormais jugé équitablement. Un amateur souriant qui se moquait du public et de lui-même, un esprit infiniment souple, avec l'horreur de l'affirmation nette : ainsi nous apparaît-il. « Autrefois, dit-il (1), chacun avait un système, il en vivait, il en mourait, maintenant nous traversons successivement tous les systèmes, ou, ce qui est bien mieux encore, nous les comprenons tous à la fois (2). »

Son Prêtre de Némi donne bien la note de sa vie intérieure. A propos de la recherche des fins morales, il écrit : « Les vérités de cet ordre, ne doivent être ni directement niées, ni directement affirmées ; elles ne sauraient être l'objet de démonstrations. Tout ce qu'on peut, c'est de les présenter par leurs faces diverses, d'en montrer le fort, le faible, la nécessité, les équiva-

(1) *Dialogues philosophiques*, p. IX.
(2) Le prêtre de Némi.

lences. Tous les hauts problèmes de l'humanité sont dans ce cas. — « Un ouvrage bien complet ne doit pas avoir besoin qu'on le réfute. L'envers de chaque pensée doit y être indiqué, de manière que le lecteur saisisse d'un seul coup d'œil les deux faces opposées dont se compose toute vérité. »

Aussi « s'abandonner, suivant les heures, à la confiance, au scepticisme, à l'optimisme, à l'ironie, voilà le moyen d'être sûr qu'au moins par moments on a été dans le vrai (1). »

Et le dernier mot de tout c'est de jouir du monde tel qu'il est fait. « Ce n'est pas une œuvre sérieuse (2), c'est une farce, l'œuvre d'un démiurge jovial. La gaieté est la seule théologie de cette grande farce. » Ici Renan me semble très bien rendu en écho par M. Zadig : « Qu'importe pourvu qu'on rigole ».

« Mais pour cela, il faut éviter la mort. La mort est la faute irréparable », ajoute le prêtre de Némi, comme pour se réfuter lui-même, et dans la même phrase, selon le principe énoncé.

C homme qui exerça longtemps sa séduction du « joli carillon » qu'il avait dans la tête, a déjà bien perdu de son prestige. M. Séailles conclut son étude

(1) *Études sur Amiel.*
(2) *Le Prêtre de Némi.*

psychologique sur Ernest Renan, en flagellant impitoyablement le dilettante, qui, parce qu'il confond tout, se flatte de tout comprendre, et de tout aimer, et il me plaît de louer ici cet auteur. Car M. Gabriel Séailles déforme singulièrement les idées d'Ignace de Loyola quand il les expose en Sorbonne, de sorte qu'on se plaît à penser qu'il les ignore, plutôt que de soupçonner qu'il les déteste. Pour nous, catholiques, notre désir, je dirai notre devoir, et quelquefois notre espérance, est de vaincre, ou mieux, de gagner nos adversaires, par la courtoisie, la science et la loyauté.

Voici les nobles et fortes pages de M. Gabriel Séailles sur Ernest Renan : vous comprenez que c'est faire coup double pour juger impartialement M. Renan, d'emprunter impartialement le langage de M. Séailles (1).

« Le dilettantisme, cette ironie de professeur et d'étudiant qui sent l'odeur fade des bibliothèques, est à la portée de tous. Le collégien d'abord s'y jette, pour se grandir, flatté de se mettre du premier coup au-dessus du vulgaire, persuadé qu'il trouve dans le dédain de la vie qu'il ignore une expérience qui le fait l'égal des hommes. Il n'est pas de futur notaire, dont le grand-père fut byronien avant de gérer l'étude fa-

---

(1) Ernest Renan, p. 354. Cf. p. 303 *Le polisson* ! (G. Séailles).

miliale, qui ne soit capable d'assister de très haut au spectacle de l'univers... »

Le dilettantisme est un faux semblant, « un art de substituer à la sympathie réelle et poignante l'espèce d'émotion détachée que donne la pure fiction » et au-dessous des formes légères de la vraie vie, « celle de l'instinct, de la spontanéité, continue son cours, rendue plus brutale, plus cynique par l'indifférence qu'on affecte à son égard, libérée par cette espèce de mysticisme intellectuel, qui ne s'abaisse pas à surveiller les ébats de l'animal... A parler franc, on a renoncé à l'effort pour appliquer l'intelligence à l'instinct, on a séparé les deux termes dont l'accord fait la vie humaine, on ne cherche plus, dans la conscience des rapports qu'on soutient avec ses semblables et avec le monde, l'idéal qui, universalisant le cœur et l'esprit, les emporte dans le grand courant de la vie divine ; on se distingue, on s'isole, on ne sait vouloir, on ne sait aimer que soi. Réduites à un jeu superficiel d'images et de vibrations légères, les affections désintéressées sont sans force comme sans réalité, il ne reste d'actif, d'efficace, que le penchant primitif, l'instinct de vivre, l'égoïsme naïf qui, pour s'être raffiné dans la forme, pour être devenu la vanité maladive de l'homme de lettres, l'ambition rageuse et dissimulée, l'insolence et l'envie, la cruauté froide, n'en ramène pas moins au plus bas degré de l'existence. Pour avoir voulu s'élever au-dessus de la vie, faire le grand seigneur, on tombe à la pauvreté de la bête, à la misère d'un moi individuel, qui ne se soutient que par l'illusion d'exister. »

3° Et ce fut précisément là le but final proposé à notre vie intérieure, le « moi », et vous allez voir que j'ai raison de dire « le culte du moi », tout aussi justement que « la culture du moi ».

« Il n'y a qu'une chose, dit M. Maurice Barrès, que nous connaissions et qui existe réellement parmi toutes les fausses religions qu'on nous propose, parmi tous ces cris du cœur avec lesquels on prétend nous rebâtir l'idée de Patrie, nous communiquer le souci social et nous indiquer une direction morale : cette seule réalité tangible, c'est le Moi, et l'univers n'est qu'une fresque qu'il fait belle ou laide (1) ».

« Attachons-nous à notre Moi, protégeons-le contre les étrangers, contre les barbares. »

« Mais ce n'est pas assez qu'il existe ; comme il est vivant, il faut le cultiver, agir sur lui mécaniquement (étude, curiosité, voyages). »

« S'il a faim encore, donne-lui l'action (recherche de la gloire, politique, industrie, finances), et s'il sent

(1) *Examen*, pp. 45-46.

trop de sécheresse, rentre dans l'instinct, aime les humbles, les misérables, ceux qui font effort pour croître. Au soleil incliné d'automne qui nous fait sentir l'isolement, courons contempler les beaux yeux des phoques et nous désoler de la mystérieuse angoisse que témoignent dans leurs vasques ces bêtes au cœur si doux, les frères des chiens et les nôtres. »

Ceci peut s'appeler la culture du moi, mais il y a mieux, et je veux vous mieux montrer la religion de la chose, le culte et la ferveur de vie intérieure, dont le « moi » doit être le centre, le stimulant, le dieu. « Les ordres religieux ont créé une hygiène de l'âme qui se propose d'aimer parfaitement Dieu ; une hygiène analogue nous avancera dans l'adoration du Moi (1). » C'est donc la vie spirituelle à rebours, la méthode des Exercices de saint Ignace retournés, qui sera le but, ou le bréviaire, de l'*Homme libre* qu'il s'agit de créer en nous, c'est-à-dire le moi, le plus moi, et le plus soustrait aux *Barbares*, c'est-à-dire les non-moi.

M. Barrès fut en effet un fervent de Loyola, et le petit livret du capitaine espagnol lui sembla receler entre ses feuillets tous les mystères dont il avait besoin pour son alchimie de l'âme. « Livre de sécheresse, mais infiniment fécond, dont la mécanique fut toujours

---

(1) *Un homme libre*, p. 54.

pour moi la plus troublante des lectures. Livre de dilettante (! ?) et de fanatique, il dilate mon scepticisme et mon mépris ; il démonte tout ce qu'on respecte, en même temps qu'il réconforte mon désir d'enthousiasme ; il saurait me faire un homme libre, tout puissant sur moi-même (1). »

Il ne s'agit, vous le verrez, que de transposer la méthode, et de l'appliquer à l'amour du moi. « Notre sentiment élevé du problème de la vie est fait de notre inquiétude perpétuelle, disent les premières pages d'*Un homme libre*. Nous ne savons sur quel pied danser... Chercher continuellement la paix et le bonheur, avec la conviction qu'on ne les trouvera jamais, c'est toute la solution que je propose. Il faut mettre sa félicité dans les expériences qu'on institue, et non dans les résultats qu'elles semblent promettre. Amusons-nous aux moyens, sans souci du but...

Pour moi qui vais parmi les hommes, le cœur défiant et la bouche dégoûtée, j'hésiterai perpétuellement entre les rêves de Paturot et ceux des mystiques. Les uns et les autres comme moi s'agitent, parce que l'ordinaire de la vie ne peut les satisfaire. Mais j'ai sou-

(1) Il est assez curieux de voir les exercices et les méthodes des jésuites loués par MM. Maurice Barrès, et Joséphin Péladan, et par M. Joris-Karl Huysmans d'avant la conversion dans *A Rebours*.

vent pensé qu'entre tous, Ignace de Loyola avait montré le plus de génie, et je le dis le prince des psychologues, parce qu'il déclare à la dernière ligne de ses Exercices spirituels, ou suite de mécaniques pour donner la paix à l'âme : « Et maintenant le fidèle n'a plus qu'à recommencer. »

Voilà donc le but et la méthode ascétique que M. Barrès rêve de retourner au profit de son moi, de sa paix, de sa vie intérieure. « Faisons des rêves chaque matin et avec une extrême énergie, mais sachons qu'ils n'aboutiront pas. Soyons ardents et sceptiques. C'est très facile avec le joli tempérament que nous avons tous aujourd'hui. »

D'ailleurs, on ne nous laisse point manquer de principes directeurs, en cette entreprise : et ils nous sont formulés avec rigueur, à l'instar de la méditation fondamentale de ces Exercices nouveaux.

1er *Principe*. — Nous ne sommes jamais si heureux que dans l'exaltation.

2° *Principe*. — Ce qui augmente beaucoup le plaisir de l'exaltation, c'est de l'analyser. Conséquence : « Il faut sentir le plus possible en analysant le plus possible (1). »

Et avec son ami Simon, le néophyte dans la retraite

---

(1) *Op. cit.*, p. 18, p. 54.

à Saint-Germain, va s'exercer à ce culte et à cette ascèse, à cette vie intérieure, tout entière convergente vers le « Moi ». C'est ici, à Saint-Germain, une institution pour le développement et la possession de toutes nos facultés de sentir ; c'est ici la culture de l'enthousiasme. Et non moins énergiquement que firent les grands saints du christianisme, proscrivons le péché, — le péché qui est la tiédeur, le gris, le manque de fièvre — le péché, c'est-à-dire tout ce qui contrarie l'amour.

L'homme idéal résumerait en soi l'univers ; c'est un programme d'amour que je veux réaliser. Je convoque tous les violents mouvements dont peuvent être énervés les hommes ; je paraîtrai devant moi-même comme la somme sans cesse croissante des sensations. Afin que je sois distrait de ma stérilité et flatté dans mon orgueil, nulle fièvre ne me demeurera inconnue et nulle ne me fixera.

C'est alors, Simon, que nous tenant en main, comme un partisan tient son cheval et son fusil, nous dirons avec orgueil : « Je suis un homme libre ».

4° Cette vie intérieure du dilettantisme, du culte souriant du moi dont je viens de vous rappeler l'esquisse, et les grandes lignes, cette religion de l'adoration de soi-même dont les adeptes eux-mêmes définissaient la liturgie « un baiser sur un miroir », cet épicuréisme raffiné a fait son temps, nous assure-t-on ; et les beaux jours du dilettantisme sont définitivement passés. Nous en acceptons l'augure, et puisque le dilettantisme a vécu, nous prenons acte de son décès, et nous chanterons sans douleur son « requiem » en déplorant le mal qu'il a fait, et la veulerie où il a ruiné les plus beaux dons.

M. René Doumic, dans la *Revue des Deux-Mondes* du 15 janvier 1900, en quelques pages d'un style cinglant, ému et grave, en fit, pouvons-nous dire, l'oraison funèbre. Ce bilan d'une génération, je vous y renvoie.

Vous y verrez très bien montré que l'erreur et la faute de cette génération ce fut de faire de « l'art uniquement un instrument de jouissance, et ça été, à travers les diverses manifestations de la vie littéraire, de poursuivre uniquement son plaisir. Son idéal a été un idéal d'épicuriens de l'esprit et de voluptueux du cerveau... Mais on sait d'ailleurs que le plaisir échappe à ceux qui le recherchent, et par cela même qu'ils l'ont cherché. Et telle est la punition de ceux qui ont cru que la jouissance peut être le but de la vie : du fond de la jouissance même ils voient se lever on ne sait quel fantôme d'amertume et de tristesse ». Et résumant d'un mot sa pensée et la nôtre, sur cet état d'âme dépouillé de tous les prestiges de la phraséologie, l'auteur n'y trouve, en l'analysant, « rien que paresse, égoïsme, désir de jouissance et lâcheté. »

J'aime à voir appliquer ces termes francs à une doctrine d'allure si cauteleuse, à sentir dans l'âme du critique « ces haines vigoureuses » dont parle Molière, propres aux âmes hautes et blessées, qui se départissent un instant de leur modération polie pour repousser du talon, comme Lacordaire indigné, une « canaille de doctrine ».

Déjà, bien avant M. Doumic, le dilettantisme rencontre les juges sévères, mais justes, qu'il méritait. Vous en trouverez l'accent dans les pages de M. l'abbé Félix Klein, maître de conférences à l'Institut catholique, auxquelles je vous renvoie. Si vous le préférez, relisez la préface du *Disciple,* de M. Bourget, et vous y entendrez gronder sourdement la belle colère indignée d'un honnête homme, contre cette « corruption plus profonde que celle du jouisseur barbare » et dont le nom du dilettantisme dissimule mal « la fécondité froide, la sécheresse affreuse. »

Relisez aussi les lignes émues de M. Edouard Rod, dans le *Sens de la Vie* : « Ah ! trois fois malheur à celui qu'a touché le funeste dilettantisme ! » et qui s'est livré à « des séductions dont il n'a pas vu le danger ». Ou, si vous l'aimez mieux, reprenez la conclusion du *Cosmopolis* de M. Bourget, à propos de ces dilettantes désintéressés, spectateurs de la vie, comme « le monsieur du balcon qui essuie les verres de sa lorgnette pour ne rien perdre de la comédie ». « Ce que je haïssais, ce que je hais en eux, c'est que ce sont presque toujours des fins de race, les consommateurs d'une hérédité de forces acquises par d'autres, les dilapidateurs d'un bien dont ils abusent sans l'augmenter... Eux ne fondent rien, ne sèment rien, ne fécondent rien. Ils jouissent... c'est pour eux le seul motif, le but unique de leur existence et de toute existence, le terme et l'aboutissement de l'univers entier. Des milliers de générations ont souffert, ont pleuré, ont lutté, se sont exterminées pour la joie de ce petit frisson que vous donne votre pensée... Le bien et le mal, la douleur et la joie, tout est matière pour vous à ce jeu de votre esprit que je trouve aussi monstrueux que celui de Néron faisant brûler Rome, à cet abus du don sacré, duquel il vous sera demandé un compte terrible à vous, comme aux illustres corrupteurs, vos aînés. Car de tous les égoïsmes, celui-là est le pire qui dégrade la plus haute des puissances de l'âme à n'être qu'un outil du plus stérile et du plus inhumain plaisir. »

Ces mots de Montfaucon, le mutilé de Patay, me vont à l'âme : et j'en comprends mieux les lignes de la dernière Préface de M. Bourget, à l'édition définitive de ses œuvres : « Pour ma part, la longue enquête sur les maladies morales de la France actuelle, dont ces essais furent le début, m'a contraint de reconnaître à mon tour la vérité proclamée par des maîtres d'une autorité bien supérieure à la mienne : Balzac, Le Play et Taine, à savoir que pour les individus comme pour la société, le Christianisme est, à l'heure présente, la condition unique et nécessaire de santé et de guérison. »

5° D'ailleurs, il est juste de le reconnaître en terminant, après avoir été fort à la mode, cet engouement de dilettantisme est désormais flétri et condamné par tous. M. Jules Lemaître, et même M. Maurice Barrès, brûlent maintenant ce qu'ils avaient adoré, relèvent les autels qu'ils avaient brisés.

Le dernier impénitent de cette religion, peu estimable en somme, et funeste aux jeunes Français, c'est M. Anatole France, que M. René Doumic, sans doute pour atténuer sa verte semonce et la virulence de son blâme, appelle « l'exquis et le délicieux représentant » d'une génération désormais disparue, oubliée, abolie.

Je ne vous condamnerai pas à parcourir avec M. France les sentiers du « Jardin d'Epicure. » « C'est un livre, dit l'abbé Klein, où le dilettantisme tient une si grande place, qu'il n'en reste plus ni pour la morale, ce qui ne change rien aux habitudes de l'auteur, ni presque pour l'art, ce qui, chez lui, marque un vrai changement ». Aussi les termes d' « exquis » et de « délicieux », appliqués aux auteurs dilettantes me paraissent des mots de salon, dont la politesse estompe et atténue trop, à mon gré, les nuances justes de la vérité morale, et efface les arêtes vives de la vérité scientifique. Il me répugne également d'en substituer d'autres d'une franchise trop sévère pour un contemporain vivant. Ne paraîtrait-il pas du dernier béotien, de discuter ceux qui ne répondent que par des pirouettes de style? Je voilerai donc ce nom d'un crêpe de deuil, lui laissant ou lui jetant, si l'on veut, les roses fanées de ces épithètes : « Exquis! délicieux! »... *Guarda e passa.*

L'opinion est reine du monde, souhaitons qu'en France nous ayons toujours le goût assez sûr, et l'esprit assez haut, et l'âme assez forte, pour ne pas prôner, et mettre à la mode, des écrivains ou des orateurs, qui aient le culte du moi, et qui soient des baladins de style. Ce n'est pas de faire sonner des mirlitons enrubannés, fleuris et pomponnés, qui nous rendra des cœurs virils, des hommes, des preux antiques. A cette tâche il est ruineux de flatter l'esprit de vanité, de plaisir et de jouissance de soi. A ceux qui s'adorent eux-mêmes, qui n'écoutent qu'eux-mêmes, et ne croient qu'en eux-mêmes, l'abbé de Clairvaux, le doux saint Bernard, ne décochait pas des phrases gentilles, il disait : *Qui docet semetipsum habet asinum pro magistro et stultum pro discipulo.*

Aux modernes ne donnons pas de cette apostrophe une traduction moderne.

Nous chercherons un autre idéal de vie chez l'infortuné Nietzsche.

NOTE

Le *Pétrone* du roman *Quo vadis*, est un dilettante sybarite où plus d'un lecteur de nos jours a pu se reconnaître. M. Lagasse de Locht (*Durandal*, mars 1901, p. 173) fait remarquer que les traducteurs français ont omis tel dialogue de saint Paul et de Pétrone, où éclate l'inconséquente légèreté du dilettante.

« C'était un soir, chez moi, raconte Vinicius, Pétrone commença à parler avec enjouement, et sur un ton badin, selon son habitude. Paul entama la conversation et lui dit : « Comment peux-tu nier, sage Pétrone, que le Christ ait existé et soit ressuscité, pour le seul motif que tu n'étais pas au monde alors que Pierre et Jean l'ont vu. Je l'ai vu moi-même sur le chemin de Damas. Prouve d'abord, ô toi qui te vantes d'être un sage, que nous sommes des fourbes. Alors seulement tu auras le droit de récuser notre témoignage. »

Pétrone répondit que jamais la pensée de nier ne lui était venue à l'esprit, car il savait pertinemment qu'il était arrivé bien des événements incompréhensibles, qui étaient affirmés par des gens dignes de foi. « Mais la révélation d'un nouveau dieu est une chose, dit-il, et l'adhésion à sa doctrine en est une autre. Je ne désire rien connaître qui me gâte la vie et en défigure la beauté. Qu'importe que nos dieux soient authentiques ou non. Ils sont beaux ! Leurs préceptes sont faciles. Ils nous permettent de vivre sans soucis. »

Et comme Paul argumente, et le presse de bonnes raisons, Pétrone répond : « Cela n'est pas pour moi ! » Sous prétexte qu'il était fatigué, il partit, et en s'en allant, il dit : « Je préfère mon Eunice, ô petit Juif, mais en vérité je ne voudrais pas être contraint de discuter avec toi en public. »

C'est l'éternelle volte-face de tous ceux qui ont un parti-pris, et, pour s'y mieux tenir, nient avec un sourire l'efficacité des raisons quelles qu'elles soient. Ainsi répètent-ils le *Quid est veritas !*

L'INDIVIDUALISME NIEZTSCHÉEN

L'engouement pour Nietzsche s'est propagé d'Allemagne en France, par un reflux fréquent dont les causes sont assez faciles à discerner. Jadis fermés à ce qui venait du dehors, alors qu'on nous disait ignorants des langues étrangères, aujourd'hui, semble-t-il, par une réaction qui va à l'excès, nos goûts de cosmopolites et d'exotiques nous font aimer ce qui passe ou repasse la frontière. Et d'outre-mer ou d'outre-Rhin, la marque étrangère fait prime sur le marché des snobs.

D'ailleurs, s'il a des défauts, que nous ferons ressortir, Nietzsche a aussi des qualités de hauteur d'âme, de verve, et de poésie, qui séduisent, et un souci des grands problèmes de la vie, du monde, de la destinée, qui répond à nos inquiétudes. Nous avons passé par des périodes de faiblesse, de dépression, il prêche la force et l'énergie. On tournait au pessimisme morne et découragé, il se pose en ami de la Vie, et de l'être, épanoui en toutes ses puissances. Ses qualités littéraires attirent ; la complexité, le trouble, l'inquiétude et l'orgueil de son âme en font un représentant de marque d'une génération.

Il est le plus violent entre tous, le plus antichrétien, en ses paroles : sa superbe est la plus insolente, mais, après tout, je l'aime encore mieux que les phraseurs souriants, à l'école du « baiser sur un miroir », avec toutes leurs préciosités, et leur âme raffinée, compliquée, et alanguie. Ils se ressemblent sur un point : ils écartent la foule, le profane, et dressent un piédestal à leur orgueil et à leur égotisme.

I. — Ancêtres intellectuels de Nietzsche.
Vue générale

Cette seconde forme du « culte du moi » qui nous reste à étudier, Nietzsche en fut de nos jours le prophète, l'apôtre, le dieu martyr. Stendhal (H. Beyle) fut à la vérité son prédécesseur français, avec plusieurs autres d'ailleurs, car ce n'est pas des adorateurs du moi qu'on a pu dire :

> D'adorateurs fervents à peine un petit nombre
> Ose des premiers temps nous retracer quelque ombre.

Cette exaltation de superbe a commencé du jour où quelqu'un, — dont le souvenir s'est conservé dans toutes les traditions cosmogoniques du monde,— a pris pour devise : « *Non serviam* », et s'est complu dans l'épanouissement de ses dons, dans sa complaisance altière en leur excellence.

Stendhal est admirateur de la force et du succès. « On pourrait considérer Stendhal, dit M. Faguet (*Pol. Mor.* III) comme le premier des Nietzschéens, si le premier des Nietzschéens n'était pas Voltaire. »

Pour remonter plus haut nous trouverions à Nietzsche un ancêtre en Machiavel (1) dans le Discours sur Tite-Live. « Notre religion, écrit Machiavel dans son style lapidaire, couronne plutôt les vertus humbles et contemplatives que les vertus actives. Elle place le bonheur suprême dans l'humilité, l'abjection, le mépris des choses humaines, et l'autre au contraire (c'est la religion païenne dont il s'agit) faisait consister le souverain bien dans la grandeur d'âme, la force du corps et toutes les qualités qui rendent l'homme redoutable. Si la nôtre exige quelque force d'âme, c'est plu-

---

(1) Cf. *Débats*, 4 mars 1899.

tôt celle qui fait supporter les maux que celle qui pousse aux grandes actions. Les méchants ont vu qu'ils pouvaient tyranniser sans crainte des hommes, qui, pour aller en paradis, sont plus disposés à supporter les injures qu'à les venger. »

Nous retrouverons en effet cette opposition marquée par Nietzsche entre deux conceptions de la vie, qu'il appelle « morale des maîtres » et « morale des esclaves ».

« La *virtù*, telle que l'entend Machiavel, dit M. Bourdeau dans le numéro des *Débats* cité, c'est l'énergie et l'habileté déployées pour atteindre un but de domination, le droit des meilleurs, des plus forts, des hommes de proie, des césariens, pour pousser par tous les moyens, malgré lui, le troupeau humain vers la civilisation. Nietzsche salue dans Borgia, dans le « prince » de Machiavel, le type splendide des conducteurs d'hommes. »

Stendhal ne diffère guère, lui, « grand admirateur des pourpoints et des poignards du quattrocento, comme aussi de Bonaparte, le condottière au génie surhumain, qu'il avait suivi à travers l'Europe.

Le discours de Vautrin à Rastignac sur l'art de parvenir, c'est encore du pur Nietzsche avant la lettre. Vautrin prend texte des mémoires de Benvenuto Cellini, et il oppose la morale des ambitieux sans scrupules, « aux reins solides et au sang riche en fer, à celle des bonnes gens « de la sainte confrérie des savates du bon Dieu ». Il s'agit non de se résigner mais de guerroyer sans trêve ni merci afin de conquérir sa place au soleil. Nietzsche exalte de même la dureté, la ruse, la cruauté, l'audace téméraire, l'humeur batailleuse, qui augmente la vitalité de l'homme et dit « oui » au mal et au péché. »

« Soyons durs, et durs pour les autres, car la pitié est une faiblesse », c'est la doctrine de Nietzsche. Ne la pratiquons pas à son égard, car cet orgueilleux déchu, ce lambeau d'homme, contempteur du Christ, le Dieu des esclaves, contre qui il lança l'anathème, est devenu objet de pitié. Le galiléen une fois de plus regarde passer les candidats à la régence de l'humanité. Depuis Julien qui jetait son sang à la face du ciel, jusqu'à Nietzsche, qui s'est éteint après avoir langui de longues années dans un asile, ils ne sont pas heureux les remplaçants de Jésus-Christ, grand maître de l'humanité.

Mais ce manque de pitié pour les détresses humaines, il en faisait le pivot d'une philosophie de la vie au profit de l'élite où il se rangeait. Il rompt en visière et au christianisme et à la démocratie, refusant leur dogme de l'égalité des hommes. « Pour Nietzsche (1) comme pour Renan, comme pour Carlyle,

---

(1) BOURDEAU, *loc. cit.*

l'inégalité entre les humains est au contraire criante. Le progrès est l'œuvre non des foules, mais des races, et des hommes supérieurs, des génies, des héros, des surhommes. L'œuvre de la démocratie, du socialisme, qui en est la quintessence, c'est de tout abaisser au niveau le plus médiocre, d'unir les faibles contre les forts, et d'organiser la société au profit des incapables. D'après Nietzsche, nous nous exagérons les souffrances des classes populaires, nous les jugeons avec nos nerfs. Nous tendons en même temps à les augmenter par la culture imprévoyante que nous donnons à ceux qui peinent.

« Il y a dans la société des tâches rudes et grossières qui doivent être accomplies. Si les ouvriers finissent par s'y refuser, il faudra faire venir des coolies et des nègres. Les vrais promoteurs du progrès industriel ce ne sont pas les prolétaires, mais les inventeurs, les héros de l'industrie, de la banque et du commerce, les hommes d'entreprise, d'initiative âpre et avide, les financiers de proie. »

Tout cela est fort nietzschéen, mais c'est aussi fort nettement un corollaire de la doctrine positiviste, athée, évolutionniste, tiré par Herbert Spencer comme par Charles Darwin. C'est le *struggle for life*, la vraie conception scientifique de la vie, j'entends de la science des faits telle qu'elle est entendue par ses pontifes exclusifs. « Spencer considère que la philanthropie, qui permet aux mal venus de vivre, opère une sélection à rebours, et finirait par transformer le monde civilisé en une cour des miracles. »

Assurément à l'heure où elle est venue, parmi des intellectuels en mal de pessimisme, d'ironie et de dilettantisme, la théorie du philosophe allemand donnait peut-être à quelques-uns une secousse utile. Comme dit M. Bourdeau, « pris à petites doses, certains poisons peuvent devenir salutaires. La philosophie de Nietzsche s'offre comme antidote à la maladie du siècle, au pessimisme découragé, à la tour d'ivoire, au mépris, au dégoût de la vie. Nietzsche se fait « professeur d'énergie », et c'est fort bon de pratiquer sa devise, « se lever chaque matin avec plus de volonté qu'on en avait la veille ». Au lieu de garder l'attitude ridicule d'idéalistes toujours déçus, bien loin de geindre, il faudra cacher ses souffrances, « être de diamant pour ses peines... et celles des autres », garder aux lèvres « le sourire d'une gaieté divine ».

Nous, chrétiens, nous apercevons ici la parcelle de vérité mêlée au faux, — et plus tard elle brillera mieux, isolée, tandis qu'ici elle étincelle comme un brillant réduit en poussière parmi des scories. Mais le défaut de la cuirasse apparaît vite aussi, je veux dire le risque des applications de cette doctrine fausse. M. Bourdeau, un incroyant, le caractérise fort bien, dans cette étude que j'ai déjà plusieurs fois citée. « La jeunesse positive qui veut « arriver », au risque de se casser les reins, trouve en Nietzsche la parfaite expression de ses aspirations et de ses rêves. C'est aussi un autre aspect de la maladie du siècle qu'il nous présente : le mal n'a fait que se déplacer et se répercuter ailleurs. A la dépression des Werther et des René, a succédé la frénésie des Julien Sorel et des Rastignac. Nombre de faux *surhommes*, se prennent pour des Bonaparte, des Talleyrand en herbe, et se croient tout permis. Mais dans notre société bourgeoise, le mépris de la petite morale, qui est la bonne, risque fort de conduire ces héros de la volonté à la correctionnelle ou à la cour d'assises. »

A moins, ajouterai-je, que le terme final ne soit près du maître, le nietzschéen par excellence, Nietzsche, réduit pendant dix ans à ne vivre que de la pitié des autres, qu'il a bafouée, reniée, rejetée, qu'il voulait abolie, honnie, réprouvée à tout jamais.

II. — Réaction contre le pessimisme.

Mais entrons un peu dans le détail. Nons ne nions pas les qualités de cet homme. Ce païen, cet anti-religieux, c'est une nature élevée, patricienne par instinct, aristocrate de valeur personnelle, « épris de vérité et d'art, tout à la fois intellectuel et sensitif, volontaire et passionné, penseur, savant, musicien, poète (1) ». Nietzsche nous apparaît donc comme une nature singulièrement riche et complexe. S'il se brouille avec son ami Schopenhauer, comme avec son ami Wagner, c'est qu'il ne peut admettre ni la tristesse, ni le désespoir, ni l'ascétisme comme le but final de tout. « Le pessimisme, dit-il, est impossible pratiquement et ne peut être logique. » Il s'ingéniera donc à le remplacer.

Etudions successivement comment il réagit contre le pessimisme, affirme le Moi des hommes supérieurs, montre le Surhomme comme l'aboutissement et le but final de la nature; puis nous terminerons par quelques remarques critiques.

(1) Lichtenberger, p. 26.

1° Selon l'idée qu'on se fait de la vie présente, sombre ou radieuse, sans lendemain ou prélude d'un état définitif, le système varie. Or, Nietzsche raisonne ainsi (1) : « Je ne sais pas si la vie est elle-même bonne ou mauvaise. Rien n'est plus vain, en effet, que l'éternelle discussion entre les optimistes et les pessimistes, et cela pour une excellente raison, c'est que personne au monde n'a qualité pour juger ce que vaut la vie : les vivants ne le peuvent pas parce qu'ils sont partie dans le débat et même objets du litige ; les morts ne le peuvent pas davantage — parce qu'ils sont morts. Ce que vaut la vie dans sa totalité, nul ne peut donc le dire ; j'ignorerai à tout jamais s'il eût mieux valu pour moi d'être ou de ne pas être.

« Mais du moment où je vis, je veux que la vie soit aussi exubérante, aussi luxuriante, aussi tropicale que possible, en moi et hors de moi. Je dirai donc « oui » à tout ce qui rend la vie plus belle, plus digne d'être vécue, plus intense. S'il m'est démontré que l'erreur et l'illusion peuvent servir au développement de la vie, je dirai « oui » à l'erreur et à l'illusion ; s'il m'est démontré que les instincts qualifiés de « mauvais » par la morale actuelle — par exemple, la dureté, la

(1) Werke, viii, 68-88.

cruauté, la ruse, l'audace téméraire, l'humeur batailleuse — sont de nature à augmenter la vitalité de l'homme, je dirai « oui » au mal et au péché ; s'il m'est démontré que la souffrance concourt aussi bien que le plaisir à l'éducation du genre humain, je dirai « oui » à la souffrance. — Au contraire, je dirai « non », à tout ce qui diminue la vitalité de la plante humaine. Et si je découvre que la vérité, la vertu, le bien, en un mot toutes les valeurs révérées et respectées jusqu'à présent par les hommes, sont nuisibles à la vie, je dirai « non » à la science et à la morale ».

Nous sommes ici, je le crois, au centre de la pensée de Nietzsche, il veut la vie, il adore la vie, la vie en force, en puissance, dans tout son rendement et son développement. Vers ce point culminant a gravité toute sa création de pensée, c'est par là qu'il aboutit à son Zarathustra, poème étrange, « le manifeste et l'évangile de cette prétendue révélation ». Et de peur d'entraver cette vie, il va diviniser l'instinct, il veut, comme un nouveau Lucifer, « se créer lui-même son bonheur, sa justice, son ciel, et devenir l'homme surhumain ».

« Jamais, dit M. Edouard Schuré (1), jamais style

(1) P. 791, *loc. cit.*

plus beau ne fut mis au service d'idées plus meurtrières du véritable, de l'éternel idéal humain. Une prose ample et rythmée, une langue bâtie à grands blocs, comme les murs cyclopéens... Sur ces fortes assises, des gerbes de poésie, une forêt vierge d'images ; et, travaillant en dessous, une pensée volcanique qui fait craquer le sol comme la lave en éruption, toujours prête à dévorer ce qu'elle enfante. Et comme d'un soufflet de forge, il sort de ces versets des colères d'Isaïe, interrompues de rires sataniques, des râles de Titan terrassé par un dieu. »

Prenons quelque aperçu de l'air et du ton de cet évangile individualiste et anarchique, dont les sophismes, revêtus d'images originales, peuvent séduire des esprits faux, ou des dilettantes incapables de prendre au sérieux des idées. Il veut affirmer que, malgré la douleur, la vie est bonne, elle est joyeuse, — si on sait en pénétrer l'esthétique. Dans le plein midi, débarrassé de toute illusion, le connaisseur verra le spectacle de la vie, intense, varié, chaque acteur dupé par son rôle, et le jouant bien. Ainsi envisagée, il faudra non pas la renier, cette vie, non pas s'y résigner, mais l'aimer, mais la vouloir pour sa beauté : *Amor fati.* C'est de la joie, c'est le chant d'ivresse de Zarathustra : le rire et la danse, un assentiment joyeux à la volonté qui est créatrice, qui se veut, qui veut la vie. « Tout ce qui fut est fragment et énigme et épouvantable hasard », jusqu'à ce que la volonté créatrice ajoute : « Mais c'est ainsi que je le veux, c'est ainsi que je le voudrai ».

« L'âme humaine qui veut s'élever (1) aux plus hauts sommets de la sagesse doit donc apprendre à jouer, à s'ébattre joyeusement en toute innocence. Elle doit se faire légère et insouciante, vaincre le démon de la pesanteur sous toutes ses formes, renoncer au pessimisme et à la mélancolie, aux allures solennelles, aux attitudes tragiques, au sérieux renfrogné, à la raideur intransigeante : « Malheur à ceux qui rient ! » disait l'ancienne Loi ; or, c'est là, selon Zarathustra, le pire des blasphèmes. Le sage doit au contraire apprendre le rire divin : il doit s'approcher de son but, non point à pas lents et comme à regret, mais en « dansant » et en « volant ». C'est en sachant rire qu'il pourra se consoler de ses échecs, en sachant danser et voler qu'il franchira joyeusement, semblable aux tourbillons du vent d'orage, les noirs marais de la mélancolie. Il faut que l'homme apprenne « à danser par delà lui-même, » à « rire par delà lui-même, » à se dépasser lui-même sur les ailes du rire et de la danse. C'est là le conseil suprême de la sagesse de Zarathustra.

(1) LICHTENBERGER, p. 157.

« Cette couronne du rire, cette couronne de roses, moi-même je l'ai posée sur ma tête ; moi-même j'ai sanctifié mon rire joyeux.

« Cette couronne du rire, cette couronne de roses : à vous, ô mes frères, je vous la jette. J'ai sanctifié le rire, hommes supérieurs, apprenez à rire. »

Sans doute, nous le verrons plus tard, le christianisme ne défend certes pas le rire, je dirai même qu'il excelle à donner la vraie joie, à faire rire dans l'âme. Mais pour certains ignorants, le christianisme est essentiellement une ascèse, et l'ascèse un renoncement grognon, et grincheux, et attristé, à tout ce qui fait le charme de vivre. Et Nietzsche s'imagine cela, et il s'insurge contre le Dieu, ou les dieux, et les faux idéals, à qui on se sacrifie niaisement. Zarathustra vient déclarer aux hommes la grande vérité que « Dieu est mort », entendez par là tout ce dont l'homme croit dépendre, l'Etre première cause, mais aussi la vérité, mais aussi la famille, la patrie, l'humanité.

2° « A trente ans (1), Zarathustra s'est retiré dans la montagne. Il a vécu dix ans dans une caverne, sans autre compagnie que ses deux animaux familiers, un aigle et un serpent, symboles de l'orgueil et de la pru-

(1) Edmond Schuré, p. 791.

dence, qui lui procurent sa nourriture. Pendant dix ans il jouit de son propre esprit, sans regret ni lassitude, en un bonheur parfait. Mais se trouvant trop riche en sagesse, il se décide à redescendre vers les hommes pour partager ses trésors avec eux. En route, il rencontre un vieil ermite dont la prière produit sur l'oreille du prophète l'effet d'un grognement monotone.

Zarathustra passe devant lui avec un sourire de mépris et se dit à lui-même : « Serait-il possible que ce vieux saint dans sa forêt ne sache pas encore que Dieu est mort ? » Dans la ville prochaine il trouve la foule assemblée sur le marché. Elle attend l'arrivée d'un danseur de corde. En attendant, le prophète annonce au monde la bonne nouvelle.

« Vous avez fait le chemin du ver de terre à l'homme et beaucoup en vous est encore du ver. Autrefois vous étiez des singes, et maintenant encore l'homme est plus singe qu'aucun singe du monde ! »

« Or, je vous enseigne l'homme surhumain qui est le sens de la terre. Que votre volonté dise qu'il soit le sens de la terre ».

« Qu'est-ce que le singe pour l'homme ? Un rire ou une honte douloureuse. Voilà ce que l'homme doit être pour l'homme surhumain, un rire et une honte douloureuse. »

« Je vous en conjure, mes frères, restez fidèles à la terre, et n'en croyez pas ceux qui vous parlent d'espérances supra-terrestres ! Ce sont des empoisonneurs, qu'ils le sachent ou non.

Ce sont des contempteurs de la vie, des moribonds et des empoisonnés eux-mêmes, dont la terre est fatiguée : qu'ils s'en aillent en poussière ! »

« Jadis le blasphème contre Dieu était le plus grand des blasphèmes, mais Dieu est mort, et avec lui sont morts aussi ses blasphémateurs. Blasphémer contre la terre, estimer les entrailles de l'Insondable au-dessus du sens de la terre, voilà maintenant le crime des crimes. »

C'est qu'en effet, Dieu est mort, tel est le mot de l'évangile nouveau. Tout l'ascétisme voulu par ceux qui lui immolent le bonheur de cette terre, qui nient le vouloir-vivre, à la Schopenhauer, à la Bouddha, ou qui le mortifient, pour se retrouver dans l'au-delà chrétien, ou qui se soumettent à un idéal maître de vérité ou de morale, tout cet ascétisme croule du coup, — Dieu est mort. Et, certes, Nietzsche a conscience de la portée de ces trois mots et son imagination dramatise sa théorie.

« Où est Dieu, je veux vous le dire ! Nous l'avons tué vous et moi ! Nous tous nous sommes ses meurtriers ! Mais comment avons-nous fait cela ? Comment avons-nous pu boire l'Océan ? Qui nous a donné l'éponge avec laquelle nous avons effacé tout l'horizon ? Qu'avons-nous fait en détachant cette terre de son soleil ? Où va-t-elle maintenant ? Où allons-nous ? Loin de tous les soleils ? N'errons-nous pas à travers un néant infini ? Ne sentons-nous pas le souffle de l'immensité vide ? Ne fait-il pas plus froid ? La nuit ne se fait-elle pas toujours plus noire ?... Dieu est mort ! Dieu restera mort ! Et nous l'avons tué ! Comment nous consolerons-nous, nous les meurtriers entre tous les meurtriers ? Ce que le monde avait de plus sacré, de plus puissant, a saigné sous nos couteaux ! qui lavera de nous la tache de ce sang ? avec quelle eau nous purifierons-nous ? Quelle fête expiatoire, quels jeux sacrés nous faudra-t-il inventer » ?...

L'anti-pessimisme de Nietzsche l'amène donc à rejeter toute soumission à quoi que ce soit ; il rejette donc le christianisme, cela va de soi, mais disons en somme qu'il ne connaît qu'un christianisme tronqué et vide de foi et de vie surnaturelle, défiguré par ses préjugés. « Le christianisme a été le plus grand malheur de l'humanité, dit-il, parce qu'il a propagé la pitié et l'humilité. »

L'ascétisme pour la conquête de soi, la domination de soi, le renoncement au bonheur d'ici-bas, en vue d'un bonheur futur, il le condamne et le rejette : c'est non un idéal, mais une dégénérescence. Il s'y cache bien évidemment la recherche et la trouvaille d'une certaine paix, d'un certain bonheur ici-bas, mais, selon Nietzsche, c'est au prix d'une déchéance, au prix de l'admission d'une fausse table des valeurs, et d'une fausse morale.

3° Mettons cette idée en lumière.

La morale « des esclaves », c'est celle du christianisme ; la « morale des maîtres », c'est celle que Nietzsche veut instaurer, au moins pour les surhommes, car les autres comptent à peine, ils n'ont qu'à concourir par la servitude de leurs médiocrités au plus grand bien des autres. Ils doivent continuer à vivre en « bête de troupeau », les autres, les nobles, les forts, les doués, les maîtres, les hommes supérieurs, — tout cela dit la même chose — doivent ne s'assujettir qu'à la morale des maîtres. Celle-là consiste à ne suivre que l'instinct supérieur de son Moi.

Nietzsche parle au nom de ceux-là.

Il veut réformer la « table des valeurs », des biens, des maux, du bien et du mal, et l'estime proportionnelle qu'on en fait. Il faut toujours en venir là. Et

Schopenhauer, et Hartmann, nous ont aussi donné leur critique des biens et des maux.

Nietzsche rejette tous les instincts non-égoïstes, de pitié, d'abnégation de soi, d'immolation de soi. Pour venir à la « morale des maîtres », — c'est-à-dire des patriciens, des aristocrates de la valeur personnelle, de noblesse inhérente, et non de reflet, d'opinion, d'extérieur, — il faut se placer au delà du bien et du mal ; développer tous les instincts, toute la nature, toute la volonté de vivre, et prendre comme principe : « Rien n'est vrai, tout est permis ». La vie « exubérante, luxuriante, tropicale », tel est le vouloir du maître, nous l'avons entendu ; il veut dire « oui » à tout ce qui rend la vie plus belle, plus digne d'être vécue, plus intense, fût-ce l'erreur, l'illusion, la dureté, le mal, le péché, la douleur.

III. — Affirmation du moi des hommes supérieurs

Cette réaction contre le pessimisme suppose donc, nous le voyons, l'affirmation du Moi des hommes supérieurs : nous devons y insister. La « Gaie science » et « Ainsi parlait Zarathustra », cette sorte d'apocalypse fin de siècle, sont des livres sibyllins, pleins de verve, de poésie, de génialité, des dons de l'artiste quelque peu fougueux et même déséquilibré. Nietzsche y met bien en lumière la pensée du nouvel évangile ; le mysticisme (1) de Zarathustra, c'est « la réaction orgueilleuse, quasi mystique du moi. »

Pour y atteindre mettez en pleine lumière la vanité des faux idéals (2), v. g. pitié, idéal démocratique, royauté féminine, faux idéal scientifique, et remplacez ces futilités par l'adoration de la puissance, de la force. Par là, vous aboutirez à exalter la dureté, l'énergie des arrivistes, des hommes de proie, d'endurance et de domination, les « chameaux » et les « lions », comme dit Nietzsche dans son style imagé. « Pas de pitié, soyez durs » voilà le mot de la vie.

La religion de la souffrance humaine est vanité. Car la pitié est un sentiment peu intéressant, déprimant, et contraire à la loi de sélection, qui sacrifie le faible au fort pour le mieux de l'ensemble ; elle rend mou, efféminé, par peur de la souffrance. C'est une lâcheté méprisable, et l'école de la souffrance est nécessaire.

L'idéal démocratique, et son culte de l'égalité a mêmes traits et même vanité. De source chrétienne,

---

(1) Léonce de GRANDMAISON, s-j. *loc. cit.*, p. 805.
(2) LICHTENBERGER, p 119. 125. 126. 133.

il n'est autre chose que la revanche et la révolte des faibles. Et sa tentative pour niveler suppose une foi énergique dans le « troupeau en soi ».

Même absurdité que la royauté féminine ! La femme est inférieure et doit l'être. « Tout dans la vie de la femme est énigme enseigne Zarathustra, et tout dans la femme a une solution qui a nom : enfantement. » L'amour, le don de soi, l'abdication de soi est dans son rôle. « Le bonheur de l'homme, dit encore Zarathustra, a nom « Je veux ». Le bonheur de la femme a nom « Il veut ». La femme est faite pour aimer et obéir.

Et vanité aussi que l'idéal scientifique ! Piètre personnalité que celle du savant, cette « vieille fille » comme elle infécond, très honorable, légèrement ridicule, et au fond peu satisfait de son sort ! Le savant pur ne serait pas une volonté, mais une intelligence : purement *objectif*, il serait un miroir où se reflètent les choses, mais dépourvu de personnalité. C'est un instrument de précision, rare, délicat très altérable, très précieux mais il lui faut un maître pour l'utiliser. « Par lui-même il n'est rien (1); « presque rien »; il n'est pas le but vers lequel tend l'humanité, il n'est pas non plus le point initial d'un mouvement

---

(1) Lichtenberger, p. 133.

nouveau, il n'est pas une cause première, il n'est pas un Maître, — mais seulement une forme vide et flexible, prête à se modeler sur n'importe quel contenu, un homme *impersonnalisé*. »

Au fond d'ailleurs tous ces gens de prétendue vérité objective ne nous lèguent que leurs erreurs. Kant et les philosophes à la suite n'ont fait que transposer le christianisme en style métaphysique. La croyance en un monde réel distinct du monde des apparences, des *noumènes* opposés aux *phénomènes*, n'est que le principe théologique : « Dieu est la cause première de l'univers que perçoivent les sens et la vraie vie de l'homme est la vie en Dieu. » Les métaphysiciens ont subtilisé, sublimé, décoloré l'idée du Dieu bon, du Dieu des souffrants, ils l'ont métamorphosé en une immense araignée qui tisse le monde de sa propre substance ; ils en ont fait l'*idéal*, le *pur esprit*, l'*absolu*, la *chose en soi*. Or cette chose en soi, ce monde réel c'est tout simplement le pur néant, c'est une illusion.

Le Dieu des chrétiens était le Dieu de l'ascétisme, de la négation de la vie, selon Nietzsche, celui des philosophes est un pur néant. C'est le comble de l'ascétisme, et de la négation de la vie. Après avoir immolé à Dieu « tout ce qui console, sanctifie, guérit, tout espoir, toute foi en une harmonie cachée, en une béatitude et en une justice future », on a préféré « immoler Dieu lui-même, et par cruauté envers soi, adorer la pierre, l'inintelligence, la pesanteur, le destin, le Néant ».

Aussi Nietzsche éclate de rire devant les gens soi-disant cultivés, qui ne sont rien par eux-mêmes, et s'attifent des défroques du passé. « Je vous ai regardés, mes contemporains, ô hommes cultivés qui vous dites intellectuels. J'ai dû rire ! Jamais mes yeux n'ont vu rien de plus drôle et de plus bizarre. »

Laissons-les donc, et développons le Moi. Dur et sans pitié, dans toutes les aventures de la Vie, gardons la sérénité d'un « beau joueur », de « l'enfant qui s'amuse » la « grâce souriante du danseur ». Soyons un « oui » sacré à la vie, c'est-à-dire que l'amour de ce qui est *amor fati* développe en nous le culte apollinien et dyonisien de la nature, comme dit Nietzsche. Et en route pour la félicité.

IV. — Le culte du moi. Le surhomme

Mais comment, car jusqu'ici tout cela est purement négatif, comment atteindre un idéal positif ? Par le culte du moi, et le développement du Surhomme.

Selon Nietzsche (1), l'Europe en ses exemplaires d'humanité supérieure n'offre que symptôme de décadence. « Ce sont tous des mal-venus qui souffrent d'être ce qu'ils sont, qui étouffent de dégoût en face du spectacle de l'homme moderne et qui se méprisent eux-mêmes ». « Ici le démocrate égalitaire veut faire de lui une bête de troupeau laide et méprisable ; ailleurs le prêtre chrétien, le philosophe, le moraliste, veulent le détacher de la terre et lui montrent un au delà chimérique auquel il doit sacrifier sa vie. L'état démocratique est une forme dégénérée de l'Etat ; la religion de la souffrance humaine est une morale de malades, l'art wagnérien qui triomphe... est un art de décadence. » Partout la corruption et le pessimisme.

A tous ceux là Zarathustra offre l'hospitalité dans sa grotte. « Voici d'abord le divin pessimiste qui aperçoit partout des symptômes de mort et qui enseigne : « Tout est vanité, rien ne sert de rien, inutile de chercher, il n'y a plus d'îles bienheureuses ! »... Plus loin c'est le « Consciencieux de l'esprit » le savant « objectif » qui consacre sa vie à l'étude du cerveau de la sangsue... c'est le « Mendiant volontaire » qui

(1) Cf. Lichtenberger, p. 144, 145.

par dégoût de l'homme civilisé (1) à l'excès cherche auprès des vaches qui ruminent paisiblement en leur coin de pré le secret du bonheur ; c'est enfin l'«Ombre», le sceptique, qui à force de parcourir tous les domaines de la pensée, s'est perdu lui-même et erre désormais sans but à travers l'univers ».

« Tous ces représentants de la plus haute culture européenne souffrent d'un mal profond ; ils se glissent à travers la vie, inquiets, sombres, décontenancés, comme le tigre qui a manqué son bond ou le joueur qui a amené un mauvais coup de dés. Le « peuple » et tout ce que le peuple appelle « bonheur » les écœure. Et voici que, d'autre part, toutes les valeurs supérieures que l'humanité révérait jadis sous les noms de « Dieu », « Vérité », « Devoir » se sont évanouies pour eux. Les satisfactions matérielles ne sauraient plus les contenter ; et ils ne croient plus à l'idéal. L'humanité va-t-elle donc l'arrêter dans sa marche, se détacher de la vie, aspirer au néant ? »

Non, se répond énergiquement Nietzsche, il faut réagir et échapper au pessimisme par la faculté, qu'il nomme *apollinienne*, de rêve, de contemplation de la

---

(1) Cela me rappelle Charles Reculoux dont je parlerai ailleurs. Voir *Jamais, Les Horreurs*, etc. (Jouve, Paris).

beauté. Le sage doit dire à la vie : « Je te veux, car ton image est belle, tu es digne d'être rêvée » : « Il faut percevoir l'éternité de la volonté » (1) sous le flux perpétuel des phénomènes, et dire à la vie : « Je te veux, car tu es la vie éternelle ». Dès lors voici le sens nouveau de la vie : « Que l'homme désabusé de toute croyance à un au delà chimérique, se concentre en la vie présente, et lui donne ainsi une intensité nouvelle ; *dur aux autres*, car la pitié est une tentation aussi bien qu'une erreur décevante, qu'il sacrifie tout, sans balancer, au *développement harmonieux de son moi.* »

A ce prix, par la dureté, l'adoration de la puissance, de la force, dans toutes les aventures de la vie, on gardera la sérénité d'un beau joueur (2), l'innocence joyeuse de l'enfant qui s'amuse, la grâce souriante du danseur. Être un chameau, un lion, un enfant, voilà les trois points du sermon de Nietzsche au sage dont il veut faire un Surhomme dans la parabole des *Trois métamorphoses de l'esprit*. « L'âme humaine doit d'abord être semblable au chameau qui se charge docilement des fardeaux les plus lourds : elle endure patiemment les pires épreuves, elle se soumet volontairement aux plus

---

(1) Au sens de Schopenhauer.
(2) Lichtenberger, p. 156.

rudes disciplines pour amasser un lourd bagage d'expériences. Ensuite elle doit se faire semblable au lion qui dit « Je veux » et terrasse sous sa griffe quiconque menace sa liberté ; elle doit vaincre le grand dragon de la Loi qui, sur chacune de ses écailles d'or, porte écrit en lettres flamboyantes « Tu dois » et s'affranchir violemment du joug de l'idéal, du vrai, du bien, qui lui semblait jadis si doux à porter. Enfin pour devenir féconde et créer des valeurs nouvelles après avoir détruit les valeurs anciennes, il faut qu'elle devienne semblable à l'enfant qui joue : « L'enfant est innocence et oubli, il est un recommencement, un jeu, une roue qui tourne d'elle-même, une première impulsion, un « oui » sacré. Ainsi l'âme humaine qui veut s'élever aux plus hauts sommets de la sagesse doit apprendre à jouer, à s'ébattre joyeusement en toute innocence.

C'est ce que Zarathustra-Nietzsche appelle apprendre à rire. C'est le secret de la sagesse. Le sage doit apprendre le rire divin. « Il doit s'approcher de son but, non point à pas lents et comme à regrets, mais en « dansant » et en « volant ». C'est en sachant rire qu'il pourra se consoler de ses échecs, en sachant danser et voler qu'il franchira joyeusement, semblable aux tourbillons du vent d'orage, les noirs marais de la mélancolie. »

« Cette couronne du rire, dit Zarathustra cette couronne de roses, moi-même je l'ai posée sur ma tête ; moi-même j'ai sanctifié mon rire joyeux.

Cette couronne du rire, cette couronne de roses : à vous mes frères je vous la jette. J'ai sanctifié le rire : hommes supérieurs, apprenez à rire. »

Tel est le culte apollinien et dyonisien de la Nature *Amor fati.* Que l'homme se dépasse ainsi et devienne avec le temps celui au prix duquel l'homme actuel n'est qu'une ébauche misérable, le *Surhomme.* » Il faut être supérieur à l'humanité, en force, en hauteur d'âme, en mépris » (Préface de l'Antéchrist).

Et tel est le but de toute la nature *Paucis humanum vivit genus.* « Le but de l'humanité n'est pas le terme où elle marche ; il est dans les exemplaires les plus parfaits qu'elle a produits. »

V. — CRITIQUES

Cette vie intérieure de la spiritualité nietzschéenne ne manque pas de grandeur par certains côtés, surtout si l'on remarque que le fondateur ne la dit pas propre à tous, mais à quelques êtres d'exception, tandis que les autres feront bien de s'en tenir aux routines coutumières. Car, il importe de le remarquer, mal compris, tels aphorismes de Nietzsche justifieraient « l'apologie de l'égoïsme le plus brutal du dilettantisme le plus effréné. » Ne doit pas, et ne peut pas, jouer au « Surhomme » qui veut.

Zarathustra interroge le candidat (1) : « Es-tu une force nouvelle et une nouvelle loi ? un premier mouvement ? Une roue qui tourne d'elle-même ? Hélas il y a tant de gens que dévore la soif malsaine de s'élever, tant d'ambitieux qui s'agitent désespérément ! Montre-moi que tu n'es pas un de ces assoiffés, un de ces ambitieux ! Es-tu de ceux qui ont le droit de secouer un joug ? Il en est qui ont rejeté tout ce qui leur donnait quelque valeur en rejetant la servitude où ils vivaient. »

Mais qui pourra juger, et s'ériger en Surhomme ? Sur quelle règle discernera-t-on la vilenie, la bassesse, ou leur contraire ! Comment justifiera la nouvelle table des « valeurs » et la « morale », le Maître qui l'aura créée. Que ce soit égoïsme ou égotisme, tout cela est bien gros de risques, et ne peut guère servir de phare à l'humanité.

Remarquez-le bien en effet, Nietzsche ne dit pas aux

---

(1) Lichtenberger, p. 176.

hommes : « Je vous apporte la vérité, — une vérité impersonnelle, universelle, indépendante de ce que je suis, et devant laquelle toute raison humaine doit se courber. Mais au contraire : « Me voici avec mes instincts, mes croyances, mes vérités, et sans doute aussi mes erreurs ; tel que je dis « oui » à l'existence, à toutes ses joies comme à toutes ses souffrances. Voyez si vous ne trouverez pas vous aussi votre bonheur dans le mien. »

C'est ce qu'il dit d'une façon plus apocalyptique dans Zarathustra, cet individualisme nietzschéen est de plus le système de cet individu, et non pas de l'individu ; et nous serions de parfaits disciples en nous éloignant de lui, pour être nous-mêmes, si nous nous sentons faits pour autre chose.

« Je m'en vais tout seul, ô mes disciples ! dit Zarathustra à ses fidèles. Et vous aussi allez-vous-en, et seuls aussi ! Je le veux ainsi.

En vérité je vous donne ce conseil : allez-vous en loin de moi et défendez-vous de Zarathustra ! Mieux encore : ayez honte de lui ! Peut-être vous a-t-il trompés...

Vous dites que vous croyez en Zarathustra ? Mais qu'importe Zarathustra ! Vous êtes mes croyants : mais qu'importent tous les croyants !

Vous ne vous cherchiez pas encore : alors vous m'avez trouvé...

Maintenant je vous ordonne de me perdre et de vous trouver : quand vous m'aurez tous renié, — alors seulement je reviendrai vers vous. »

Cet optimisme absolu, anarchiste, du Nietzschéen qui se réjouit de voir décroître toute contrainte, toute loi, qu'on proclame artificielle, est-il même si favorable à la nature humaine ? Car, finalement, l'homme est dépendant, il se heurte à autre chose que lui ; il ne s'explique pas tout seul. Réclamer le libre développement des instincts, l'indépendance de nos facultés, la complète autonomie de notre individu, n'est-ce pas risquer de compromettre sa valeur définitive ? On l'a dit, et justement semble-t-il. « La vérité biologique (1) est que le constant refrènement de soi-même est une nécessité vitale des plus forts comme des plus faibles. Elle est l'activité des centres cérébraux les plus hauts, les plus humains. Si ceux-ci ne sont pas exercés, ils dépérissent, c'est-à-dire que l'homme cesse d'être homme ; le soi-disant « surhomme » devient « sous-homme, autrement dit une bête ; par le relâchement ou la suppression des appareils d'inhibition du cerveau, l'organisme succombe sans retour à

---

(1) Nordau, *Dégénérescence*, I, 334.

l'anarchie de ses parties constitutives ; et celle-ci conduit infailliblement à la ruine, à la maladie, à la folie et à la mort. »

Ce mysticisme de Zarathustra ne semble donc pas né pour conquérir l'humanité et survivre à son auteur. La religion du « moi » paraîtra à plusieurs, à beaucoup, sinon à tous, ou dangereuse, ou coupable, ou fausse, ou tout cela même. Et c'est peut-être une solution à la fois trop orgueilleuse et trop simpliste. Les grandeurs et les misères de l'homme sont à mieux mettre en lumière, en un système plus équilibré, qui semble-t-il existe quelque part. « Nietzsche, dit un critique perspicace, M. Alfred Fouillée, en est resté au naturalisme païen, sans même arriver à comprendre ni le sens du christianisme, ni le sens de l'idéalisme contemporain. »

Écrivain de premier ordre, moraliste pénétrant, penseur profond, satyrique génial, poète puissant à ses heures, ses dons merveilleux semblaient l'appeler à être un réformateur bienfaisant de la pensée pour sa génération. — Ainsi parle M. Schuré. — « Tout a été englouti dans la pléthore du moi, et dans la folie furieuse de l'athéisme. Voilà pourtant celui qu'une fraction de la jeunesse se propose pour modèle et que des esprits légers citent journellement comme le prophète de l'avenir ! S'ils ne reculent pas devant ses conclusions, qu'ils apprennent du moins, par son exemple, où peuvent mener certaines pratiques intellectuelles. L'histoire des idées morales de notre temps accordera sans doute à Nietzsche la grandeur tragique d'un homme qui a eu le courage d'aller jusqu'au bout de son idée, et qui a donné, par son suicide spirituel, la plus éclatante démonstration de son erreur. Quant à Zarathustra, il mérite de rester dans la littérature comme un monument unique, puisqu'il nous révèle l'âme de l'athée jusqu'au fond. On ne peut que plaindre ceux qui y chercheront une philosophie. C'est un magnifique sépulcre sculpté en marbre, mais un sépulcre qui recouvre le néant. »

Une étude sur Nietzsche ne peut guère se terminer que par cette oraison funèbre. Nietzsche sombrant dans la folie en 1888, en ses dernières pages *Ecce homo*, se compare à Jésus-Christ, comme lui sauveur, et comme lui méconnu. Dix ans passés depuis jusqu'à la mort ont réduit ce surhomme à la pitié qui le brûlerait comme une insulte et un mépris. Mais la mémoire du Christ reste inaltérée, dix-neuf siècles ont passé sur sa tombe, et de lui plus que d'Homère on peut dire qu'il est « jeune encore de gloire et d'immortalité. »

Cela ne donne-t-il point à réfléchir, et dans l'ordre de la recherche morale et religieuse ces essais sans lendemain, ces avortements misérables, n'ont-ils pas leur prix, ne guident-ils pas la conscience ! Depuis 1900 ans le Christ immobile au Calvaire, dans son immuable et souffrante sérénité, regarde passer ces fondateurs de religions, et il n'est pas encore décloué, pas même par les plus illustres de ceux qui lui dirent : « Je ne crois pas. »

> O Christ, je ne suis pas de ceux que la prière
> Dans ton temple, muets, amène à pas tremblants.
> Je ne suis pas de ceux qui viennent au Calvaire
> En se frappant le cœur baiser tes pieds sanglants,
> Et je reste debout sous tes sacrés portiques
> Quand ton peuple fidèle autour des noirs arceaux
> Se courbe en murmurant sous le vent des cantiques
> Comme au souffle de nuit un peuple de roseaux.
> Je ne crois pas, ô Christ, à ta parole sainte.

Vous ne croyez pas, — ou vous croyez ne pas croire, — ou vous voudriez peut-être croire que vous ne croyez pas, — pourrions-nous dire ? Eh bien, nous avons presque fini de palper et d'ausculter les névropathes qui oscillent de l'abattement à l'exaltation, cherchant un maître, loin du Christ, il faut pourtant examiner avant de décider, et répondre à Dieu qui parle au dedans. « Dieu parle, il faut bien qu'on réponde ! » Et si nul maître, je parle du point de vue humain, ne vous paraît digne d'être comparé seulement à Jésus de Nazareth, ne naît-il point de là, devant le simple bon sens, l'obligation en conscience d'examiner, de scruter loyalement sa doctrine, et d'opter s'il le faut entre lui et le « culte du Moi » ?

ÉVANGÉLISME SENTIMENTAL DE TOLSTOÏ

I

On dit que Tolstoï et Nietzsche forment contrepartie. Nietzsche expose la morale des combattants ou des hommes de proie : Tolstoï celle « des infirmiers, des brancardiers, de la croix de Genève, qui ramassent les vaincus, et pansent leurs blessures, et dont l'âme compatissante voudrait voir tous les humains, au lieu de s'entre-déchirer, s'embrasser les uns les autres ».

Il nous reste à entendre le sentimental appel de Tolstoï, le patriarche qui vit en sa terre russe, au milieu de ses moujiks, répétant le mot de saint Jean : « Aimez-vous les uns les autres », mais sans peut-être l'entendre bien dans sa connexion avec les autres vérités évangéliques, mais le dénaturant dans son évangélisme de romancier idéaliste et mystique, sans règle de foi autre que son instinct et le sentiment.

A cela se ramène, en effet, le tolstoïsme, nous pourrons le montrer : et sa très grande influence sur nombre d'esprits et d'imaginations tient moins à la vigueur systématique, qu'à un certain ébranlement sympathique pour l'auteur, à un vague instinct de bonté et de désir de bonheur pour tous. Les dons de l'artiste sont éminents en ce romancier qui peint la vie morale avec une âme haute, noble, amie de l'idéal. Nous suivons et nous écoutons en ses œuvres une âme vibrante qui raconte ou dramatise sa propre recherche du sens de la vie, de l'énigme du monde. Et nous aimons ce tour personnel et vivant qui nous engage à travers les plus hauts problèmes philosophiques comme dans un roman et une aventure d'âme.

De plus, le tolstoïsme s'offre à nous comme une réaction contre les duretés de l'individualisme, et du pessimisme à la fois. « Le bonheur, se dit Tolstoï (1), consiste à vivre pour les autres : c'est clair. L'homme aspire au bonheur, donc c'est un désir légitime. S'il tâche d'y parvenir dans un but égoïste, en cherchant l'opulence, la gloire, l'amour, il se peut qu'il ne l'obtienne jamais, et ses désirs resteront inassouvis. Ce

---

(1) *Les Cosaques*, 1852.

sont donc des aspirations égoïstes qui sont illégitimes, et non le désir d'être heureux. Quels sont les rêves permis qui peuvent se réaliser en dehors des conditions extérieures ?... L'amour et le dévouement. »

Parti de là, Tolstoï aboutit à une conception de la vie, après lecture de l'Evangile, qui est à la fois instinctive et expérimentale. Il ne la déduit pas d'une argumentation logique ni métaphysique, il vous dit qu'avec elle tout s'explique, et sans elle rien ne marche. « Vous me demandez pourquoi je crois que la doctrine du Christ est la vraie doctrine, voici : dès que l'idée chrétienne, la vraie idée chrétienne, est entrée dans une âme, toute la vie s'organise, toute la vie devient claire, facile et cohérente, les hésitations cessent, les contradictions disparaissent, et... cela marche ! Je crois à la doctrine du Christ, parce que je ne connais pas une autre doctrine qui puisse donner une égale somme de bien à un si grand nombre d'hommes... Cela est l'évidence même. Les sophistes essayent vainement d'obscurcir cette évidence. Les écrivains comme Nietzsche qui affirment effrontément l'individualisme, qui prétendent que la sympathie et la compassion sont des faiblesses, ne peuvent être sincères. Leur doctrine est évidemment fausse : la doctrine contraire est d'une suffisante clarté pour ceux qui veulent voir... Evidente aussi la liberté humaine. On nie la liberté en affirmant le principe de raison suffisante. Moi, au lieu du principe de raison suffisante, j'affirme la liberté. Affirmation pour affirmation, la mienne vaut bien la leur. D'ailleurs aucun doute sérieux ne peut venir à ce sujet. Seulement, pour voir avec exactitude les choses comme elles sont, il faut au préalable se libérer l'esprit, le débarrasser des entraves et des mensonges, le purifier : dès lors on sera capable d'envisager la réalité, et, si l'on envisage la réalité sans préjugés et sans parti pris, on ne peut pas ne pas s'apercevoir que la vie veut être vécue chrétiennement... »

Mais cette vraie vie chrétienne, quelle est-elle? rien autre chose que le christianisme de l'évangile de Tolstoï.

Ce christianisme, si on y regarde de près, n'est qu'un pur christianisme de sentiment, découpé à la fantaisie de l'auteur dans l'Evangile. Nous en trouverons la recherche et l'exposé dans *Ma Religion*, *La Vie*, et la *Réponse au Synode* (1).

(1) Il ne s'agit pas ici de présenter et de faire connaître Tolstoï, pas plus que Nietsche ou Renan, ou Auguste Comte, etc. Chacun des sujets que nous touchons ne nous attache qu'en quelques points : il est représentatif de la pensée contemporaine, il témoigne de son inquiétude religieuse, il reflète plus ou moins le christianisme, et nous incite à l'étudier dans sa vie

Assurément nous devons lire et critiquer Tolstoï, selon son désir exprimé, en rejetant toutes considérations mondaines, et en n'ayant en vue que ce commencement éternel de la vérité et du bien par lequel nous sommes venus en ce monde, et très prochainement en disparaîtrons. « Je demande, dit-il, de comprendre et de discuter ce que je dis sans hâte ni énervement, et, en cas de désaccord, de me corriger sans mépris et sans haine, mais avec indulgence et amour. » C'est bien notre attitude d'âme.

Aussi ne saurait-on nier que, malgré tout, le vent de faveur pour le roman russe, et très particulièrement pour le grand artiste le comte Léon Tolstoï, fut une brise d'idéal, une poussée vers des rivages meilleurs du cœur et de la pensée. Le tolstoïsme était, si l'on veut une lame de fond, qui soulevait la barque frêle de navigateurs malhabiles, et qui les portait plus loin qu'ils n'eussent été, laissés à leurs propres avirons et à leur boussole. Je veux dire que beaucoup d'intelligences alanguies, amollies, énervées, qui n'avaient pas la force d'être persuadées par de bonnes raisons furent vaguement saisies par l'imagination, par le

---

intérieure et mystique. Nous pourrions ajouter : « dans sa vie sociale ». Mais le seul premier point de vue, tout psychologique, scientifiquement exploré, nous a retenu trois ans. Le second aspect n'exigerait pas moins.

rêve, par leur sensibilité malade. Et bien que les livres de Tolstoï, ou la musique de Wagner ne fussent qu'un pâle et lointain reflet de l'Evangile, ces deux œuvres suscitèrent pour la religion qui nous berce et nous enterre presque tous, pour l'Evangile vivant et véritable, un regain de sympathie.

Reflet bien lointain et bien pâle, ai-je dit. Et, sans être plus sévère qu'il ne faut, on ne peut se dispenser d'être juste. M. Maurice Kufferath relève à propos de musique la « fâcheuse aventure qui arrive à un maître illustre de ce temps, à un conteur délicieux ou puissant, à un penseur profond et pénétrant : le comte Léon Tolstoï ». Il n'a pas su se défendre du dangereux travers de parler de ce qu'il ne savait pas, en consacrant à la musique de nombreuses pages, dans l'essai d'esthétique générale paru récemment sous ce titre : « Qu'est-ce que l'Art. »

Et le critique d'art énumère les idées justes que cite et que manie l'auteur. « Le mal est qu'il les interprète à sa façon et les détourne de leur sens véritable. Son étude manque de toute solidité. Elle me semble même dangereuse, car le maître russe revêt ses paradoxes de toute la magie d'un style entraînant, souple et nerveux ; il expose une théorie fausse avec éloquence qui fatalement persuadera plus d'un esprit faible... »

Au lieu d'art et de musique, dites religion, et vous

aurez un jugement tout fait, et tout à fait juste, sur l'œuvre religieuse de Tolstoï. Quel que soit le mérite de *la Guerre et la Paix*, d'*Anna Karénine*, de la *Sonate à Kreutzer*, tout cela n'empêche pas *Ma religion*, *Mon Évangile*, et tous ses livres religieux d'être très indigents de saine philosophie, d'être d'un pitoyable penseur, d'un doux anarchiste, d'un incohérent exégète, d'un théologien sans nulle valeur. Il est pénible d'être si dur. Mais si j'admire le romancier et l'artiste, je n'ai jamais rien rencontré de si piètre et de si peu solide comme construction intellectuelle.

Tolstoï est un simpliste en fait de théories. On peut s'en convaincre chez tous ses analystes les plus sincères et les plus impartiaux (1).

II. — Aperçu plus détaillé du tolstoïsme : la théorie

La lumière subite qui éclaire l'âme d'Olénine, le personnage principal des *Cosaques* (1852) est celle qui guidera toute la pensée future de l'œuvre. Nous l'avons signalée au début de cette étude. *La Guerre et*

(1) Lire le très attachant petit livre de Félix Schrœder.

la Paix (1864-1872) *Anna Karénine* (1872-1876) les œuvres de Tolstoï les plus universellement connues, n'incarnent pas d'autre théorie. Le prince André Bolkonsky et Pierre Besoukhow dans le premier roman, ou Lévine dans le second, subissent les mêmes expériences. Le prince André, « le gentilhomme dédaigneux, correct et maître de lui, dont la haute intelligence, méprisant les futilités de la société autant que les vaines spéculations de la pensée, s'est tout entière tournée du côté de l'action et des rêves ambitieux, passe par cent épreuves qui lui révèlent la loi de la Vie « la loi d'amour que Dieu prêchait sur la terre ». Aimer son prochain, aimer ses ennemis (1), aimer tous et chacun, c'est aimer Dieu dans toutes ses manifestations. » Lentement « cette fleur d'amour éternel » s'épanouit dans son âme, la remplit d'une joie surhumaine et la délivre de la crainte de la mort « qui n'est terrible que par l'absence de l'amour. Qu'était-ce, en effet, que d'aimer tout et tous, de se dévouer par amour, si ce n'est de n'aimer personne en particulier et de vivre d'une vie divine et immatérielle. »

Pierre Besoukhow, l'être instinctif, pénétré dès le début de l'insignifiance de la vie, est par suite livré à un nihilisme fataliste (2) qui le rend impropre à toute

―――――――
(1) *Loc. cit.*, p. 29.
(2) J'ai étudié depuis en des conférences publiques un poète

entreprise suivie. La paix de l'âme, vainement cherchée « dans la philanthropie, dans la franc-maçonnerie, dans les distractions de la vie mondaine, dans le vin, dans l'héroïsme du sacrifice, dans son amour romanesque par Natacha », lui apparaît soudain dans le malheur. Son inquiétude d'esprit ne venait que de la trop grande abondance de biens, il suffit de trouver le bonheur en soi dans la satisfaction des exigences quotidiennes de l'existence. Tel est le sens très simple de la vie : « La vie est tout, la vie est Dieu. Tout se meut, et ce mouvement c'est Dieu. Tant qu'il y a la vie, il y a jouissance de reconnaître l'existence de la divinité. Aimer la vie, c'est aimer Dieu. Le plus difficile et le plus méritoire est d'aimer la vie dans ses souffrances imméritées. »

Lévine n'arrive pas à d'autres conclusions. La mort, fin de tout, lui dessille les yeux. « Je ne puis vivre sans savoir ce que je suis et dans quel but j'existe, puisque je ne puis atteindre à cette connaissance, la vie est impossible. » Tolstoï, quand il parle personnellement dans sa *Confession*, ne parle pas autrement que son héros, et s'étonne que des hommes puissent ne pas penser à la grande énigme, au grand problème. Il y faut « une stupidité de l'imagination

inédit Edouard Ruminy dont le *Nihil* fataliste mériterait de nous retenir plus tard.

permettant d'oublier l'imminence de la maladie, de la vieillesse et de la mort. »

Pour sortir de cet aveuglement volontaire il regarde autour de lui. En dehors des misères inhérentes à la nature humaine, il constate des souffrances auxquelles remédient les préceptes de Jésus dans son Evangile, résumé en ce seul mot, par le théoricien mystico-sentimental : « Aimez-vous, les uns les autres ». Aux contestations et aux querelles des hommes, Jésus oppose une prompte réconciliation qui prévient les différends. Aux amours égoïstes et sensuels Jésus oppose la pureté d'actes et de pensées ; aux manques de bonne foi, la droiture simple, qui n'a pas même besoin de serments ; à la violence il oppose une douceur qui ne résistera même pas à qui vous fait du mal.

Voilà donc Tolstoï au centre de sa pensée, de son apologétique, pourrais-je dire, de sa doctrine de la vie, s'il vous plaît mieux. Vivre c'est chercher le bonheur ; or, l'homme n'a d'abord conscience que de sa vie individuelle, et la vie individuelle ne peut pas être heureuse (1). Cette contradiction, que saisit et dépeint désespérément toute sa vie d'observateur et de créateur littéraire se résout par l'Evangile de Jésus. Le Vrai Bien y est-il défini, c'est l'amour de Dieu et du

---

(1) *Loc. cit.*, p. 63-65.

prochain, la vraie vie, c'est la poursuite de ce Bien. En un mot l'homme, sans renoncer à son individualité ne trouvera le bonheur de celle-ci qu'en la soumettant « à la conscience réfléchie, à la Raison que Dieu a mise en lui pour l'éclairer, et lui permettre de reconnaître sa *Loi* : *c'est dans la soumission à cette loi, dans l'accomplissement de la volonté de Dieu que consiste la vraie vie*. Or, la loi de l'homme c'est l'amour, non pas égoïste et partial, qui rend plus intense la soif de jouir et la crainte de souffrir, mais l'amour du prochain « seule activité raisonnable de l'homme, et qui est une aspiration au bien des autres. »

Pour qui envisage ainsi la vie, les souffrances, incompréhensibles sans cela, sont une condition indispensable de vie et de bonheur, car sans elles l'activité de l'amour ne pourrait s'exercer. « En travaillant (1) pour l'Humanité, en consacrant toutes les facultés de son être à cette vie commune qui a été, qui est et qui sera, l'homme a la vie éternelle. C'est pourquoi la *vraie vie* est indépendante du temps et de l'espace : elle se manifeste en intensité et non pas en durée ; elle est un certain rapport avec le monde, rapport qui se développe pendant la vie charnelle ; après la fin de celle-ci, le rapport change, mais l'ac-

---

(1) Schrœder, p. 67 et Ossip-Lourié, p. 50 et sq.

tion de l'être matériellement disparu subsiste dans la mesure où la loi d'amour a été suivie par lui : celle de Jésus est éternelle, car il fut tout amour. »

III. — La pratique

Tout cela est assez beau, ne devrions-nous pas applaudir et nous entendre ? N'est-ce pas pour l'âme inquiète le lieu du repos que nous cherchons ?

Certes les vues de Tolstoï ne manquent pas de grandeur, et il les a rendues en des tableaux de grand art. Il est grand peintre de l'un ou l'autre aspect de l'existence humaine, l'un « morne, éclairé d'un jour douteux et trouble c'est la vie telle que l'a faite l'égoïsme humain (1), telle qu'elle apparaît dans *Les Fruits de la civilisation*, ou *La Puissance des Ténèbres* ou *la mort d'Ivan Iliitch* ou *La Sonate à Kreutzer* ; — l'autre « rayonnant d'une lumière intérieure, c'est la vie illuminée, transformée par l'amour », telle qu'elle apparaît en des récits populaires simples et pénétrants où l'illustre romancier a symbolisé ses principes : *A la*

(1) Voir auteurs cités, v. 5. SCHRŒDER, p. 126-142.

recherche du bonheur et *Ivan l'Imbécile*. Et ces principes de vie sont assurément beaux : « la conscience comme point d'appui, avec le repentir, pour premier résultat, la résignation comme but, avec l'amour dévoué, le sacrifice de soi pour moyens. »

Mais toute cette beauté de rêve et d'art vient se briser contre deux écueils : la pratique des réalités, qui ne se moulent pas aisément au gré des rêveurs, et sont la pierre de touche de leurs systèmes ; le sens individuel, personnel, de la raison raisonnante de chaque homme érigée en juge suprême du système, et qui de ce christianisme de fantaisie fait une religion sans autorité, et sans consolation. Car, de fait, l'évangélisme sentimental de Tolstoï, n'est pas le christianisme, ce n'est que le Tolstoïsme, un état d'esprit intéressant, sans doute, mais non pas la sereine et apaisante foi qui se repose sur Dieu.

M. Bourget écrivait dans sa Préface de 1900 : « La longue enquête sur les maladies morales de la France actuelle m'a contraint de reconnaître à mon tour la vérité proclamée par des maîtres d'une autorité bien supérieure à la mienne : Balzac, le Play et Taine, à savoir que pour les individus comme pour la société, le christianisme est à l'heure présente, la condition unique et nécessaire de santé et de guérison ». Nous ne pourrions dire cela du christianisme de Tolstoï, parce qu'à rebours du christianisme véritable, il n'allie pas la hauteur des principes, à la simplicité pratique de leurs applications ; — et il s'écarte trop de ce qui constitue le christianisme intégral pour participer de son efficacité curative.

Il ne faut pas être grand clerc pour entrevoir l'ascétisme vigoureux — et impraticable pour les masses — que supposerait le tolstoïsme pratiqué, non en belles pages, mais en beaux actes, non par une élite clairsemée, mais par la foule. Ce beau rêve attendri de fraternité humaine, nous en avons déjà discuté les illusions quand on lui ôte ses chances de chrétienne réussite, avec l'humanitarisme d'Auguste Comte. S'il résurgit rénové et fort de l'appui des romans de Tolstoï, il n'en est pas plus convaincant et plus dompteur des passions rebelles à son efficacité. Il n'arrive pas mieux à faire tolérer les maux qu'il ne guérit pas.

Tolstoï en fit lui-même la cruelle expérience lorsqu'épouvanté de la misère de Moscou, il se trouvait si impuissant, devant ses amis, à réfuter les considérations ordinaires sur le caractère inévitable de la misère, et plus impuissant encore à effacer, par la bienfaisance, le paupérisme.

« Je commençai, raconte-t-il, à contredire mon ami, et j'apportai dans la discussion tant de chaleur et de colère que ma femme accourut de la chambre où elle se trouvait pour me demander ce qui se passait.

Il paraît que, sans m'en rendre compte, je criais à mon ami, avec des larmes dans la voix et en agitant mes bras :

— On ne peut vivre ainsi. C'est impossible on ne peut vivre ainsi !

Je fus sermonné à propos de mon emportement inutile. On me reprocha de ne pas savoir discuter avec calme et de m'irriter d'une façon inconvenante. De plus on me prouva que l'existence de ces malheureux ne pouvait servir de raison pour empoisonner la vie de mes proches.

Je compris que cela était très juste et je ne répliquai rien ; mais intérieurement, je sentais, que, moi aussi, j'avais raison et je n'arrivais pas à me calmer.

L'existence à la ville qui jusqu'alors m'était étrangère et me semblait bizarre, me devint alors si odieuse que toutes ces joies de la vie de luxe qui, autrefois, me semblaient telles, se changèrent pour moi en tourments. »

Que pouvait il faire cependant, que devait-il faire, que devons-nous faire ? Les vérités de l'Evangile sont simples, mais d'une application fort complexe comme toutes les vérités morales, qui ne procèdent pas par des lignes uniques, géométriques, et se résolvent dans les cas particuliers par les résultantes de principes variés et multiples. Les apôtres tolstoïsants, mystiques socialistes, anarchistes, ont souvent négligé cette multiplicité des aspects d'une question pratique, dans les choses humaines. Aussi Tolstoï nous évoque et nous réveille les mêmes impressions qu'eut M. de Vogüé, après une entrevue avec un apôtre de certain communisme mystique.

« Il avait un de ces crânes étroits, volontaires, où les circonvolutions cérébrales ne saisissent que deux ou trois idées (1), qu'elles ne lâcheront plus : merveilleux microcosme pour qui veut étudier ce qui subsiste de la pensée générale d'un temps, après que l'alambic populaire en a déposé l'essence dans ces petites cornues. Les grands systèmes philosophiques s'y retrouvent, concentrés en quelques pilules de Liebig. Mon homme n'avait à sa disposition que deux pilules ; elles résumaient deux siècles d'efforts de l'esprit humain. Il exposa son utopie, une société sans lois, sans liens, sans hiérarchie, où chaque individu, absolument libre, serait défrayé par la collectivité selon ses capacités et ses besoins. A toutes les objections que l'on devine, il avait une première réponse : « L'homme est naturellement bon ; c'est l'état social qui le déprave. Supprimez l'état social, il n'est plus besoin de lois et de

---

(1) Cité par Gustave Le Bon, *Psychologie du socialisme*, p. 108.

protection mutuelle. Ceci n'est pas nouveau ; vous reconnaissez la pilule Rousseau, le résidu de tout le rêve du xviiie siècle. Mais comme j'insistais sur la difficulté de produire en quantité suffisante et de répartir dans la mesure des besoins les choses nécessaires à la vie, étant donné le peu de goût d'un grand nombre de citoyens pour le travail libre, quand leur bien-être est assuré d'ailleurs, je me butai à un second axiome : « Grâce aux progrès indéfinis de la science ou de la machinerie, l'homme, avec peu de travail, aura abondamment tout ce qu'il lui faut. La science améliorera sa condition et résoudra les difficultés que vous m'opposez. »

Les pilules du comte Tolstoï, ses simples, pourrais-je dire, ne sont pas moins simplistes. Il ne semble pas mieux armé pour organiser pratiquement l'existence. « Aimez-vous les uns les autres » cela signifie pour lui la condamnation de toute vie orientée vers le bonheur individuel, mais en même temps de toute notre civilisation (1) individualiste d'occident. De là le conseil de vivre comme les simples, — de manger son pain à la sueur de son front, — de ne pas pratiquer la division du travail, mais de produire chacun pour ses besoins tout ce dont il manque, — et enfin de ne pas résister

(1) SCHROEDER, p. 79.

à la violence, de ne pas rendre le mal pour le mal. Et ce faisant, on vivra de la vraie vie, on aura la paix, on s'unira à Dieu.

Mais qui ne voit que ce communisme anarchique, où la loi de l'homme serait une aspiration mystérieuse au bien des autres, où chacun serait heureux du bonheur des autres, et d'une sorte de fusion de tous les êtres dans l'unité de l'être, est une utopie chimérique, qui ne peut saisir et gouverner le genre humain ?

La pensée fuyante du fondateur a quelque chose de touchant dans la naïveté de son communisme. Nous ne pouvons pas remédier à la misère pour plusieurs raisons : elle est fatale dans les villes, où nous attirons les producteurs inutilisés ; nous leur donnons l'exemple de l'oisiveté et des dépenses superflues ; nous ne vivons pas selon la loi du Christ, ce n'est pas l'aumône qui est efficace, c'est le partage fraternel.

L'auteur conclut donc en donnant pour remède unique le retour à la vie rurale, qui garantit à chaque travailleur le nécessaire de l'existence. C'est là ce qu'il faut avant tout, quitter les villes, licencier le peuple des usines, revenir à la campagne, et y travailler de ses mains, chaque homme devant avoir pour idéal de pourvoir seul à tous ses besoins. Il fera quatre parts de son activité, une partie de la journée la première sera consacrée au travail pénible, la seconde au travail intellectuel, la troisième au travail de métier, et la quatrième aux rapports sociaux.

IV. — Tolstoï et le christianisme

Il y a là une intrépidité d'affirmation qui fait sourire en ces redoutables questions sociales. L'audace naïve, celle des enfants qui ignorent le danger plutôt que celle des héros qui l'affrontent, n'est pas moins étonnante dans les questions religieuses. Les commentaires les plus hétérodoxes de la parole du Christ n'étonnent pas Tolstoï, puisque selon lui l'Eglise est à côté de la vérité, et c'est lui, le grand homme, qui a trouvé l'interprétation véridique. C'est bien individualiste, et il semble sentir lui-même l'étrangeté de sa position. « Tout me confirmait, dit-il, la vérité du sens que je trouvais à la doctrine du Christ. Mais pendant longtemps, je ne pus me faire à cette idée étrange » (étrange en effet) « qu'après dix-huit siècles (disons dix-neuf) durant lesquels la foi chrétienne a été confessée par des millions d'hommes, après que des milliers de gens ont consacré leur vie à l'étude de cette foi, il m'était donné de découvrir la loi du

Christ, comme une chose nouvelle. Mais si étrange que ce fût, c'était ainsi. »

L'affirmation de l'auteur, et son attestation seule ne nous suffisent pas pour oublier l'étrangeté et la singularité de son assertion. Mais il est bon de la souligner, pour dissiper les illusions des bonnes âmes qui auraient la naïveté de prendre Tolstoï, pour un admirable commentateur de l'Evangile. Cette âme, belle mais absolument dominée par le sens personnel, ne connaît pas le christianisme intégral, mais seulement l'église russe, dite orthodoxe, à mes yeux c'est une excuse de son erreur. Il l'accuse, il s'en sépare. Selon lui son église, et en général l'Eglise (puisqu'il ne distingue pas) a faussé l'esprit de Jésus. Des événements récents, en 1901, lui donnèrent l'occasion de s'expliquer publiquement. La lettre du synode en réponse à la publication de *Résurrection*, où s'étalent d'âpres satires contre la société civile, tout autant que contre l'Eglise, fut suivie d'une réplique de Tolstoï, où éclate son sens individuel ; et le contraste est piquant de cet individualisme, intransigeant, anarchique, avec son communisme mystique également anarchique et idyllique (1).

Tolstoï, professe un christianisme à lui ; autrement dit, on peut l'assimiler au protestant libéral, pour qui

(1) Voir dans le *Temps*, 1ᵉʳ mai 1091, la réponse de Tolstoï au Saint-Synode.

Jésus-Christ n'est pas Dieu, — et Dieu lui-même n'est pas la Trinité chrétienne, — et les sacrements ne sont que des simagrées. A part ces légers détails... il est chrétien. Il n'a point déguisé ni fardé son credo. « Je crois en Dieu, qui est pour moi l'Esprit, l'Amour, le Principe de toutes choses. Je crois qu'il est en moi comme je suis en lui. Je crois que la volonté de Dieu n'a jamais été plus clairement, plus nettement exprimée que dans la doctrine de l'homme Christ ; mais on ne peut considérer Christ comme Dieu et lui adresser des prières sans commettre à mon avis, le plus grand des sacrilèges. Je crois que le vrai bonheur de l'homme consiste en l'accomplissement de la volonté de Dieu ; je crois que la volonté de Dieu est que tout homme aime ses semblables et agisse toujours envers les autres comme il désire qu'ils agissent envers lui... etc.

« Je nie une trinité incompréhensible et la fable absurde en notre temps, de la chute du premier homme, je nie l'histoire sacrilège d'un Dieu né d'une vierge pour racheter la race humaine, je nie tout cela, c'est vrai. Mais Dieu-esprit, Dieu-amour, Dieu-unique principe de toutes choses je ne le nie pas. »

« On dit que je nie tous les sacrements. Cela est parfaitement exact. Je considère tous les sacrements comme des sortilèges vils et grossiers, inconciliables avec l'idée de Dieu et l'enseignement du Christ, et, de plus, comme des transgressions des préceptes formels de l'Evangile. »

Et il développe cette pensée. Il ajoute même ailleurs : « C'est terrible à dire, mais il me paraît que si la *doctrine de Jésus et celle de l'Eglise, qui a poussé dessus, n'avaient jamais existé, ceux qui s'appellent aujourd'hui chrétiens auraient été beaucoup plus près qu'ils ne le sont de la doctrine de Jésus, c'est-à-dire, de la doctrine rationnelle qui enseigne le vrai bien de la vie.* »

Le tolstoïsme est donc bien un christianisme purement nominal, une interprétation fantaisiste, personnelle, sentimentale, sans surnaturel, sans révélation ; une doctrine dont le souffle généreux cependant vient de l'Evangile, mais qui n'en est pas l'expression adéquate. Elle est conçue par Tolstoï à l'occasion de l'Evangile, suggérée par cette lecture, selon l'imagination de l'artiste s'essayant au problème du sens de la vie.

V. — Remarques critiques

Assurément ce rêve généreux, sans forte cohérence rationnelle répond à l'angoisse de ce temps, à ses aspira ions vers la justice sociale, vers le bien commun. J'admets que Tolstoï n'ait fait que coordonner, systématiser, des idées élaborées d'abord par d'humbles esprits, où fermentaient des sentiments évangéliques malgré l'assoupissant formalisme de l'Eglise orthodoxe russe. A Soutaïef, l'apôtre populaire, le disciple illustre et l'éloquent interprète emprunte, pour une grande part, sa conception du christianisme, au moujik Bondaref sa conception de la loi du travail (1).

L'état d'esprit que le Tolstoïsme reproduit et développe, c'est un socialisme de sentiment, mêlé de teintes évangéliques, et le socialisme par maints côtés devient la religion des peuples qui n'en ont plus (2). Il répond aussi en partie à l'angoisse morale, caractéristique du siècle, que nous avons étudiée jusqu'ici, qui l'honore, et qui ébranle les plus *impassibles* (3).

> O liberté, justice, ô passion du beau,
> Dites-nous que votre heure est au bout de l'épreuve,
> Et que l'amant divin promis à l'âme veuve,
> Après trois jours aussi sortira du tombeau !

Et même si la doctrine est faible, il se peut que l'esprit du tolstoïsme et son ambiance, ait favorisé la guerre

(1) Schneider, p. 107.
(2) Gustave Le Bon, ouvrage cité.
(3) Leconte de Lisle, *Poèmes barbares*.

à l'égoïsme. Ce serait dès lors une parcelle de vérité à retenir. M. Faguet, dans la préface d'un volume déjà cité (1), a de belles pages sur l'égoïsme qui sauve et l'égoïsme qui tue, j'y renvoie le lecteur ; nous trouverions sans doute mieux équilibrés les droits du « moi » et les droits des « autres », du bien de l'individu, et du bien commun, qui sont solidaires, et doivent s'engendrer mutuellement.

Dans un temps de cupidités, et de bien-être matériel, de concurrence effrénée, la parole du tolstoïsme, a raison de rappeler les hommes à leur « soi » supérieur, à leur destinée plus haute que la statue du veau d'or. Elle commente, je le veux, la terrible apostrophe du poète « impassible » (2) aux utilitaires bassement positifs :

> Hommes, tueurs de Dieux, les temps ne sont pas loin
> Où, sur un grand tas d'or vautrés dans quelque coin
> Ayant rongé le sol nourricier jusqu'aux roches,
> Ne sachant faire rien, ni des jours ni des nuits,
> Noyés dans le néant des suprêmes ennuis,
> Vous mourrez bêtement en emplissant vos poches.

Mais dans sa critique des maux de la civilisation le tolstoïsme semble participer des erreurs, déjà vieilles,

(1) Moralistes, III, p. 16.
(2) Le comte de Roh.

de Rousseau, sur l'homme qui naît bon et sur la société qui le déprave. Cela date, et ce n'est pas plus juste au xxe siècle qu'au xviiie. Cela manque par trop de critique et du sens des réalités.

Et si Tolstoï en appelle à la parole de Jésus « aimez-vous les uns aux autres ». C'est une question de savoir si, comme il le prétend, il faut laisser la conscience individuelle déduire librement (disons avec toutes les inconséquences, et l'illogisme de l'imagination ou de la passion) toutes les conséquences de ce commandement. Ou plutôt le Christ n'a-t-il pas fondé une œuvre toute différente, qui porte en elle la raison de son unité, de sa sagesse, de sa durée, de son adaptabilité à la race humaine de tous les âges, de toutes les époques, de tous les pays.

Un doux murmure d'un monomane sentimental de l'altruisme ne suffit pas pour mener le monde et l'homme à sa destinée, ni même à la lui montrer. Tolstoï a donné plus qu'un beau rêve, je veux bien, un bel exemple qui montre qu'il faut se transformer soi-même. Et il a agi suivant la doctrine : « Aimez-vous les uns les autres ».

Excellente formule, précepte d'or. Et plaise à Dieu que catholiques et non catholiques pratiquent cette devise, sans exclusions sectaires. Plus de Juifs, plus de Barbares, plus de gentils, vous êtes tous frères en Jésus-Christ, c'est la parole même d'un intelligent disciple et commentateur de l'Evangile. Pas de guerre de race, pas de haines sectaires, pas de désunions, de divisions, de susceptibilités jalouses. Aimez Dieu et le prochain comme vous-même, c'est la doctrine même de l'Eglise. Mais il resterait au chercheur loyal à comparer, à étudier cet idéal vivant dans l'Eglise de Jésus, fondée par lui, exempte d'utopies, résolvant les antinomies, la vraie fraternité chrétienne, et la vie d'amour de Dieu débordant en amour du prochain.

Tolstoï n'aura peut-être été qu'une voix qui au *Quo vadis* de l'enquêteur de la destinée a répondu *Eamus ad Ipsum* allons à lui. Poteau indicateur qui n'est pas le terme, il a sa valeur, mais ne calme pas encore le désir inquiet.

LES MYSTICISMES OCCULTES

L'ÉSOTÉRISME, SON DÉVELOPPEMENT, SES CAUSES

D'étapes en étapes, du positivisme au pessimisme, et du pessimisme jusqu'aux plus modernes essais pour en sortir, nous étions arrivés à ce christianisme de fantaisie dont le comte Léon Tolstoï est l'évangéliste. « Il me paraît, l'entendions-nous dire, que si la doctrine de Jésus et celle de l'Eglise qui a poussé dessus n'avaient jamais existé, ceux qui s'appellent aujourd'hui chrétiens auraient été beaucoup plus près qu'ils ne le sont de la doctrine de Jésus, c'est-à-dire de la doctrine rationnelle qui enseigne le vrai bien de la vie. »

Le tolstoïsme nous paraissait donc se rapprocher du protestantisme libéral, qui lui aussi interprète à sa guise l'Evangile, et la personne même de Jésus-Christ, j'ajouterai aujourd'hui qu'il s'harmonise assez bien avec tout un courant d'idées modernes, — très pernicieux aux yeux des catholiques éclairés, — qui prétend sauvegarder tout ce qui importe dans le christianisme, et vivre encore de son esprit, en le réduisant à une expression symbolique des vérités religieuses. Sans nous attarder aux multiples formules de ces très larges interprétations, nous parlerons en cet entretien et dans le suivant des doctrines ésotériques (théosophie, occultisme, spiritisme) qui se croient en possession de la vérité plénière. Car pour parler avec Anna Kingsford (*Perfect way*) : « La doctrine ésotérique n'est pas seulement une science, une philosophie, une morale, une religion. Elle est la science, la philosophie, la morale et la religion, dont toutes les autres ne sont que des préparations ou des dégénérescences, des expressions partielles ou faussées, selon qu'elles s'y acheminent ou en dévient. »

Nous dirons donc ce qu'il faut entendre par Esotérisme. Nous devrons aussi expliquer la faveur et l'engouement actuel, en certaines sphères des intelligences, pour cette sagesse prête à dévoiler le secret de l'univers. Nous y verrons encore une trace d'inquiétude religieuse, et ce sera pour nous un point de départ, notre dernier acheminement pour aboutir à l'analyse et à l'étude du *Christianisme intérieur*, de la vie spirituelle, surnaturelle, mystique, dans le christianisme intégral et orthodoxe.

Déjà nos études précédentes ont dû faire naître en nous le désir, et nous faire sentir la nécessité d'entrer plus avant dans les doctrines et la vie du christianisme intérieur. Tout en achevant le tableau, ou mieux l'esquisse, que nous avons ébauchée, de l'état d'âme contemporain, ces quelques mots sur l'occultisme, la théosophie, l'ésotérisme, les doctrines secrètes sur le monde invisible, leur illuminisme, leur mysticisme panthéiste, nous confirmeront dans notre dessein de passer plus outre.

I

L'ésotérisme, d'après le sens étymologique du mot, désigne un enseignement secret, réservé à ceux du dedans, de l'intime, aux initiés : il s'oppose à l'enseignement exotérique, destiné au vaste public des profanes. Les philosophes de l'antiquité n'étaient nullement pénétrés de l'idée évangélique de l'apostolat, de la doctrine largement ouverte à tous : leur enseignement est fait pour un auditoire limité, ce n'est qu'une aristocratie, un patriciat des esprits qui peut avoir accès dans le palais de la science. Tout maître, chez eux, aurait pu prendre pour devise et inscrire au frontispice de sa maison le mot célèbre : « Je hais le vulgaire profane et je l'écarte. » *Odi profanum vulgus et arceo.*

Ce n'est pas seulement mépris du vulgaire, c'est crainte de se compromettre ; c'est une nécessité, de ne pas trop choquer des idées reçues, et quasi incorporées au patrimoine national, si l'on veut réserver la liberté des spéculations intellectuelles. Sur l'unité de Dieu, par exemple, on se ferait honnir, si, devant le peuple, on semblait n'admettre pas la multitude de ses dieux, et si au dehors on ne respectait pas les rites et les superstitions reçus. Socrate, à ses derniers moments, ne donnait-il pas l'ordre d'immoler un coq à Esculape ?

Aussi on s'est plu souvent à relever ce trait propre de la doctrine de Jésus-Christ, et de l'Evangile, que la bonne nouvelle fut annoncée aux pauvres mêmes. Tous boivent à ces sources intellectuelles dont le niveau et le cours ont été abaissés jusqu'à leurs lèvres pour qu'ils y puisent, et étanchent leur soif de vérité. *Pauperes evangelizantur.*

Les modernes partisans de l'ésotérisme prétendent se rallier à une tradition constante et des plus occultes, des plus anciennes, — et synthétiser même les traditions orientales de l'Inde, et les traditions occidentales, de la Kabbale par exemple, — pour reconstituer dans son entier la vérité sur le monde, sur l'homme et sur Dieu : en un mot, qu'ils se donnent pour théosophes, ou pour occultistes, pour une religion et une doctrine de sagesse et de sainteté, ou pour une philosophie, leurs visées sont universelles ; ils détiennent le secret de l'Univers, ou tout au moins s'acheminent, par leurs méthodes, vers sa possession plénière.

Pour plus de clarté, nous devons, dans cette première vue d'ensemble, prendre idée de ce qu'est la théosophie, de ce qu'est l'occultisme, — et du développement des diverses écoles, revues, publications qui se rattachent à l'ésotérisme.

1° M. Ed. Schuré (*Les Grands Initiés*, Esquisse de l'histoire secrète des religions. Introd. p. xx), ramène la théosophie à un principe qu'il appelle en langage moderne « le monisme intellectuel, le spiritualisme évolutif et transcendant ». On peut formuler comme il suit, selon ce même auteur, les principes essentiels de la doctrine ésotérique : « — L'esprit est la seule réalité. La matière n'est que son expression inférieure, changeante, éphémère, son dynamisme dans l'espace et le temps. — La création est éternelle et continue comme la vie. — Le microcosme-homme est, par sa constitution ternaire (esprit, âme et corps), l'image et le miroir du macrocosme univers (monde divin, humain, naturel), qui est lui-même l'organe du Dieu ineffable, de l'Esprit absolu, lequel est par sa nature : Père, Mère et Fils (essence, substance et vie). — Voilà pourquoi l'homme, image de Dieu, peut devenir son verbe vivant. La gnose ou la mystique rationnelle de tous les temps est l'art de trouver Dieu, en soi, en développant les profondeurs occultes, les facultés latentes de la conscience. L'âme humaine, l'individualité est immortelle par essence. Son développement a lieu sur un plan tour à tour descendant et ascendant, par des existences alternativement spirituelles et corporelles. La réincarnation est la loi de son évolution. Parvenue à sa perfection, elle y échappe et retourne à l'Esprit pur, à Dieu dans la plénitude de sa conscience. De même que l'âme s'élève au-dessus de la loi du combat pour la vie lorsqu'elle prend conscience de son humanité, de même elle s'élève au-dessus de la loi de la réincarnation lorsqu'elle *prend conscience de sa divinité.* »

Les théosophes veulent se tenir également à distance du positivisme matérialiste, et de ce qu'ils appellent la « théologie cléricale », trouvant le premier borné, plat et bas, et la seconde (dont ils paraissent assez ignorants d'ailleurs) naïve et enfantine. La vérité qui doit réconcilier, comme ils disent, la « religion sans preuve et la science sans espoir », ils nous invitent à la retrouver à la suite des sages et des théosophes de l'Orient et de la Grèce, ainsi que dans l'histoire des religions, telle que l'entrevoient les yeux dessillés par l'initiation intérieure.

Or, quelle était la méthode de ces sages, de ces théosophes dans la recherche de la vérité ? « Ils savaient sans doute qu'on ne peut l'embrasser et l'équilibrer sans une connaissance sommaire du monde physique, mais il savaient aussi qu'elle réside avant tout en nous-mêmes, dans les principes intellectuels et dans la vie spirituelle de l'âme. Pour eux, l'âme était la seule, la divine, la réalité et la clef de l'univers. En ramassant leur volonté à son centre, en développant ses facultés latentes, ils atteignaient à ce foyer vivant qu'ils nommaient Dieu, dont la lumière fait comprendre les hommes et les êtres. Pour eux, ce que nous nommons le Progrès, à savoir l'histoire du monde et des hommes, n'était que l'évolution dans le temps et dans l'espace de cette Cause Centrale et de cette Fin dernière » (p. xii, Introd. Schuré).

Ils ont constitué à travers les philosophies et les religions, une tradition ésotérique, ou doctrine des mystères, assez difficile, on l'avoue, à démêler. « Car elle se passe dans le fond des temples, dans les confréries secrètes, et ses drames les plus saisissants se déroulent tout entiers dans l'âme des grands prophètes, qui n'ont confié à aucun parchemin ni à aucun disciple leurs crises suprêmes, leurs extases divines. *Il faut la deviner.* Mais une fois qu'on la voit, elle apparaît lumineuse, organique, toujours en harmonie avec elle-même. On pourrait aussi l'appeler l'histoire de la religion éternelle et universelle, » (p. xiv) (1).

Il nous faut deviner en effet, il faut voir, et c'est là l'essence de la méthode proposée : et lorsqu'on n'est pas soi-même un voyant, — ce qui, de l'aveu unanime, est le cas de l'immense multitude, même parmi les esprits élevés, cultivés, et même initiés, — il faut croire, croire sur parole, croire à l'aveugle ceux qui vous disent : « Telle est la tradition des Maîtres ». On invoquera le brahmanisme des Védas, et le bouddhisme de Çakya-Mouni, — les traditions de l'Egypte et d'Hermès Trismégiste, les mystères d'Isis et d'Osiris ; — la Grèce et la sagesse delphique, Dionysos et l'initiation orphique, — et aussi la tradition occulte d'Israël qui procède à la fois de l'Egypte, de la Chaldée et de la Perse : elle nous a été conservée sous des formes bizarres et obscures, mais dans toute sa profondeur et son étendue par la *Kabbale* ou tradition orale, depuis le *Sohar* et le *Sépher Jézirah* attribué à Simon Ben Jochaï jusqu'aux commentaires de Maïmonidès ».

(1) Ed. Schuré, p. xiv. Je souligne.

Et quant à l'ésotérisme chrétien, — car il y a un ésotérisme chrétien — il rayonne de lui-même dans les Évangiles éclairés par les traditions esséniennes et gnostiques. « Il jaillit comme d'une source vive de la parole du Christ, de ses paraboles, du fond même de cette âme incomparable et vraiment divine. En même temps l'Évangile de saint Jean nous donne les clefs de l'enseignement intime et supérieur de Jésus avec le sens et la portée de sa promesse. » Et M. Schuré, à qui j'emprunte ces paroles, révère en Jésus-Christ le prince des initiés, le plus grand des Fils de Dieu.

On invoquera, en outre, les Maîtres, les grands Initiés qui vivent sur cette terre, mystérieusement, on ne sait pas où, quelque part, bien loin, dans les montagnes du Thibet, par exemple.

Telle est, d'après un rapide coup d'œil, l'idée qu'on peut se faire de la théosophie. Et la Société théosophique fut fondée il y a quelque vingt ans pour renouveler l'essor de cette « sagesse antique ». Elle déclare les trois buts suivants » (cf. Blavatsky. *La Clef de la théosophie*, p. 58) former le noyau d'une Fraternité universelle de l'Humanité, sans distinction de race, de couleur ou de croyance ; — répandre l'étude des Écritures Aryennes et des autres Écritures, de la Religion et des Sciences universelles, et établir l'importance de l'ancienne littérature Asiatique. savoir :

des philosophies Brahmane, Bouddhiste, et Zoroastrienne ; — rechercher, sous tous les aspects possibles, les mystères cachés de la Nature, et tout spécialement les pouvoirs psychiques et spirituels latents dans l'homme.

2° Le nom d'Occultisme convient sans doute spécialement à ce dernier ensemble de doctrines et de pratiques, ainsi qu'on peut le voir dans le *Traité Méthodique de Science occulte* de Papus (le D' Gérard Encausse) ou le livre de vulgarisation de M. Ernest Bosc : *La Doctrine ésotérique à travers les âges*.

Ce qu'on ne sait point est caché aux esprits qui l'ignorent, et toute découverte scientifique fait surgir à la lumière un fait, une vérité, une doctrine, qui précédemment étaient du domaine de l'occulte. D'après ce premier sens, l'étude de la science serait donc le but de l'occultisme : ceci est très vrai, nous disent les auteurs de cette école.

Mais il y a lieu d'ajouter (1) que le terme science occulte a bien plus haute signification, car il désigne l'étude des phénomènes qui ne peuvent être perçus par nos sens physiques, mais qui sont compris et in-

---

(1) *Echo du Merveilleux*, 15 septembre 1901. Jean Darlès, *Glossaire de l'Occultisme et de la Magie* ; ou *La Psychologie devant la Science et les Savants*, par Ernest Bosc, p. 8 et 9.

terprétés par notre *sens intime*, celui que Paracelse nomme notre sixième principe.

Ce qui précède veut dire, dans un autre langage, que la science occulte enseigne, non ce que paraît être la nature, mais ce qu'elle est en réalité. Or, de toutes les études, soumises à la curiosité humaine, l'étude de l'homme est de beaucoup la plus intéressante, disons même la plus importante, car se connaître soi-même, voilà la grande affaire pour l'homme. Malheureusement, dans la vie réelle, dans les écoles scientifiques, c'est M. Bosc qui parle, on n'étudie que la forme extérieure de l'homme, c'est-à-dire son corps, la bête humaine, et l'on ne s'occupe nullement de son caractère réel, de son Ego, ou Moi véritable. Or, l'occultisme a pour but d'apprendre à connaître cet Ego, à développer les pouvoirs qui résident en lui. En poursuivant cette tâche de *se connaître*, l'homme se perfectionne de plus en plus, il affine ses sens et développe son sens intime, qui lui permet alors d'étudier avec fruit la science occulte.

Ce développement méthodique de pouvoirs spirituels inconnus est sans doute ce qui allèche le plus les curieux : c'est l'amour du merveilleux qui donne du prestige à ce mot de « Magie », lequel, dans son sens le plus haut, désigne la science pratique des occultistes ; et selon le degré de leur progrès, et leur initiation, les simples initiés, les adeptes, les mages, y participent.

Les spirites, qui paraissent être traités avec un dédain transcendant et par les théosophes, et par les occultistes, seraient des étudiants en possession de pouvoirs inférieurs, qui se manifestent par l'entremise des *médiums*. Les écoles ésotériques de l'occultisme et de la théosophie prétendent s'élever à des théories plus larges, plus profondes : et considèrent les spirites, avec leurs évocations d'esprits, comme des expérimentateurs, tournant toujours dans un même petit cercle d'expériences, sans cesse renouvelées, sans grand profit pour la science ésotérique, et la Doctrine secrète de la sagesse. Cependant, malgré ces dissidences de surface, l'union s'est faite plus ou moins solide, consentie comme une nécessité de tactique, pour faire nombre contre leurs deux ennemis, on pourrait presque dire leurs deux bêtes noires, le pur matérialisme, qui fut en honneur dans les écoles officielles, et surtout ce qu'ils appellent le « cléricalisme », la théologie cléricale », autrement dit l'Eglise catholique.

3° Contre elle, en effet, on fait front. Et les catholiques éclairés comprennent l'étendue des efforts tentés, et le développement, la diffusion extérieure des diverses branches de l'occultisme, très spécialement depuis une vingtaine d'années. M. Georges Bois, dans le *Péril occultiste*, ou M. Charles Godard dans l'*Occultisme contemporain*, la *Revue du Monde Invisible*, dirigée par Mgr Méric, et l'*Echo du Merveilleux*, de M. Gaston Méry, en ont donné quelque idée.

Les occultistes, théosophes, spirites, ésotériques de toute école et de toute nuance, ont en effet leurs revues, leurs écoles, leurs congrès ; soit qu'ils appartiennent à la Société théosophique, soit qu'ils appartiennent au groupe Kabbalistique, et à l'ordre Martiniste que dirige M. Papus.

Les organes de ce groupe occultiste ou hermétiste furent l'*Initiation*, revue mensuelle fondée en 1888 : — elle paraît encore, — le *Voile d'Isis* hebdomadaire, fondé en 1890, a cessé de vivre en 1898; Mme la duchesse de Pomar (lady Caithness) éditait de son côté l'*Aurore* qui mourut en 1895 de la mort de sa fondatrice ; elle appartenait à une sorte d'ésotérisme christiano-bouddhique détaché du groupe théosophique de Mme Blavatsky. Cette Mme Blavatsky, veuve d'un officier russe, fonda en 1875 la Société théosophique avec l'aide d'un ancien médium spirite, le colonel Olcott. Leur revue, d'abord intitulée *Le Lotus bleu* ou *Le Lotus rouge*, est devenue simplement *La Revue théosophique*.

Mme Annie Besant a beaucoup contribué au développement des idées théosophiques, particulièrement par ses livres v. g. *The ancient Wisdom* (*La Sagesse antique*), livre d'exposition composé avec talent. Il peut servir avec *La clef de la théosophie*, par Mme Blavatsky, et le *Bouddhisme ésotérique*, de M. Sinnett, à prendre une idée juste et suffisamment complète des doctrines ésotériques, qui s'inspirent donc surtout aux sources orientales, et prétendent s'affilier au mysticisme hindou.

En 1889 et en 1900, il y eut des Congrès à Paris de toutes les branches de l'Esotérisme, avec de nombreux délégués représentant de très nombreux adhérents : c'est un réveil, c'est une mode, un engouement très habilement exploité.

Ces associations diverses usant de la liberté de l'enseignement, que d'autres se sont vu retirer, ont fondé, à Paris, une Ecole Supérieure libre des Sciences hermétiques. Cet enseignement méthodique et progressif de l'occultisme, dit le programme des cours, sera réparti en trois années, et des grades seront délivrés à ceux qui subissent les examens.

Il pourra nous être intéressant et suggestif de lire le programme de l'examen de licence :

Première partie. — *Histoire religieuse*. L'Initiation orientale et l'Initiation occidentale considérées au point de vue religieux.

Exotérisme et Ésotérisme. — Caractères des principaux révélateurs apparus en Orient : Zoroastre, Bouddha, Confucius, etc. Quelques mots de leur histoire ; résumé de leur doctrine exotérique.

Caractères des principaux révélateurs apparus en Occident : Moïse, Orphée, Pythagore, Odin, Mahomet, le Bab. Quelques mots de leur histoire ; résumé de leur doctrine. *Jésus et le Christianisme*, caractère ésotérique, rôle divin du Christ, différence de sa mission et de celle des révélateurs.

La gnose considérée sous le point de vue religieux. Sa doctrine, ses défenseurs.

Dogmes. — Enseignements de l'ésotérisme, touchant les principaux dogmes religieux. L'Unité, la Dualité, la Trinité, la Tri-Unité. Origine et application diverses de ces divisions. La Chute, la Rédemption, la Réintégration. Enseignements traditionnels.

Symboles. — Énumérer les principaux symboles en usage dans les religions orientales ; objets et figures symboliques, leur caractère, leurs rapports avec l'ésotérisme.

Principaux symboles en usage chez les Egyptiens. Histoires symboliques égyptiennes dans leurs rapports avec les enseignements ésotériques.

Symbolisme grec. Symbolisme latin. Fausses conceptions de la mythologie. Enseignements ésotériques transmis par les mythes. L'Initiation aux mystères et la description de la descente aux Enfers par les Initiés : Homère, Virgile, Apulée, etc...

Symbolisme hébraïque IEVE : le Tétragramme, le Thorah, le Tarot, les objets symboliques du Culte en Israël. Histoires symboliques du Zohar et du Talmud (Mythologie hébraïque).

Symbolisme chrétien. Quelques détails sur le symbolisme qui a présidé à la construction des cathédrales. Objets symboliques du culte : la Crosse, le Calice, la Croix, l'Hostie. Rapports ésotériques avec IEVE.

Rapports de la messe et de la cérémonie magique. Histoire de l'origine du symbolisme chrétien. Rapports avec la célébration des anciens mystères.

La légende dorée. Le Dante. La Rose-Croix. Les enseignements.

Symbolisme des sociétés modernes d'Initiation. La F∴ M∴ L'Etoile flamboyante, l'Acacia, les deux Colonnes. Quelques mots sur la décoration symbolique des Ateliers, des Loges et des Aréopages. L∴ D∴ P∴ L'agape des F∴ M∴ dix-huitième.

Saint-Martin et le Martinisme.

Tel est ce programme, tel est le développement du mouvement ésotérique, autrement dit de la franc maçonnerie mystique, héritière des hérésies gnostiques.

II. — Quelques causes de ce développement

Ce premier aperçu suffit pour me justifier d'assigner une place à l'ésotérisme en nos études sur l'état d'âme contemporain. Ces choses n'intéresssent pas seulement un tout petit groupe d'initiés, calfeutrés dans leurs loges, elles transpirent au dehors ; je n'en veux pour preuve que l'enquête de M. Jules Bois, publiée dernièrement dans le *Matin* sur l'Au delà et les forces inconnues. L'auteur des *Petites religions de Paris* et de *Satanisme et Magie* avait déjà tenté de faire pénétrer le grand public dans tous les menus recoins de ces temples vieillots, que le snobisme contemporain renouvelle.

Et ce snobisme d'oisifs, de blasés, de curieux, et d'intelligents badauds, serait une des premières causes qu'il faudrait peut-être assigner aux succès et au développement des mystérieuses écoles que je viens de vous signaler. C'est pour elles un terrain très favorable de propagande, que ce monde d'anxiété, d'inquiétude, et de religiosité, que nous avons précédemment décrit. Toujours aux époques de crise, quand les ébranlements politiques et religieux venaient troubler la paisible possession de croyances héréditaires, de très nombreux esprits, flottants et incertains, cherchèrent, dans le merveilleux des théurgistes et des magistes, un aliment nouveau à leur besoin de croire, et de percer le mystère qui nous environne. Ainsi en fut-il aux temps de l'empire et du paganisme expirants. Et l'effroyable finale du xviii° siècle dans les sanglantes bacchanales de la Terreur, — et les révolutions sans nombre du xix°, luttes, tout à la fois religieuses et politiques, ont sans doute créé une atmosphère intellectuelle assez semblable, en tout ce qui confine au sentiment religieux.

Mais ce n'est pas à cette crise très générale, que je voudrais m'arrêter en ce moment. Il me paraît plus utile de remarquer ici comment, à une époque scientifique comme la nôtre, les théoriciens de l'occultisme se sont efforcés de se rattacher aux données de la science, et de rendre vraisemblables leurs assertions redoublées de phénomènes merveilleux, de pouvoirs psychiques, de forces inconnues dans la nature, de communications de divers mondes, de divers *plans* de l'Univers, comme ils disent.

La science par ses premières conquêtes semble chasser le merveilleux ; nul doute que des peuples enfants voient des prodiges là où, plus tard, mieux informés, ils n'apercevraient plus que le jeu mieux connu des forces de la nature. Le train express, lancé à toute vapeur, qui traverse plaines et monts, empanaché de fumée, emporté dans un ouragan de fracas et de poussière, leur apparaîtrait comme un dragon apocalyptique, aux écailles de fer, à la voix formidable, vertigineuse vision d'enfer. La machine électrique toute rayonnante d'étincelles, qu'elle arracherait à leurs propres corps, ou l'étonnante rapidité des échanges de la pensée par le télégraphe ou le téléphone, pourraient ébahir des hommes simples, — et le phonographe, leur répétant, en parodiant les voix, des discours, passerait pour œuvre de sorcellerie pure.

Pour nous, qui, dès l'enfance, avons été familiarisés avec la vue de ces phénomènes, ils ne nous paraissent plus étranges. Et quand on les décompose, pour voir quels petits éléments de forces s'additionnent et conspirent pour les produire, — quand on en revient au fait primaire qui a mis sur la voie des découvertes, à la marmite de Papin, au couvercle soulevé par la vapeur d'eau, à la grenouille de Volta qui tressaille sur son balcon, — on nous mène pas à pas des effets aux causes, et nous voyons que tout cela s'enchaîne dans le déterminisme de forces mieux connues, mieux dirigées.

Mais le développement scientifique, dans son zèle

d'éclaircir tout par les causes naturelles, devait réduire à zéro le mystère qui nous enveloppe ; mystère qui n'est pas affirmé seulement par de braves gens, demi sauvages éblouis par la foudre, ou terrifiés par les avalanches des grands monts, ou les soulèvements furieux des flots de l'océan, ou les grondements redoutables, et la pluie de feu des volcans qui engloutissent des villes entières ; — mystère qui est tout entier dans la coexistence du fini et de l'infini, de l'être borné et contingent que nous sommes, et de l'Etre nécessaire, sans lequel, la raison le dit, rien ne commencerait d'exister ; — mystère affirmé par les penseurs capables de s'élever jusqu'aux preuves de l'existence de cet Etre nécessaire, l'Etre absolument être, sans limite, parfait, infini ; — mystère reconnu par la pure philosophie faisant usage de la droite raison, mystère dont les traditions religieuses ont toujours conservé des échos plus ou moins fidèles.

Et voici que par son développement même, atteignant des frontières encore mal définies, et des faits mal expliqués, des forces mal connues, la science moderne semble réveiller le sentiment du mystère, elle semble à quelques-uns devoir frayer le passage à toute une armée d'amis des ténèbres pour leurs associations secrètes, de fervents de l'occulte pour leurs études. Ceux-ci se disent beaucoup plus avancés dans le pays du mystère que les savants officiels, comme ils les appellent avec une pointe d'ironie. Ce n'est pas seulement la découverte des rayons Röntgen, ou de la télégraphie sans fil qui les met en joie. Mais très particulièrement ils cherchent à se donner une apparence bien dûment scientifique, en rattachant leurs systèmes et leurs expériences prestigieuses, à tout un ordre de faits psychiques, plus récemment étudiés et dont l'étrangeté arrive parfois aux frontières de la science, aux limites du merveilleux, presque aux confins de l'Invisible, et du monde de l'Au-delà.

Vous avez nommé les phénomènes de l'hypnotisme, de la suggestion, de la télépathie, de l'extériorisation de la sensibilité. Un tressaillement d'espérance a traversé toutes les loges de l'occulte depuis que des savants de marque se sont occupés avec sérieux et loyauté de ces faits. Non seulement les écoles de spiritisme et de magnétisme, mais toute la franc-maçonnerie mystique de la Gnose moderne, théosophes, kabbalistes, martinistes, a senti qu'il y avait là, pour elle, une belle occasion de se rattacher à un merveilleux scientifique qui ne soit pas déconsidéré, aux yeux du public, par une réputation de charlatanisme et de sorcellerie.

Là est en effet le problème pour beaucoup d'esprits réfléchis. Dans la masse des faits invoqués, obtenus par des médiums, des réunions spirites, ou d'ailleurs, un examen attentif montre qu'il y a trois catégories :

1° Les faits de charlatanisme, où d'un côté ou d'un autre, il y a des dupes, par suite de fraudes conscientes ou inconscientes. Et la chose est très fréquente, très connue des professionnels eux-mêmes. Ils l'avouent, en dehors de toute supercherie cherchée et voulue et combinée, les sujets sont essentiellement simulateurs, même à leur insu. Il faut donc grandement s'en défier et les surveiller, et les contrôler. Il est même arrivé, si j'ai bonne mémoire, qu'un long et consciencieux rapport de M. Hodgson, de la Société de recherches psychiques de Londres, démontre que les prétendus prodiges de Mme Blavatsky se réduisaient à de la prestidigitation très habile et de complaisants compérages.

2° Il y a des faits dont il serait vraiment peu sage de contester la réalité, quand ils ont été observés et étudiés par des savants, compétents et impartiaux. Et il ne faut pas toujours se hâter de crier à l'intervention des esprits, quand on n'a pas sérieusement travaillé à éliminer toute explication par des causes naturelles.

Prenons un seul exemple : l'hypnotisme, auquel on a voulu rattacher beaucoup de phénomènes d'origine trouble et incertaine.

De longues discussions ont été soulevées à cette occasion où d'aucuns se sont peut-être bien pressés de faire appel à des maléfices diaboliques, pour éclairer toute une région de faits, qui parce qu'ils étaient inexpliqués leur semblaient sans proportion avec la cause qu'on leur assignait. Le Père Tilmann Pesch, un jésuite allemand, dans le second volume de sa Psychologie (1) paru à Fribourg en Brisgau en 1897, a très bien montré que les phénomènes d'hypnotisme pouvaient sagement être attribués à des causes naturelles, soit psychiques, soit physiologiques. Et je cite ici des étrangers pour ne pas mettre en cause et le Dr Surbled, et Mgr Méric, et le P. Coconnier, dont les ouvrages sont d'ailleurs très connus, et à juste titre.

Mais il convient de citer les plus enfoncés dans l'obscurantisme de la « théologie cléricale », « des jésuites » attardés, et, pour en trouver, je les cherche à l'étranger. Le P. Pesch rappelle bon nombre de principes connus, et de faits psychologiques, admis par la philosophie péripatéticienne qu'a perfectionnée toute la tradition des grands maîtres scolastiques. Et il y rattache l'explication des troubles de la vie sensible, la dépendance plus grande des suggestions, par où se trouve lié dans le sujet l'usage de la conscience réflexe, et se développe le jeu des associations et des représentations sous l'influence de l'hypnotiseur : les cas si curieux de dédou-

(1) Psychologiæ naturalis, liber alter qui est syntheticus.

blements de personnalité rentrent aussi dans cet ordre de choses.

« On doit même admettre, — ajoute-t-il, citant le P. Castelein, jésuite belge, dont un cours de psychologie parut à Namur en 1890, — que certains centres d'images et de mouvements, tout en étant ainsi distraits de la conscience, peuvent, dans cet état de séparation, manifester une puissante activité. C'est bien ainsi que nous expliquons comment, dans nos rêves, nous nous croyons en commerce réel avec d'autres personnes : nous écoutons leurs discours, nous suivons leurs mouvements, parfois avec la plus vive curiosité, la plus complète surprise, sans nous douter que c'est nous qui inventons ces discours et imaginons ces mouvements. Au réveil même, nous ne parvenons pas à nous rendre compte du rôle que nous avons joué sous ce masque d'emprunt : ce rôle a échappé complètement à notre conscience, les centres nerveux qui ont été le siège de cette activité pseudonyme ayant exécuté leur travail dans un état de parfaite indépendance de l'organe central du sens intime.

Ainsi que nous l'avons déjà fait remarquer, de pareils faits, que chacun a pu observer dans ses rêves, ne diffèrent pas fondamentalement des faits de dédoublement hypnotique observés par M. Pierre Janet. La psychologie scolastique se concilie avec les uns et les autres, elle y trouve même une confirmation éclatante de l'union substantielle qui existe entre nos différentes facultés et les différents organes du corps.

Nous pouvons même pousser plus loin cette théorie en l'appliquant à nos souvenirs latents. Que sont ces souvenirs latents, sinon des souvenirs rattachés à des centres dissociés du groupe général qui sert de base au sens intime? Quand ces souvenirs nous reviennent, c'est que ces centres, avec la trace des sensations qui s'y rattachent, se relient de nouveau à l'organisme informé par le sens intime (1). »

Voilà ici en peu de mots la clef d'une explication raisonnable, cohérente, philosophique, des étranges phénomènes de dédoublements de personnalité, — sans qu'il soit nécessaire de mettre en doute l'unité du sujet pensant, surabondamment prouvée par ailleurs, — ou d'appeler à l'aide, des « larves larronnes » qui auraient dépossédé le pauvre patient de son « moi », ou des « coques astrales » de désincarnés, fort aises de s'installer dans un nouveau « véhicule de conscience ».

Et sans nier que certains cas de télépathie, ou de suggestion à distance, ou de claire vue, paraissent dépasser l'ordre des causes naturelles, — il est souvent sage de se réserver, d'attendre, de ne pas vouloir toujours

---

(1) CASTELEIN, S. J. *Philosophie*, II, p. 682.

tout expliquer prématurément, avant que les faits analysés ne soient assez nombreux, assez variés, assez contrôlés, et surtout étudiés dans leurs manifestations les plus élémentaires. Ainsi pour la télépathie, qui est une communication de deux cerveaux à distance, en dehors des procédés connus, le fait élémentaire c'est la lecture de pensée par un sujet présent dans la même salle. On ne parviendra peut-être pas à identifier les deux ordres de phénomènes, mais il est sage, il est prudent, il est scientifique de l'essayer.

Et ainsi de suite pour d'autres faits, bizarres à première vue, et sinon nouveaux, du moins nouvellement soumis à des études plus précises, à un contrôle plus méthodique.

3° Tout cela dit, et toute supercherie écartée, tout contrôle scientifique dûment exercé par des gens compétents, il reste, et ce n'est pas mon intention de l'exclure, l'intervention possible d'un agent intelligent, distinct de notre personne.

Sans doute ! Autant il est puéril de voir des esprits partout, — parce qu'un meuble a craqué, parce qu'on a fait un mauvais rêve, parce qu'un pressentiment s'est vérifié, — autant il est inconsidéré de rejeter *à priori* leur existence ou leur immixtion dans les événements de cette planète sublunaire.

L'occultisme et les arts magiques ont été étudiés jadis en d'autres temps, en de précédentes manifestations, par des penseurs chrétiens qui étaient loin d'être de purs naïfs : saint Augustin et saint Thomas n'ont pas dédaigné de s'en occuper. Celui-ci dans la Somme contre les Gentils (livre III, ch. cm, civ, cv, cvi) discute les positions, les thèses d'Avicenna. Il montre qu'en certains faits on doit invoquer l'intervention d'un agent intellectuel ; et que là où des forces sont consumées, sans buts bien ordonnés à la vie rationnelle de l'homme, mais en des futilités, avec beaucoup d'illusions et de tromperies qui y sont mêlés, et sans profit véritable pour la vertu, il y a bien des raisons d'affirmer que la vie intelligente qui se manifeste, n'est point d'un esprit sain et droit, mais d'une intelligence dévoyée, déréglée.

Les auteurs modernes que je vous ai cités, les PP. Pesch et Castelein, dans leurs cours de Psychologie, qui laissent la porte largement ouverte aux explications par les causes naturelles, ne prétendent pas que tous les phénomènes attestés et revendiqués par les occultistes, doivent tous se ramener à ces limites. Là où l'effet produit dépasse manifestement les ressources de l'agent et du sujet, il faut l'attribuer à un autre esprit *a virtute spiritus alius trahendæ sunt* (Pesch l. c. 418).

« Evidemment, dans les faits de cette nature, dit le Père Castelein, les lois fondamentales de la connaissance humaine sont violées. Comment expliquer cette violation, sinon par l'influence d'un agent extranaturel ? Cet agent extra-naturel s'appelle dans le langage chrétien de deux noms clairs et justes : « L'esprit malin et l'esprit mauvais ». Dieu lui a fermé le plein jour de la science sérieuse et loyale, mais il lui abandonne les ténèbres de la science superstitieuse et immorale. Bien des savants, il est vrai, ne veulent reconnaître l'action de Satan nulle part, mais qu'importe ! Le « grand séducteur » trouve peut-être autant de profit à encourager les négations orgueilleuses des uns que les pratiques superstitieuses des autres. Là où il réussit à faire nier son existence, que gagnerait-il à faire affirmer sa présence ?

C'est donc faire acte de raison que de reconnaître, au delà des frontières de la science sérieuse et utile, ces coins perdus de la superstition et de la séduction démoniaque. Rassurons-nous. Ces deux domaines ne se confondent pas. En dehors d'intentions impies ou superstitieuses, nous regardons généralement l'état hypnotique comme abrité contre toute influence extra-naturelle. Celle-ci n'est pas plus à craindre dans les expériences de l'hypnotisme scientifique et médical que dans les expériences de la chimie, de la physique ou de la physiologie. Nous en sommes certains de par les lois ordinaires de la providence, telles qu'elles se manifestent à notre raison et à notre foi » (l. c. II, 686).

Un excellent article du Dr Surbled dans la *Science catholique* janvier-février 1898 a très bien mis cette question au point, ainsi que *Spiritualisme et Spiritisme*, *Médiums et Spirites*, du même auteur.

Pour nous, ayant rencontré le problème des écoles ésotériques, de leur extension récente, de leurs prétentions scientifiques, il nous reste à critiquer leur méthode et leurs doctrines sur Dieu et sur l'homme, avant de répondre définitivement si nous prenons les faits qu'ils invoquent pour du charlatanisme, de la science, du satanisme, ou bien à doses inégales et variées, et successives, un peu de tout cela selon les occurrences.

NOTE

Les vers dorés de Pythagore.

(Traduction de Fabre d'Olivet.)

Cf. Commentaires dans *Le Voile d'Isis*.
(29, rue de Trévise, Paris.)

Cité Papus, *Doctrine Occulte* (*Traité méthodique de glossaire*, p. 1062.)

Préparation.

Rends aux Dieux immortels le culte consacré ;
Garde ensuite ta foi ; révère la mémoire
Des Héros bienfaiteurs, des Esprits demi-Dieux.

Purification.

Sois bon fils, frère juste, époux tendre et bon père.
Choisis pour ton ami l'ami de la vertu ;
Cède à ses doux conseils, instruis-toi par sa vie,
Et pour un tort léger ne le quitte jamais,
Si tu le peux du moins : car une loi sévère
Attache la Puissance à la Nécessité.
Il t'est donné pourtant de combattre et de vaincre

Tes folles passions : apprends à les dompter.
Sois sobre, actif et chaste ; évite la colère.
En public, en secret, ne te permets jamais
Rien de mal ; et surtout respecte-toi toi-même.
Ne parle et n'agis point sans avoir réfléchi.
Sois juste. Souviens-toi qu'un pouvoir invincible
Ordonne de mourir ; que les biens, les honneurs
Facilement acquis, sont faciles à perdre.
Et quant aux maux qu'entraîne avec soi le Destin,
Juge-les ce qu'ils sont : supporte-les, et tâche,
Autant que tu pourras, d'en adoucir les traits :
Les Dieux, aux plus cruels, n'ont pas livré les sages.
Comme la Vérité, l'Erreur a ses amants :
Le philosophe approuve, ou blâme avec prudence,
Et, si l'Erreur triomphe, il s'éloigne, il attend.
Ecoute et grave bien en ton cœur mes paroles :
Ferme l'œil et l'oreille à la prévention ;
Crains l'exemple d'autrui ; pense d'après toi-même :
Consulte, délibère, et choisis librement.
Laisse les fous agir, et sans but et sans cause.
Tu dois dans le présent contempler l'avenir.
Ce que tu ne sais pas ne prétends point le faire.
Instruis-toi : tout s'accorde à la constance, au temps.
Veille sur ta santé : dispense avec mesure
Au corps les aliments, à l'esprit le repos,
Trop ou trop peu de soins sont à fuir ; car l'envie
A l'un et l'autre excès s'attache également.
Le luxe et l'avarice ont des suites semblables.
Il faut choisir, en tout, un milieu juste et bon.

Perfection.

Que jamais le soleil ne ferme ta paupière,
Sans t'être demandé : Qu'ai-je omis ? qu'ai-je fait ?

Si c'est mal, abstiens-toi, si c'est bien, persévère.
Médite mes conseils ; aime-les ; suis-les tous :
Aux divines vertus ils sauront te conduire.
J'en jure par celui qui grave dans nos cœurs
La Tétrade sacrée, immense et pur symbole,
Source de la Nature, et modèle des Dieux.
Mais qu'ayant tout ton âme, à son devoir fidèle,
Invoque avec ferveur ces Dieux dont les secours
Peuvent seuls achever tes œuvres commencées.
Instruit par eux, alors rien ne t'abusera.
Des êtres différents tu sonderas l'essence,
Tu connaîtras de tout le principe et la fin.
Tu sauras, si le Ciel le veut, que la Nature,
Semblable en toute chose, est la même en tout lieu ;
En sorte qu'éclairé sur les droits véritables,
Ton cœur de vains désirs ne se repaîtra plus.
Tu verras que les maux qui dévorent les hommes
Sont le fruit de leur choix ; et que ces malheureux
Cherchent loin d'eux les biens dont ils portent la source.
Peu savent être heureux : jouets des passions,
Tour à tour ballottés par des vagues contraires,
Sur une mer sans rive, ils roulent aveuglés,
Sans pouvoir résister ni céder à l'orage.
Dieu ! vous les sauveriez en dessillant leurs yeux...
Mais non : c'est aux humains, dont la race est divine,
A discerner l'Erreur, à voir la Vérité.
La nature les sert. Toi qui l'as pénétrée,
Homme sage, homme heureux, respire dans le port.
Mais observe mes lois, en t'abstenant des choses
Que ton âme doit craindre, en les distinguant bien ;
En laissant sur le corps régner l'intelligence :
Afin que, t'élevant dans l'Ether radieux,
Au sein des Immortels tu sois un Dieu toi-même.

L'ÉSOTÉRISME (suite)
SA MÉTHODE, SON HISTOIRE, SES DOCTRINES

I. — Le mysticisme panthéiste

Il n'entre ni dans mes habitudes de dénigrer l'adversaire, ni dans mes intentions, de dénier au mouvement théosophique, — et j'emploie ce terme au sens le plus large — quelque hauteur d'idée, quelque noblesse d'âme. La protestation contre le bas matérialisme, contre l'égoïsme, contre la jouissance avide, est d'un noble accent chez plusieurs. J'ouvrirai même tel livre sacré, qu'ils nous prônent, la *Bhagavad-gita* (1), (ce

(1) C'est une épisode du Mahâbhârata, en 18 chapitres ou lectures. Bhagavad c'est Krishna, 10e incarnation du Vishnou. Je ne puis vérifier aux sources orientales, mais je constate d'après la collection anglaise des *Sacred book of the East*, que M. Emile Burnouf incline à préciser dans le sens de la piété mystique. Là où l'anglais porte *devotion*, il met union mystique; d'autres orientalistes diraient « concentration ».

chant du bienheureux, traduit du sanscrit par M. Emile Burnouf) et je ne refuserai pas d'y goûter de belles pages, en les isolant, de séduisants appels à l'égalité, à la sérénité d'âme.

« Celui qui voit le repos dans l'action et l'action dans le repos, celui-là est sage parmi les hommes ; il est en état d'Union, quelque œuvre qu'il fasse d'ailleurs.

Si toutes ses entreprises sont exemptes des inspirations du désir, comme s'il avait consumé l'œuvre par le feu de la science, il est appelé sage par les hommes intelligents.

Car celui qui a chassé le désir du fruit des œuvres, qui est toujours satisfait et exempt d'envie ; celui-là, bien qu'occupé d'une œuvre, est pourtant en repos.

Sans espérances, maître de ses pensées, n'attendant du dehors aucun secours, n'accomplissant son œuvre qu'avec le corps, il ne contracte point le péché.

Satisfait de ce qui se présente, supérieur à l'amour et à la haine, exempt d'envie, égal aux succès et aux revers, il n'est pas lié par l'œuvre, quoiqu'il agisse » (p. 37, 38, ch. IV).

Celui qui se livre à cette philosophie contemplative de yoga, agit en vue de Dieu et retrouve partout l'Identique (ch. v, p. 44), 19 « c'est pourquoi ils demeurent fermes en Dieu. »

Un tel homme ne se réjouit pas d'un accident agréable ; il ne s'attriste pas d'un accident fâcheux. La pensée ferme, inébranlable, songeant à Dieu, fixé en Dieu.

Libre des contacts extérieurs, il trouve en lui-même sa félicité, et ainsi, celui que l'Union mystique unit à Dieu, jouit d'une béatitude impérissable.

Car les plaisirs nés des contacts engendrent la douleur ; ils commencent et finissent, fils de Kunti, le sage n'y trouve pas sa joie.

Si l'on peut ici-bas, avant d'être dégagé du corps, soutenir le choc du désir et de la passion, on est Uni spirituellement, on est heureux.

Celui qui trouve en lui-même son bonheur, sa joie, et en lui-même aussi sa lumière, est un Yôgi qui va s'éteindre en Dieu, s'unir à l'être de Dieu. »

Qu'il agisse ou qu'il n'agisse pas le Yôgi demeure donc uni spirituellement, recueilli, une félicité suprême pénètre son âme, on dit même avec une pointe de panthéisme « il est devenu en essence Dieu lui-même (1) ».

— « Le Yôgi est comme une lampe qui, à l'abri

(1) Je dis une pointe seulement parce qu'à la rigueur on pourrait justifier une expression forcée, comme chez plus d'un mystique chrétien, si le contexte le permettait.

du vent, ne vacille pas, lorsque ayant soumis sa pensée il se livre à l'Union mystique.

Quand la pensée jouit de la quiétude, enchaînée au service de l'Union divine ; quand, se contemplant elle-même, elle se complaît en elle-même.

Quand elle goûte cette joie infinie que donne seule la raison et qui dépasse les sens ; quand elle s'attache sans vaciller à l'Essence véritable » (ch. vi).

Ayant donc ainsi assujetti son esprit mobile le héros dompté trouve Dieu en toutes choses. « Il voit l'Ame résidant en tous les êtres vivants, et dans l'Ame tous ces êtres, lorsque son âme à lui-même est unie de l'union divine et qu'il voit de toutes parts l'Identité. » (ch. vi, 29.)

Et le Bhagavad, Krishna en personne enseigne à son disciple à le retrouver dans tous les êtres émanés de lui, c'est le cantique des cantiques du mysticisme panthéiste (ch. vii). — Au-dessus de moi il n'y a rien ; à moi est suspendu l'Univers comme une rangée de perles à un fil.

Je suis dans les eaux la saveur, fils de Kunti ; je suis la lumière dans la Lune et le Soleil ; la louange dans tous les Védas ; le son dans l'air ; la force masculine dans les hommes.

Le parfum pris dans la terre ; dans le feu la splendeur ; la vie dans tous les êtres ; la continence dans les ascètes.

Sache, fils de Prithâ, que je suis la semence inépuisable de tous les vivants ; la science des sages ; le courage des vaillants.

La vertu des forts exempte de passion et de désir : je suis dans les êtres animés l'attrait que la justice autorise.

Je suis la source des propriétés qui naissent de la vérité, de la passion et de l'obscurité : mais je ne suis pas en elles, elles sont en moi. »

Et le mystère de l'Ame Suprême du monde est enseigné au disciple Arjuna ; il voit en toutes ses formes « le Seigneur des dieux, la demeure du monde, la source indivisible de l'être et du non être » ; il adore en tremblant, et balbutie le lyrisme de ses louanges : « gloire, gloire à toi mille fois ! et de rechef encore gloire, gloire à toi ! »

Gloire en ta présence et derrière toi, en tous lieux, ô Universel ! Doué d'une force infinie, d'une puissance infinie, tu embrasses l'Univers, et ainsi tu es universel.

Tu es le père des choses mobiles et immobiles ; tu es plus vénérable qu'un maître spirituel. Nul n'est égal à toi, qui donc, dans les trois mondes, pourrait te surpasser, ô toi dont la majesté n'a point de bornes.

C'est pourquoi, m'inclinant et me prosternant, j'implore ta grâce, Seigneur digne de louanges : sois-moi propice, comme un père l'est à son fils, un ami à son ami, un bien-aimé à sa bien-aimée. »

Et le dialogue mystique achève ces hautes leçons, dont j'ai dégagé quelques pages des plus exquises, c'est-à-dire les plus claires et les plus voisines des vérités que ces peuples pouvaient puiser aux trésors de la raison et des traditions primitives ; ainsi le sage d'Épictète ou de Marc-Aurèle, l'idéal stoïcien, comme celui des bords du Gange s'efforce de retrouver ou de conserver la véritable sagesse. Et dégagé de toutes ses scories, des puérilités, et des superstitions qui l'accompagnent et le déparent, le portrait peut étinceler des beautés qu'il recèle.

Mais est-ce à dire qu'on fasse bien de se parer de ces brillants pour séduire les âmes simples, incapables de discerner toutes les erreurs entremêlées ; et définitivement funestes ! Est-ce à dire qu'au xxe siècle après Jésus-Christ le désir mystique de l'humanité n'ait pas un plus triomphal soleil où voler ?

*
* *

Sans nul doute nous admettons la théorie du renoncement, de l'abnégation, de la guerre à l'égoïsme, le dévouement aux autres, la vraie fraternité humaine : ce sont les propres doctrines du christianisme, et comme précédemment dans les erreurs des systèmes nous relevons volontiers les parcelles de vérité qui y brillent. Les vérités conservées par l'ésotérisme ne justifient pas les erreurs dont elles s'enrobent, ou auxquelles on les juxtapose, comme si les unes servaient de passe-port aux autres (1).

Je pourrais emprunter le mot de saint Paul aux Corinthiens, sur tous les pseudo-apôtres et pseudo-prophètes qui troublaient son œuvre : *Ipse enim satanas transfigurat se in angelum lucis.*

Mais ce n'est pas, aujourd'hui, au nom des principes de l'Eglise catholique, que je n'admets ni la

(1) Remarquons d'ailleurs que cet épisode du Mahabhârata peut être attribué à un prêtre qui a connu les doctrines chrétiennes, que le culte de Krisna ne remonte pas plus haut que le xi° siècle de notre ère ; que les quatre cinquièmes du Mahâbhârata sont des additions dues à des poètes de différentes époques (1er s. av. J.-C. à xv° siècle après).

vérité ni la légitimité de l'ésotérisme. Cette étude pourrait être abordée plus tard si nous persévérons jusqu'à la critique des faits de la vie intérieure, et elle trouverait sa place en des leçons sur le *Discernement des esprits*. En ce stade présent de notre recherche, il nous suffit de montrer que ni la méthode, ni les doctrines, des écoles secrètes (occultisme, théosophie, etc.) ne nous satisfont assez pour nous retenir ; et que tout au contraire à plusieurs titres elles nous font désirer davantage d'entrer dans la familiarité des âmes qui ont vécu la vie du christianisme intérieur, et d'analyser leurs faits de conscience. Elles ne nous plaisent pas parce qu'elles sont secrètes, — parce qu'elles sont souvent haineuses, — parce qu'elles faussent manifestement des réalités historiques comme le récit authentique et humain de la vie de Jésus-Christ, — parce qu'elles réclament une adhésion aveugle, injustifiée, qui pourra se prolonger ainsi et jusqu'à la mort, et jusqu'à de prétendues réincarnations successives. — Elles ne nous plaisent pas enfin, parce que sortant de ces questions préliminaires qui touchent plutôt à la méthode, si nous entrons dans le fond des doctrines manifestées, elles ne nous font nullement désirer celles qu'on nous cache. Nous n'y voyons qu'hypothèses gratuites, et des assertions qui pour être redoublées, n'en deviennent ni plus certaines, ni plus évidentes ;

— et, pour tout dire en un mot, des théories sur Dieu et sur l'homme, faites d'erreurs métaphysiques, de systèmes qui ne supportent pas l'examen d'une raison exercée, et philosophique, lorsqu'on ne prend pas des images pour des idées, et des rêveries panthéistiques pour des démonstrations de la raison.

II. — Les procédés et la méthode

1° C'est donc la confession ou la confidence du chercheur loyal que nous devons raconter aujourd'hui. Or, celui-là n'est que médiocrement alléché par tous ces procédés de doctrines et d'associations à double fond, qui ne vous permettent pas de savoir où l'on s'engage. Et quel espoir avons-nous en l'an 1901 après Jésus-Christ, plusieurs milliers d'années depuis qu'il y a des hommes et qui pensent, trois siècles après la libre-pensée de Luther et de Calvin, cent ans après les grandes libertés de 89, — et, en somme, dans l'exercice illimité des plumes, et des voix, et des cerveaux et des intelligences, — quel espoir et quelles chances sérieuses avons-nous de trouver la pleine lumière de la vérité dans des assemblées ténébreuses, où l'on feint de détenir des arcanes, des mystères, qu'il ne faut pas profaner. Il est donc si nécessaire de se cacher au xx° siècle pour enseigner librement la vérité libératrice ; cela nous étonne bien un peu !

Car remarquez-le, ce qu'on enseigne au public, ou ce qu'on écrit dans les livres, ce ne sont encore que bagatelles de la porte. Si vous entrez dans l'ordre Martiniste, ou si vous êtes membre de la Société théosophique, les voiles vous seront mieux levés. Bien ! on m'admet, je le suppose, dans la Société théosophique, et ma curiosité est toujours allumée, ma soif de savoir n'est pas encore étanchée. Ah ! c'est qu'il y a une section intérieure. Les autres membres font nombre, puis ils se préparent, ils ont quelques reliefs des festins intellectuels reservés à de plus secrètes hiérarchies. Je pénètre dans cette section intérieure, si après avoir progressé, et être initié, adepte, ou mage, je suis encore un peu comme Anne, ma sœur Anne, qui ne voit rien venir, on me répondra que la réponse définitive, et les derniers dessous, ne s'atteignent, parfois et souvent, pas dans une seule course de vie : ce sera pour quelque réincarnation future et meilleure.

Mais vous me dites que vous ne démontrez rien, que c'est à chacun de voir et d'expérimenter par soi-même, en développant en lui des pouvoirs psychiques latents, par où tout son être sera peu à peu illuminé. N'est-ce pas faire un métier de dupe que d'être ainsi renvoyé, jusqu'à une réapparition problématique sur la scène de ce monde : car cela fait partie de ce qu'il faudrait préalablement me démontrer.

Puis les hommes pris dans leur masse considèrent d'ordinaire qu'on se cache pour faire mal : mais que le bien, mais que le vrai, n'ont qu'à se montrer pour conquérir. Et je m'étonne si nous nous trompons tous, nous qui sommes épris de grand jour, de souveraine franchise, d'impeccable loyauté. C'est peut-être un peu épais, ce que je dis là, un peu béotien. Cela me rappelle le mot d'un loustic parisien à un balourd qui l'offusquait par ses remarques : « Je ne sais pas de quel pays vous êtes, mais vous en êtes joliment ! » Et sans doute j'ai le mauvais goût d'être un peu trop du pays de Messire Bertrand du Guesclin. « Nous avons un cœur franc »... disait Brizeux, et nous dévisageons en face les hommes et les idées, très mal impressionnés par ce qui aime l'ombre, et se dissimule.

Oui, et c'est peut-être aussi un second tort, dont devront tenir compte mes auditeurs, s'ils se séparent à ce point de nos recherches pour bifurquer vers l' « Occulte », c'est de ne donner l'assentiment de mon esprit, qu'à une doctrine dont le cortège de preuves me conquiert, ou dont la sainteté fleurit en œuvres efficaces et tangibles.

D'ailleurs n'est-ce pas une attitude très sûre ; pour les catholiques, c'est évident ; et quant aux ésotériques, ils admettent que nous, exotériques, nous pouvons atteindre la sainteté, être unis à la Divinité, être « assis à la droite du Père ». Dès lors nous répondons comme Henri IV aux protestants ; les catholiques estiment que mon salut est compromis chez vous, et vous avouez que mon salut est en sécurité chez eux ; en toute sagesse je prends le parti le plus sûr.

2° Au mystère têtu, ajoutez les haines qui semblent couver dans ces écoles, et le dédain méprisant qui les aveugle.

M. Papus, disciple de Louis Claude de Saint-Martin, et qui se dit chrétien, me paraît bien inconséquent avec ses doctrines de tolérance intellectuelle, et même avec les enseignements de maîtres occultistes comme Eliphas Lévi, lorsqu'il traite avec un si prétentieux dédain les écoles de « théologie cléricale » et en somme la hiérarchie des autorités dans l'Eglise catholique. « Le catholicisme agonise, frappé à mort par le pharisaïsme clérical. » — Monsieur, les gens que vous tuez se portent assez bien. — « L'esprit gnostique, caractérisé par l'alliance de l'intuition et de la science, est dès maintenant vainqueur de l'esprit clérical, et peu nous chaut la longueur de l'agonie du dernier des vestiges de la Louve romaine. »

Voilà des paroles bien haineuses pour un doux illuminé mystique, et surtout pour un ésotérique qui prétend à la divinité de toutes les religions, et donc du catholicisme, s'il veut être conséquent. Mais l'Eglise romaine a enterré beaucoup de ses insulteurs ; la paix divine est assise en elle, car ses fils savent avoir pitié, et bénir ceux qui les calomnient et les persécutent. Ne vendez pas prématurément la peau de la « Louve » maternelle qui vous allaita.

Puis les occultistes devraient définitivement s'entendre avant d'essayer de nous endoctriner. Vous parlez de traditions, vous parlez d'expériences spirituelles, vous parlez de Jésus comme le plus grand des initiés : mais notez-vous avec un de vos maîtres qu'il y a des traditions d'erreurs, une fausse kabbale, une fausse gnose, une fausse magie, et que l'Eglise a cent fois raison de les condamner? Etes-vous bien sûr de posséder la vraie, la saine et la sainte tradition ?

Vous invoquez l'Inde, les Gnostiques... mettez-vous d'accord.

« C'est à la fausse Kabbale de l'Inde (1) que les gnostiques empruntèrent leurs rêves tour à tour hor-

(1) L'Inde !... Cf. Eliphas Lévi, *Hist. de la M.*, p. 73.

ribles et obscènes. C'est la magie indienne qui, se présentant tout d'abord avec ses mille difformités sur le seuil des sciences occultes, épouvante les esprits raisonnables et provoque les anathèmes de toutes les Eglises sensées » (p. 68)... Et plus loin : « Les derniers secrets de cette doctrine dégénérée, sont le panthéisme, et par suite le matérialisme absolu, sous les apparences d'une négation absolue de la matière. Mais qu'importe qu'on matérialise l'esprit ou qu'on spiritualise la matière, dès qu'on affirme l'égalité et même l'identité de ces deux termes? La conséquence de ce panthéisme est la destruction de toute morale : il n'y a plus ni crimes, ni vertus dans un monde où tout est Dieu. » (p. 70)

Et plus loin (p. 75) le grand arcane de l'*Oupnek-hat* (ou Upanishad) c'est l'absolu en immoralité, en fatalité, et en quiétisme mortel. Voici comment s'exprime l'auteur du livre indien : « Il est permis de mentir pour faciliter les mariages et pour exalter les vertus d'un bramine ou les qualités d'une vache.

Dieu s'appelle vérité, et en lui l'ombre et la lumière ne font qu'un. Celui qui sait cela ne ment jamais, car s'il veut mentir, il fait de son mensonge une vérité.

Quelque péché qu'il commette, quelque mauvaise œuvre qu'il fasse, il n'est jamais coupable. Quand même il serait deux fois parricide, quand même il tuerait un brahme initié aux mystères des Védas, quelque chose qu'il commette enfin, sa lumière n'en sera pas diminuée, car, dit Dieu, je suis l'âme universelle, en moi sont le bien et le mal qui se corrigent l'un par l'autre. Celui qui sait cela n'est jamais pécheur ; il est universel comme moi. » (*Oupnek'hat*, instruction 108, pp. 85, 92 du tome I de la traduction d'Anquetil.)

Fausses traditions ! Et que disons-nous autre chose ?

« Remontons maintenant aux sources de la vraie science et revenons à la sainte Kabbale, ou tradition des enfants de Seth, emportée de Chaldée par Abraham, enseignée au sacerdoce égyptien par Joseph, recueillie et épurée par Moïse, cachée sous des symboles dans la Bible, révélée par le Sauveur à saint Jean, et contenue encore tout entière sous des figures hiératiques analogues à celles de toute l'antiquité dans l'Apocalypse de cet apôtre. »

C'est un de vos maîtres, Éliphas Lévi, qui parle ainsi (*Histoire de la Magie*, p. 105). Mais cette tradition, c'est bien celle du christianisme intégral, c'est-à-dire du catholicisme, si je ne m'abuse. Nous ne renions rien de Moïse, et des grands voyants d'Israël, et de tous les enseignements de Jésus, dont les plus secrets nous ont été transmis par les Apôtres et leurs successeurs. Car c'est bien un point de notre doctrine, que le dépôt révélé n'est pas seulement contenu dans les Ecritures, mais aussi dans la tradition orale.

Et nous avons eu aussi de grands mystiques, et de grands voyants, dont les visions et les révélations particulières cadrent parfaitement, avec toutes les doctrines et les traditions de l'Eglise catholique. Ils connaissaient fort bien par expérience le développement de ce qu'ils appellent des sens spirituels, et c'est un fait connu, rappelé et commenté, de tous ceux qui s'occupent d'études mystiques. La pureté et la sainteté de leur vie, les bienfaits de leur inépuisable charité, leur tendresse humaine pour leurs frères mortels, doivent les recommander à votre école, s'il faut en croire certains de vos auteurs, et de vos livres mêmes.

Dès lors, qui donc se trompe de ceux qui boivent aux sources pures de la Tradition, vigilamment gardée par la hiérarchie de l'Eglise, ou de ceux qui les filtrent et les interprètent selon leur sens propre, et trop personnel ?

3° Malheureusement vous faites peu de cas de l'histoire, et des réalités historiques : celles-ci reviennent toujours pour vous à des symboles et des allégories où vous voyez ce que vous voulez voir, et où vous inoculez toujours la fameuse doctrine secrète. Et voilà comment Jésus et l'Evangile sont accaparés, et métamorphosés en prédicateurs de l'occultisme. La vérité est que par de tels procédés et de telles méthodes, si fort en honneur dans le grand ouvrage sur la *Voie parfaite* ou le *Christ ésotérique*, — on arriverait aussi à prouver, — et cela n'a pas manqué — que Napoléon Ier n'a pas existé, que c'est un mythe solaire et que ses douze maréchaux sont les douze signes du Zodiaque.

Ces choses là jugent un système, tellement le parti pris s'y fait jour.

En outre, une tradition destinée à s'imposer non à une intelligence particulière, mais à l'humanité, mais à l'Eglise, mais à un groupe, doit toujours porter avec elle sa preuve testimoniale. Il ne suffit pas de me dire : telle est la tradition des sages, il ne suffit pas de se référer à des visions, à des révélations sans contrôle, il faut que le porteur d'une vérité ainsi déposée dans le trésor de la tradition présente les preuves rationnelles de cette vérité, ou les preuves notoires, et sujettes à la vérification de tous, qui appuient son dire, et l'autorisent, l'accréditant comme un envoyé divin, l'ambassadeur d'une mission surhumaine.

Ainsi firent les prophètes, Jésus le Messie, le Sauveur ; et voilà pourquoi leur tradition demande un hommage raisonnable, une adhésion fondée en raison, *rationabile obsequium* ; mais le seuil des écoles occultistes est précisément la foi aveugle, dans le vain espoir d'un contrôle personnel, remis aux calendes grecques.

C'est une méthode inadmissible pour quiconque estime la dignité de son esprit, et le redoutable aléa d'un pareil jeu.

En vérité, à quelles sources historiques de la tradition nous offre-t-on de boire, lorsqu'elles ne sont pas secrètes ! Que j'ouvre la *Revue cosmique* de M. Barlet, ou la *Gnose moderne* à l'usage des Parfaits ou Cathares, ou les écrits théosophiques inspirés de l'Inde, ou les œuvres de Kabbalistes, n'est-ce pas toujours le même assemblage fabuleux, le même dévergondage de rêveries sans preuve. Et sur toutes ces rhapsodies, nous profanes exotériques, occidentaux amis de la lumière, et de l'ordre harmonieux des démonstrations, ne pouvons-nous faire nôtres le jugement d'un maître sur le *Zohar*? Il nous parle de cet « Océan d'idées venues de partout, acceptées avec la même avidité, même quand elles font mal penser » (Karppe, *Le Zohar*, 1901, Paris, p. 330).

« Là, nous dit-il, se rencontrent les produits intellectuels et aussi les élucubrations et les aberrations de tout l'Orient et de tout l'Occident. On dirait une grande foire d'idées, où les denrées les plus chères et les plus viles sont exposées avec le même soin et vendues au même prix, où même les perles les plus pures ont souvent les écrins les plus grossiers et où, malheureusement plus souvent encore, des vases d'or ne contiennent que poussière et cendres... C'est le cas de répéter avec Shakespeare : « Si c'est de la folie, il y a pourtant quelque méthode dans cette folie. »

Les jugements des indianistes ne sont pas moins sévères sur les documents hindous qu'on propage. « Il ne manque pas, à coup sûr, de livres récents qui s'offrent à renseigner le public sur les doctrines authentiques de Bouddha ; mais cette littérature de fantaisie, baroque, maladive ou charlatanesque, est moins propre à servir qu'à retarder la science. » Ainsi parle M. Sylvain Lévi en présentant au public le sérieux ouvrage de M. Oldenberg.

III. — Doctrines

1° Si maintenant nous jugeons les doctrines, qui ont cours dans les écoles ésotériques, elles nous manifestent disons-nous assez d'erreurs pour nous ôter tout regret de ce qu'on nous cache. Et j'entends parler ici des doctrines fondamentales sur Dieu, sur l'âme et leur union, qui relèvent de la critique philosophique, et ne peuvent être en contradiction avec les données certaines de la raison.

Nous n'entreprenons donc pas en ce moment la critique de faits par lesquels on cherche à piquer la curiosité du public : et des hypothèses qui n'ont certes pas jusqu'ici conquis droit de cité dans la science (1). Ce sont des questions réservées qui ne doivent pas nous retarder du but principal.

« …Il existe, dit-on, (Eliphas Lévi, *Histoire de la Magie*. Introd. p. 19) un agent mixte, un agent naturel et divin, corporel et spirituel, un médiateur plastique et universel, un réceptacle commun des vibrations du mouvement et des images de la forme, un fluide et une force qu'on pourrait appeler en quelque manière l'*imagination de la nature*. Par cette force tous les appareils nerveux communiquent secrètement ensemble ; de là naissent la sympathie et l'antipathie ; de là viennent les rêves ; par là se produisent les phénomènes de seconde vue et de vision extranaturelle. Cet agent universel des œuvres de la nature, c'est l'*od* des Hébreux et du chevalier de Reichenbach, c'est la lumière astrale des martinistes, et nous préfé-

---

(1) Voir le compte rendu du IV° Congrès de Psychologie, 1900.

rons comme plus explicite, cette dernière appellation.

L'existence et l'usage possible de cette force sont le grand arcane de la magie pratique. C'est la baguette des thaumaturges et la clavicule de la magie noire...

La lumière astrale aimante, échauffe, éclaire, magnétise, attire, repousse, vivifie, détruit, coagule, sépare, brise, rassemble toutes choses sous l'impulsion des volontés puissantes... »

Et quand cela serait, quand réduite du moins à des termes plus justes, l'hypothèse d'un milieu de transmission des vibrations nerveuses, de je ne sais quel fluide vital, deviendrait probable et se vérifierait, cela n'autoriserait en rien des théories sur Dieu et sur l'homme, contraires à une saine et droite philosophie. Cela ne diminuerait nullement l'erreur de ceux qui cherchent à donner plus d'importance qu'il ne convient, à des phénomènes merveilleux, personnels, d'origine incertaine. Un converti de l'ésotérisme, M. Albert Jounet, le disait fort bien à ses amis, dans sa Revue *La Résurrection*. « Les phénomènes mystiques, le merveilleux personnel, sont d'après l'enseignement catholique, si sage, humble et fort dans cette question, des choses trop incertaines, trop sujettes à caution pour être le premier principe humain de l'union des hommes à Dieu. Ce principe, dans l'Eglise, c'est la bonne volonté, la vie chrétienne, simple et droite, sans phénomènes extraordinaires. Certes l'Eglise admet les phénomènes mystiques et les miracles. Elle en produit, aujourd'hui encore, dont pas un occultiste, martiniste, théosophe ou quiconque, n'a jamais opéré l'égal. Mais, quand même il ne se produirait parmi les fidèles aucun phénomène mystique, aucun miracle, ils chercheraient et trouveraient l'union à Dieu dans la soumission de leur volonté à la volonté divine. Voilà le véritable principe humain de l'union à Dieu. Le phénomène mystique arrive ensuite ou n'arrive pas. Sa présence ne fonde pas l'union, son absence ne la détruit pas. »

Ces remarques si sages d'un ami allaient à l'encontre d'une confiance trop grande dans le merveilleux personnel, dont s'autorisent trop souvent des sociétés d'illuminés.

Et j'y ajoute volontiers qu'un des premiers contrôles nécessaires de ces prétendus rapports avec l'invisible c'est de ne pas admettre des doctrines philosophiquement déraisonnables.

2° Or, telles sont les idées sur Dieu de tous les systèmes occultes, entachés du panthéisme de la Kabbale ou de l'Inde.

« L'Occultisme, nous dit M. Papus, définit ainsi

Dieu : synthèse des mondes visibles et invisibles, formée par l'Univers comme Corps (objet de l'étude des matérialistes), par l'Humanité comme vie (objet de l'étude des Panthéistes), par lui même comme Esprit (objet de l'étude de Théistes) ». (*Traité méthodique de science occulte*, p. 374).

Et M. Papus croit assurer ainsi à l'occultisme une place transcendantale au-dessus des systèmes, comme s'il leur était supérieur, et les englobait tous. Rien n'est moins fondé. Il suffit pour s'en convaincre de consulter les documents de l'une ou l'autre tradition des erreurs ésotériques, la Kabbale, ou les livres de l'Inde, par exemple. Les unes et les autres ne contiennent qu'une sorte de panthéisme émanatiste, où les contradictions abondent. Il me suffit de vous faire constater ce fait, et de vous renvoyer pour l'étude de ces questions capitales sur l'Etre nécessaire, sur la cause première, sur Dieu, soit à l'ouvrage de M. l'abbé Farges sur l'Idée de Dieu d'après la Raison et la Science, soit au cours libre que fait M. Gardair à l'Institut catholique de Paris.

Les occultistes anathématisent les matérialistes, mais eux-mêmes ne s'élèvent pas au-dessus des conceptions matérielles d'une substance unique matière-esprit, ils ont beau parler de l'âme et de Dieu, ils expliquent tellement là-dessus leurs termes qu'ils réduisent Dieu à un pur abstrait, à un pur non être, s'il ne se réalise dans les êtres contingents ; — et ils ne font de l'âme et de l'esprit rien autre qu'une matière plus subtile qu'est pour eux la cause première.

« Avant d'avoir produit l'Univers, ou quoi que ce soit en dehors de lui-même, avant d'avoir revêtu aucune forme et imposé aucune mesure à son infinitude, l'Ensoph (l'Infini = *èn* = sans, *soph* = limite) était absolument ignoré de lui-même, et, à plus forte raison, des autres êtres, qui n'existaient pas encore ; il n'avait ni sagesse, ni puissance, ni bonté, ni aucun autre attribut ; car un attribut suppose une distinction, et, par conséquent, une limite. Il faut le concevoir, dit le texte, au-dessus de toutes les créatures et de tous les attributs. Or, quand on a *ôté* ces choses, il n'y a plus ni attribut, ni image, ni figure ; ce qui reste est comme la mer, car les eaux de la mer sont, par elles-mêmes, sans limites et sans formes ; mais lorsqu'elles se répandent sur la terre, alors elles produisent une *image* et nous permettent de faire ce calcul. La *source* des eaux de la mer, et le *jet* qui en sort pour se répandre sur le sol, font *deux*. Ensuite il se forme un *bassin* immense, comme lorsqu'on creuse une vaste profondeur ; ce bassin est occupé par les eaux sorties de la source ; il est la *mer* elle-même et doit être compté le troisième. A présent cette immense profondeur se partage en *sept canaux* qui sont comme autant de vaisseaux longs par lesquels s'échappe l'eau de la mer, etc., etc. » (Ad. Franck, *La Kabbale* p. 129, cité par Meurin, p. 28).

Dieu donc, en tant que retiré en lui-même, est distingué de tout ce qui est fini, limité ou déterminé, c'est le Vide, le Non-Être ; il est et il n'existe pas. Et comment de ce pur abstrait peut-il émaner quelque chose ?

« Avant que Dieu se fût manifesté lorsque toutes choses étaient encore cachées en lui, il était le moins connu parmi tous les inconnus. Dans cet état, il n'a pas d'autre nom que celui qu'exprime l'interrogation.

Il commença par former un point imperceptible : ce fut sa propre pensée ; puis il se mit à construire avec sa pensée une forme mystérieuse et sainte ; enfin, il la couvrit d'un vêtement riche et éclatant : nous voulons parler de l'Univers dont le nom entre nécessairement dans le nom de Dieu. » (Franck p. 31, cité Meurin p. 30).

Telle est la notion d'un Dieu suprême conservé, dénaturé par le panthéisme.

« Brahm est l'Éternel (1), l'Être par excellence, se

---

(1) Cf. Mgr Laouénan, *Le Brahmanisme* 1884. I. p, 2, 3, cité Védas Madaka Upanissad.

révélant dans la félicité et dans la joie. Le monde est son nom, son image ; mais cette Existence première, qui contient tout en soi, est seule réellement subsistante... Tous les phénomènes ont leur cause dans Brahma ; pour lui, il n'est limité ni par le temps, ni par l'espace ; il est impérissable ; il est l'âme du monde, il est l'âme de chaque être en particulier... Cet univers est Brahma ; il vient de Brahma ; il subsiste dans Brahm ; il retournera dans Brahm... Brahm est l'être subsistant par lui-même ; il est la forme de la science et la forme des mondes sans fin. Tous les mondes ne font qu'un avec lui ; car ils sont par sa volonté. Cette volonté éternelle est une en toutes choses.

Elle se révèle dans la création, la conservation et la destruction ; dans le mouvement et dans les formes du temps et de l'espace... Brahm est toute chose, depuis Brahma (l'Etre infini, Brahm personnifié) jusqu'à la plus petite motte de terre. Brahm est en même temps la cause *efficiente et matérielle* du monde. Il est le potier par qui le vase a été formé et la terre qui a servi à sa fabrication. Toute chose a émané de lui, sans qu'il y ait diminution ou épuisement de la source, comme la lumière sort du soleil. Chaque chose s'immerge en lui de nouveau, comme les globules d'air qui éclatent et se confondent dans l'atmosphère, comme les fleuves qui disparaissent dans l'Océan et y perdent leur identité. Toute chose procède de lui, et retourne à lui, comme la toile de l'araignée sort d'elle et rentre en elle. »

En vérité, il n'y a qu'un seul Dieu, l'Esprit suprême de qui *émane* tout l'univers ; qui est le Seigneur de l'univers et qui en est l'auteur : « celui-là est l'Être suprême...

Adore Dieu, connais Dieu seul, et laisse-là tout autre discours. Sa gloire est telle, qu'elle ne peut être représentée par aucune image ; il illumine tout ; il fait les délices de tout ce qui existe ; *de lui tout émane ;* tout ce qui naît vit par lui ; à lui tout doit retourner. »

3° Ces erreurs sur la cause première, sur l'Être premier, nécessaire, infini, sont loin d'être compensées par les théories sur l'homme et sa destinée. Il est difficile d'y accumuler plus d'arbitraires fantaisies, quelle que soit l'ingéniosité qu'on mette à nous exposer les fabuleuses inventions des rêveurs hindous. Elles détruisent toute notion juste de l'individualité et de la personnalité humaine ; et leur prétendue justice immanente introduite dans le monde par la Loi Rétributive, ou Karma, qui s'exerce après de plus ou moins longs temps par des réincarnations successives, nous fait remonter bien loin vers de vieilles erreurs, sans apporter une preuve nouvelle.

Les diverses modalités de la « Matière » universelle,

(matière-esprit) servant de bases aux diverses manifestations de l'Energie Une, s'appellent des « plans » en langage ésotérique. Il y a le plan spirituel, le plan astral, le plan physique, ce sont des modes divers de l'être, et ces « plans » de l'univers de même que les facteurs de l'homme ne sont pas superposés, mais se pénètrent (1).

Une comparaison empruntée à Annie Besant fera mieux comprendre la chose. Le courant électrique, entité mystérieuse dont nous ne percevons pas les effets, produit des phénomènes très différents selon le milieu dans lequel il agit. Passant dans un fil plus ou moins fin, il se manifestera par de la lumière ou de la chaleur ; dans une solution saline son passage sera marqué par la décomposition ; autour d'un barreau de fer doux, il déterminera un champ magnétique. De même la Force Une, insaisissable, agissant sur le « plan » physique, produit le phénomène physique (pesanteur, phénomène électrique, lumineux, vital etc.); sur le « plan » astral, elle produit le phénomène psychique (sensation, sentiment, etc.); sur le « plan » mental, elle produit le phénomène mental ; sur le « plan » buddhique, elle produit le phénomène spirituel (amour universel, béatitude) ; sur le « plan »

---

(1) CHATTERJI, *Philosophie ésotérique de l'Inde*, p. 24.

nirvânique, elle produit le nirvâna (état d'être pur, d'identité avec tout ce qui est).

Or, l'homme qui est un petit univers un « microcosmo » est composé de sept principes qui se pénètrent les uns les autres, et vit à la fois sur les différents « plans » qui y correspondent.

Les divers auteurs ne coïncident pas identiquement dans leur classification, mais voici un tableau qui permet de représenter les choses et de les suivre :

Pôle spirituel de l'Être

ATMA. — LE SOI

(Véhicule)	(Activité ou Principe)
Plan Nirvânique (1)	
Plan Buddhique (2) Corps spirituel.	Buddhi. Béatitude, amour, sagesse.
Plan mental (3) Corps causal	Manas Sup. Raison pure, conscience, âme humaine
(4) Corps mental	Manas Inf. Intellect.
Plan astral (5) Corps astral	Kâma. Désir, passion, etc.
Plan physique (6) Corps éthérique	Prâna. Vitalité, organisation.
(7) Matière grossière, Sthûla-Bhûta.	

Pôle matériel de l'Être.

L'homme en mourant dépouille une à une toutes ces enveloppes, plus ou moins rapidement selon qu'il a vécu plus ou moins d'une vie de sensation, ou d'une vie d'intelligence supérieure : il passe successivement par le Kama-Locka, et par le Devachan, et après une période de 1000 ou 1500 ans la loi de Karma ou de Rétribution opère sa réincarnation dans une nouvelle condition de vie terrestre. Et tout est combiné de telle sorte que ses épreuves nouvelles sont la conséquence de son passé.

Vous me dispenserez de faire ressortir toutes les inconséquences, et les monstruosités de ce système : toute la vie extérieure n'est qu'une apparence, une illusion, le moi personnel de la conscience ne subsiste pas, il est éphémère ; l'individualité seule persiste et se réincarne. Une nouvelle personnalité se forme donc, et celle-là expie par ses épreuves, ou récompense par ses joies les événements d'une vie dont furent responsables les éléments antérieurs, d'une personnalité précédente.

Un jour pourtant cette loi du Karma, et de la Réincarnation peut cesser de s'appliquer, lorsque toute personnalité, tout désir personnel a été vaincu : le Sage de ce degré ne forge plus aucun lien qui l'attache à la Roue des vies et des morts. Il revient à la Vie Une, à l'Un Tout, au Soi Supérieur, et il est résorbé en Lui.

Telle est l'union mystique définitive.

Tel est ce mélange bizarre de hautes aspirations, et de fabuleuses conceptions, emprunté aux imaginations métaphysiques de l'Inde.

∗ ∗ ∗

Dans l' « Enquête » du *Matin* 25 août 1901, M. Jules Bois termine un article sur les théosophes et leur chef en France, le Dʳ Pascal, par quelques réflexions qui, sous sa plume, ont une saveur très particulière. Après avoir loué le noble idéal et l'âme généreuse de Mᵐᵉ Besant, — qui est l'âme, ou mieux le cœur, de ces essais de renouveau religieux, — l'enquêteur laisse voir que tout se réduit pourtant, en ces doctrines, à la circulation d'une matière plus ou moins volatilisée. « Toutes les brillantes promesses des théosophes, qui nous promènent dès notre vie dans l'au delà, n'aboutissent qu'à un néant plus lointain, à *Nirvana* où le dieu force-matière nous reprend. »

Comme je retrouve, dans les théories sur les corps et l'au delà, — ajoute M. Jules Bois, et ses paroles concluront bien notre étude, — le charme fascinant, le délire imaginatif, l'absence de toute base positive, qui caractérisent la métaphysique de mes amis les Hindous, grands prestidigitateurs ! Il n'y a pas même à discuter avec cela. Il faudrait que les théosophes prouvent d'abord ce qu'ils avancent. Ils nous répondent : « Expérimentez selon nos méthodes, c'est-à-dire hallucinez-vous à votre tour et vous verrez. » Leurs visions à eux s'accordent, c'est très naturel ; leurs rêves sont les mêmes ; car, pour employer leur jargon, les vibrations de leur cerveau doivent être semblables, puisqu'ils sont de la même école et pensent ensemble. En somme, ce sont des « panthéistes mystiques » des « matérialistes idéalistes ». Ames malades, généreuses, avides d'idéal, lasses du « déjà connu », elles vont se perdre dans les jungles philosophiques de l'Asie. La haute morale spiritualiste, elles veulent la concilier avec les doctrines de l'évolution, et, par des rêves, elles assouvissent l'éternel besoin d'espérance dont crie l'humanité. Par malheur, là est le grand danger. Je ne sais si la théosophie a fait progresser l'humanité, mais elle a détraqué un grand nombre de cerveaux faibles, et spécialement maintes pauvres femmes, venues là fascinées par la générosité de la doctrine, la beauté de l'idéal, mais bientôt victimes du vertige et de la folie.

NOTE

Constitution de l'homme.

(Blavatsky, chap. de la Théosophie, p. 246)

I Le Soi Supérieur est	Atma, le rayon inséparable du Soi Unique et Universel. C'est plutôt Dieu *au-dessus* de nous que Dieu en nous ; heureux l'homme qui réussit à en saturer son *Ego intérieur* !
II L'Ego Spirituel et Divin est	L'âme spirituelle ou *Buddhi* dans son étroite union avec *Manas* le principe de l'intelligence, sans lequel ce n'est point du tout un Ego, mais simplement le *Véhicule* Atmique.
III L'Ego Supérieur ou Intérieur est	*Manas*, appelé le cinquième « Principe », indépendamment de Buddhi. Le Principe de l'Intelligence ne devient l'Ego Spirituel que lorsqu'il est complètement uni à Buddhi : il n'y a point de Matérialiste qui ait en lui un Ego de cette nature, quelque grandes que puissent être ses capacités intellectuelles. C'est l'Individualité permanente, ou l' « Ego Réincarnant ».
IV L'Ego Inférieur ou Personnel	L'homme physique unique avec son soi *inférieur*, c'est-à-dire les passions, les instincts et les désirs animaux. C'est ce qu'on appelle la « fausse personnalité », composée du *Manas inférieur*, qui, conjointement avec Kama-rupa, agit au moyen du corps physique et de son fantôme, le « Double ».
V Prana	La Vie.

(ou bien p. 1677 principes au lieu de 5)

1. Corps } véhicule
2. Double } du
3. Pranâ (vie). } véhicule de
4. Kama Rupa { âme animale / véhicule de
5. Intelligence inf.
6. Intelligence supérieure.
7. Esprit unique et immortel.

Corps charnel { Manas } inf.
Manas } sup.
Buddhi }
Atma } un, impersonnels,

(Le Tout Universel)

ou { corps { matière
             double éthérique
       âme { Pranâ
             Kama Rupa
             Manas
       esprit { Bouddhi
                Atma.

LE CHRISTIANISME :
FANTOMES ET RÉALITÉS

Jusqu'ici, analysant l'âme contemporaine, nous avons observé la poussée intérieure des consciences, où vit toujours sous quelque forme l'instinct religieux. Et nous avons constamment retrouvé l'inquiétude des âmes devant le problème de la vie et de la destinée, de la question religieuse, je dirai même le trouble de vagues désirs mystiques, hors de l'Eglise et de Jésus-Christ. N'entre-t-il pas dans l'ordre scientifique de la recherche de pousser plus loin l'examen ? Mettre l'esprit de notre époque, — son angoisse intellectuelle, sa dispersion anarchique, ses intimes aspirations, en présence de la vie intérieure dans son véritable épanouissement, en présence des événements de la conscience chrétienne, en présence des vérités religieuses qui s'y adaptent et lui répondent, c'est, non seulement une étude captivante pour la curiosité de l'esprit, ce peut être une confirmation de la Foi, ou un acheminement vers elle.

Tout au moins c'est la préparation d'une option raisonnable. Car le sentiment religieux, — ne fût-il que purement humain — s'il trouve dans la vie mystique du christianisme son apaisement, la réponse aux plus nobles appels de notre être, l'ennoblissement, le perfectionnement de notre nature, — le sentiment religieux aurait raison de chercher là à se satisfaire. Il resterait que la recherche peut aller plus loin, et l'esprit doit se demander si vraiment cette vie et cette doctrine qui lui sont proposées du dehors, et s'adaptant si bien à ses besoins du dedans, ne portent pas avec elle des marques authentiques et vérifiables de l'Auteur divin.

Dès maintenant, nous pouvons affirmer, que négliger ou méconnaître le christianisme, ce serait se dérober, et mutiler l'étude entreprise.

« Serait-ce bien connaître l'homme, vous dirai-je avec M. Ollé-Laprune, que de ne pas voir ou de négliger, après l'avoir aperçu, ce besoin qu'a l'homme de quelque autre chose que ce qui est compris dans les limites de la raison? Il aspire à entrer en communication avec ce qui le passe ; il a recours, pour cela, à toutes sortes de moyens : il éteint toutes les lumières de la pensée pour trouver dans une nuit mystérieuse des profondeurs ineffables qui l'attirent tout à la fois et l'épouvantent ; il demande à des rites étrangers, à des formules solennelles et obscures de l'introduire dans le commerce du surnaturel ; il invente de bizarres pratiques pour pénétrer dans l'impénétrable. Notre siècle encore, malgré toute notre science et toute notre philosophie, compte des *mystères* et des *initiés* à la façon des temps antiques ; et c'est parfois, la science même qui fournit à cette théurgie d'une nouvelle sorte des ressources imprévues. Tant il est vrai que l'homme a besoin de dépasser l'homme. S'il l'essaye sans Dieu, il échoue et la raison menace de sombrer dans cet essai. Mais il y a dans le monde le christianisme, il y a l'Eglise : là est le seul moyen légitime et efficace de franchir les bornes de la raison et de les franchir raisonnablement (1). »

Mis en présence de ce fait visible et extérieur du christianisme et de l'Eglise, on ne peut se soustraire à un examen impartial, sous peine de trancher en pleine ignorance une question vitale.

(1) OLLÉ-LAPRUNE, *Les sources de la Paix intellectuelle*, p. 52.

I

Mais beaucoup d'esprits contemporains écartent tout d'abord cette étude des réalités du christianisme, et de ses doctrines religieuses, parce qu'ils sont retenus par des préjugés fort enracinés. En particulier, on semble avoir peur de certain asservissement, ou certaine stagnation de l'esprit. C'est oublier ou méconnaître les lois du développement intellectuel par un enseignement tout à la fois traditionnel et progressif, tel qu'il vit dans l'Eglise. Ces préjugés peuvent entraver le chercheur qui entrevoit le terme où on l'invite : essayons de les écarter.

1° L'esprit n'est pas plus asservi par la vérité religieuse que par tout autre découverte de l'ordre intellectuel. Le propre de la vérité religieuse, c'est en effet d'exercer son action pour une influence persuasive, intérieure. Louis XIV a pu s'imaginer, dans l'orgueil de son pouvoir absolu, que des dragonnades ramèneraient les consciences ; il a soulevé contre lui la réprobation de Fénelon, et de toutes les âmes religieuses selon l'esprit de l'Eglise. Celle-ci demanda au grand roi de se contenter de maintenir l'ordre extérieur, et de permettre à ses missionnaires, d'agir dans leur seule indépendance, de proposer la vérité par leur seule parole.

Oui, c'est le cœur, l'esprit, l'assentiment intérieur libre, que doit conquérir la Vérité religieuse ; et ce sanctuaire intime ne se viole pas. Il ne capitule que devant la conviction personnelle ; et ce servage devant la seule évidence de la lumière constitue précisément la noblesse de notre nature intellectuelle.

Toute vérité acquise, vue ou démontrée avec certitude, nous enchaîne. Mais ce n'est point nous couper les ailes que de marquer la limite d'une vérité certaine qu'on ne peut franchir sans errer. Ce n'est point porter atteinte à la liberté légitime de l'esprit, mais lui désigner plus sûrement la ligne où ses recherches ont chance d'aboutir.

Jadis, il y a quelque trente ou cinquante ans, devant une carte d'Afrique, qu'apercevions-nous, qu'apercevaient nos pères ? quelques fleuves tracés, quelques montagnes, quelques lacs, quelques noms bizarres de peuplades, placés un peu au hasard des récits ou des conjectures ; et dans les vastes espaces restés en blanc sur la carte, nous avions toute liberté d'imaginer d'autres lacs, d'autres montagnes, d'autres peuplades dispersées ou agglomérées. Mais des explorateurs sont partis, dont les caravanes ont sillonné le désert, suivi le cours des fleuves ; ils ont relevé les variétés du langage bantou, découvert des mines d'or ou de diamant, décrit des civilisations antiques et éteintes, restées dans le souvenir des peuples noirs. En s'enrichissant d'un savoir plus précis, notre intelligence perdait une liberté, peu précieuse à vrai dire. Car c'est le triomphe et le splendide privilège de la vérité sûrement connue d'enchaîner la liberté flottante de notre esprit : elle le subjugue et l'enrichit, le fait moins libre et plus savant.

Les vérités connues et proposées par l'Église ne s'imposent pas à nous différemment ; elles ne nous asservissent pas davantage, et elles s'assouplissent merveilleusement à un enseignement conforme à une double loi de tradition et de progrès.

2° Nos contemporains, il est vrai, font entendre à l'Église catholique deux reproches bien contradictoires. Y répondre, c'est exposer la loi de notre mouvement intellectuel. Les uns s'écrient : « Quelle immobilité ennemie du progrès ! Vous êtes momifiés dans vos formules, et vous n'en pouvez pas plus sortir qu'y rien changer. » — « Votre pouvoir prétendu est exorbitant, disent les autres, et vous imposez de nouveaux fardeaux à la raison courbée devant la foi. Voici que vous ajoutez au Credo de nouveaux dogmes : l'Immaculée Conception et l'Infaillibilité pontificale ! « Ces deux plaintes naissent malheureusement d'une commune confusion, c'est-à-dire d'une idée fort inexacte de l'immutabilité du dogme, et du progrès possible par le développement des vérités contenues au dépôt sacré de la Révélation, telle que nous en prouvons l'existence.

La parole de Dieu est le trésor intellectuel de l'Eglise. Elle est transmise par la tradition écrite ou orale ; et si l'Eglise en a la garde, y ajouter, ou y retrancher serait un sacrilège, ce serait tenter à l'intégrité du dépôt. Mais ce n'est pas une parole morte et sans interprète, une momie sacrée dans un caveau, un trésor scellé sous une pierre, qui est remis à l'Eglise. La garde du dépôt divin, selon la doctrine catholique, est confiée à une autorité vivante, chargée de donner à la parole sacrée une interprétation authentique et infaillible. Et c'est précisément l'autorité supérieure de l'Eglise enseignante (les évêques dans leur diocèse, en union au Pape, le Pape en union avec la tradition de toute l'Eglise), c'est une autorité qui est assurée de ne pas trébucher sous cette charge redoutable, parce que, disons-nous, les promesses efficaces de Jésus-Christ lui ont annoncé le secours de l'Esprit-Saint

Hé ! dites-moi, sans l'institution de cette autorité suprême, l'œuvre de Jésus-Christ n'eût-elle pas été insensée et caduque ? Eût-elle résisté aux perpétuelles inquiétudes, à la perpétuelle mobilité de l'esprit humain ? Elle n'eût pas tenu debout pendant dix-neuf siècles, certes ! La première génération des disciples n'eût pas été couchée dans la tombe que déjà les disputes des hommes eussent jeté aux quatre vents une doctrine mutilée, travestie, bariolée. La pourpre splendide de la doctrine de Jésus-Christ eût été changée en haillons multicolores, et c'eût été la ruine de l'unité.

Mais parce que la doctrine religieuse ne change pas dans son fond, ne serait-il pas ridicule de penser que les esprits qui la viennent contempler restent en stagnation ?

La vérité n'a pas deux visages ; et qui la farde la défigure ; mais une même vérité ou une même beauté peut exciter des ébranlements bien divers dans les âmes !

Devant une verrière antique aux magnifiques reflets, à la composition savante, aux scènes variées, la foule passe silencieuse, et admire : elle ressent la mystérieuse impression de la lumière tamisée par ces opulentes couleurs : elle distingue les sujets pieux, en subit une émotion confuse, et ne s'analyse pas davantage. Mais un observateur plus érudit, ou plus curieux, ou plus subtil, s'est attardé : accoudé contre un pilier, il reste là relevant les moindres détails, il suit les histoires retracées par l'artiste, il débrouille le symbolisme parfois obscur; il loue l'ordonnance esthétique de tout l'ouvrage. Il pénètre jusqu'à l'intime de l'œuvre, il en aperçoit mille aspects, mille significations qui ont échappé à des regards pressés ou moins perçants. — Et tout de même, vous dirai-je, devant la doctrine immobile comme ce vitrail, passeront des esprits bien inégaux en portée et en culture, selon les individus et selon les siècles, et ce qu'ils en diront à eux-mêmes ou aux autres, aura toute la variété de leurs intelligences et de leurs émotions. Ce sera vrai de toute doctrine, des données de la vie ou de la conscience, ou des données de l'Evangile, ou du Symbole. Je vous demande quelle si grande uniformité cette immobilité du dogme a imprimée à des esprits tels que saint Augustin ou saint Thomas, Bossuet ou Lacordaire ! On ne voit pas que leur essor en fut paralysé. Permettez-moi donc de le dire, cette accusation ou cette crainte, que je retrouve si souvent sur les lèvres ou sous la plume de nos contemporains, me paraît presque un enfantillage.

3° D'ailleurs la stabilité du dogme exclut-elle donc tout progrès intellectuel dans la connaissance même de la vérité religieuse ? — Il peut y en avoir un certes, et un très grand, vous répondrai-je avec tous les docteurs. Mais il faut que ce soit un progrès véritable, et non un changement ; or, il y a progrès quand on se développe selon la loi de son être, il y a changement quand on devient un être tout différent. Vous voyez les corps croître en âge tout en restant identiques. La floraison de l'enfance ne ressemble pas à la maturité de la vieillesse, et pourtant le vieillard est bien la même personne que l'adolescent. Ainsi fait la doctrine chrétienne. Elle se démontre plus solidement d'âge en âge, elle se développe, elle s'approfondit, mais elle reste toujours ce qu'elle est, une et incorruptible.

Toutefois il est très légitime de limer et de polir les les dogmes antiques ; ils peuvent, comme parle l'école, d'implicites devenir explicites, c'est-à-dire qu'enveloppés et contenus, d'une manière moins apparente, en des vérités déjà mises au grand jour, ils peuvent croître en précision et en clarté par de nouvelles déclarations, de nouveaux décrets des conciles. Ceux-ci éclairent, ils consolident, ils coordonnent ce qui avait été vague jusque là, ils donnent par écrit à la postérité ce qu'elle avait reçu des anciens par tradition, résument dans de courtes définitions une science immense, créant, s'il est nécessaire, un mot nouveau pour fixer une croyance antique. Ainsi définir l'Immaculée Conception et l'Infaillibilité pontificale ne fut pas une innovation, mais un progrès dans l'inventaire sacré de la Révélation.

C'est en ce sens que parlait au ve siècle saint Vincent de Lérins, souvent cité : « O Timothée, ô apôtre, ô docteur, s'écria-t-il avec saint-Paul, si le ciel t'a donné en partage le génie, l'éloquence, travaille avec ardeur le diamant des dogmes saints, fais-le resplendir dans tout son éclat, dans toute sa beauté, que l'on se félicite de mieux comprendre, grâce à toi, tout ce qu'on saisissait moins bien auparavant ; mais n'enseigne que ce que tu as appris toi-même, de peur qu'en voulant paraître neuf, tu ne deviennes novateur », c'est-à-dire novateur au mauvais sens du mot, indiquant les nouveautés de l'hérésie.

4° Telle fut l'attitude intellectuelle de tous les grands esprits qui si souvent ont renouvelé la doctrine : disons par exemple, les Justin, les Clément d'Alexandrie, les Augustin, les Thomas d'Aquin. Ils ont pénétré la doctrine mieux que d'autres, et ils l'ont mieux adaptée aux désirs, aux appétits intellectuels de leur temps.

Saint Justin, épris de la philosophie, dans son amour de la vérité, a parcouru toutes les écoles, avant d'achever son odyssée intellectuelle par la rencontre du Christ et de son Eglise. De l'Ecole du Portique avec Zénon, au péripatétisme d'Aristote, puis à Pythagore et à Platon, il parcourt autant d'étapes, où son intelligence ne trouve point le plein repos que lui réservent l'Evangile et la doctrine chrétienne. Il arrive, ainsi pénétré des idées de son temps, mieux au fait des dispositions des esprits en présence du christianisme, indifférence, mépris, sarcasmes, de l'élite cultivée, — intolérance civile des politiques, des hommes d'Etat, — préjugés, fanatisme et haine parmi le peuple. Il se souvient de cela pour écrire des œuvres d'apologie.

De même saint Pantène, Clément, Origène, et avec eux toute l'école chrétienne d'Alexandrie, ont admiré et suivi le mouvement du néo-platonisme ; ils n'ignorent rien de ce qui stimule la curiosité d'esprit de leur temps, ils s'efforcent de filtrer le vrai mêlé au faux et donnent leurs brillants et hardis aperçus de science chrétienne, la « gnose » orthodoxe, sous le titre de Stromates ou Tapisseries, de Periarchon ou Livre des Principes, des Origines.

Au moment des invasions où l'Empire romain, très ébranlé, paraît menacé de succomber sous les coups des Barbares, on accuse les chrétiens des malheurs de l'Etat. Saint Augustin en prend l'occasion de réfuter cette erreur par un vaste chef-d'œuvre, tel que sa *Cité de Dieu*. C'est en même temps une philosophie de l'histoire, une critique des religions antiques, et une théologie chrétienne. Mais le professeur et le philosophe y a mis la marque de son génie et de son temps : il a renouvelé par ses vues propres dans les questions libres, et partant, par l'agencement, par l'originalité de sa construction, l'édifice de la doctrine.

Ainsi fit Thomas d'Aquin, lorsque la philosophie d'Aristote, reprise par tout le Moyen Age, était en pleine faveur : il adopta la forme austère du syllogisme, et codifia les spéculations métaphysiques, pour nous donner un des plus parfaits monuments d'une synthèse rationnelle de la foi, sa « Somme contre les gentils » et la « Somme théologique. »

S'il est permis de comparer les petites choses aux grandes, ainsi tentons-nous de faire à notre tour. L'inquiétude mystique, et l'inquiétude sociale, nous amènent à analyser les ressources du Christianisme intérieur, et du Christianisme social, pour rétablir la paix des âmes et la paix des sociétés. Et c'est là une excellente préparation pour l'âme contemporaine à s'élever jusqu'à la transcendance divine de la religion chrétienne.

II

Pour cela, d'abord il faut dissiper les fantômes et briser les idoles.

« Il y a des fantômes de christianisme qui hantent

les imaginations, qui font peur. Les politiques, les politiciens surtout, voient trop souvent dans le christianisme l'ennemi : ils ne le connaissent pas. Les ouvriers que certains meneurs grisent au moyen de journaux et de discours, voient dans le christianisme l'ennemi : ils ne le connaissent pas. Les hommes d'étude, savants, lettrés, philosophes, historiens, penseurs de toutes sortes, se font aussi des fantômes de christianisme qui les rebutent. Ils voient le christianisme tout entier par exemple, dans un moment de l'histoire, dans une époque qui a été l'objet préféré de leurs études. Pour beaucoup d'hommes de lettres, le christianisme n'existe qu'au xvii° siècle. Ils ne le reconnaissent que là, ne l'estiment que là ; et pour plusieurs, dans le xvii° siècle même, le jansénisme seul a le secret du véritable esprit chrétien. Ils admirent beaucoup ces chrétiens d'alors et ce christianisme ; mais, comme après tout, le xvii° siècle est mort, ils concluent plus ou moins tacitement que le christianisme est mort aussi, mort pour nous, ne nous convenant plus, ne nous allant plus ; et comme d'ailleurs le jansénisme, qui est une secte, a dans sa dogmatique et dans sa pratique quelque chose d'outré qui répugne, ceux qui y voient tout le christianisme se croient autorisés par ce qu'il a d'impraticable à ne point dépasser les bornes d'une vénération toute platonique. »

Rien de plus juste que cette vue de M. Ollé-Laprune. Le christianisme qu'on répudie n'a d'ordinaire rien d'authentique, il semble travesti tout à point pour devenir une tête de turc sur laquelle on s'escrime, et qu'on relègue avec dédain. Et c'est bien véritablement le sentiment le plus fréquent, lorsque nous lisons les critiques ou les pamphlets des adversaires. Ils ne réfutent pas le christianisme, en réalité ils passent à côté et ils l'ignorent. Que la chose arrive à des folliculaires passionnés, en des luttes d'anti-cléricalisme de province, on le comprendrait, mais chez des savants, ou du moins des esprits fort cultivés, c'est étrange. Le soin scrupuleux que prennent de s'informer des moindres particularités des religions de la Grèce ou de Rome, de l'Inde ou de la Chine, ceux qui désirent en parler ou en écrire, me persuade qu'il serait non moins utile, pour parler en savant, ou en philosophe éclairé, de connaître avec exactitude la religion fondée par Jésus-Christ, avant de la juger.

Mais ces fantômes qui rebutent ne sont pas le seul écueil dans l'étude où je vous convie, il reste encore les fantômes qu'on accueille, et qui flattent un rêve d'imagination, mais qui mutilent l'œuvre du Christ. Toutes ces religiosités, vaguement mystiques, vaguement sensuelles, vaguement littéraires, on nous en a trop parlé, il y a quelque dix ans. Faut-il vous les rappeler tous les néo quelque chose : néo-chrétiens, néo-bouddhistes, wagnériens, idéalistes, néo-slaves, petites chapelles des religions « de la beauté », « de la pitié », « de la souffrance », de la « solidarité », de l' « union morale », et le reste ! Symbolistes raffinés, tolstoïsants attendris, tous rêveurs, et dans le bleu du rêve littéraire ou philosophique, ils ont sans doute de belles âmes et de beaux désirs, mais des doctrines peu nettes, une volonté molle souvent, et une intelligence qui ne sait pas ou ne veut pas conclure.

Au fond de tout cela, cependant, gît et même vit un désir intense de l'au delà, du supra-terrestre, de l'invisible. C'est le cri sourd de l'âme dépouillée de son Dieu.

Mais cela ne suffit pas à nous sortir de l'anarchie intellectuelle et morale. Jésus-Christ, en ses jours de vie mortelle, disait déjà aux Pharisiens de Palestine, ses ennemis : « Je suis venu au nom de mon Père, et vous ne me recevez pas, si un autre vient en son propre nom, vous le recevrez. Toutes sortes d'imposteurs, de faux christs, et de faux prophètes opéreront des signes et des prodiges, et séduiront des âmes qui n'ont pas voulu se soumettre au magistère du Fils de Dieu. » L'événement a justifié sa parole, à peine il avait quitté la terre. Gnostiques hérésiarques, imposteurs païens de toute sorte, un Simon le Mage, ou un Apollonyus de Tyanes, viennent contrefaire et déformer son œuvre.

L'histoire semble se répéter. Etrange aberration ! au lieu de chercher si quelque part est gardée la doctrine authentique, quelque prêcheur d'aventure se présente en son propre nom, et accommode à sa fantaisie les théories qu'il croit découvrir et découper dans le dogme ou la morale chrétienne, on le suit, on s'empresse, on l'entoure, on l'admire. On repousse avec indignation les prérogatives de l'Eglise, mais on écoute avec déférence les parleurs agréables qui glosent à leur façon sur le devoir présent ou la morale de l'avenir. On se refuse à adopter les décisions des Conciles et des Papes, et l'on accepte de confiance les élucubrations d'un romancier qui mêle avec une haute fantaisie les contradictions, les erreurs et les faussetés inconscientes, et les livre comme son explication de l'Evangile.

En vérité ce n'est pas là une recherche scientifique. Si l'on veut étudier sérieusement le christianisme, il faut le regarder où il vit, où il est organisé où il se perpétue, en un mot dans l'Eglise, comme l'atteste l'auteur de *La vie vaut-elle la peine de vivre ?*

« Si nous considérons l'Eglise catholique au point de vue strictement logique, surtout si, malgré les découvertes modernes qui ne vont qu'à nous montrer la vie comme un mécanisme, nous croyons encore au libre arbitre et à la moralité, il est difficile de voir en quoi l'Eglise de Rome peut nous sembler logiquement atteinte ou moins vivante qu'aux jours de sa plus grande expansion... A mon avis, pour que l'Eglise romaine prenne un essor plus puissant que jamais il ne manque qu'une chose : que les hommes aspirent à la certitude, à la règle, à la consolation qu'elle seule peut leur offrir. »

Cet aveu de W. H. Mallock, libre-penseur et positiviste de naissance, vous paraîtra sans doute opportun (1).

III

Le Christianisme est un fait, qui s'impose tout d'abord à l'étude, comme tel. On ne peut l'ignorer et fermer les yeux. Et le véritable positivisme ne peut se dispenser de regarder un fait si visible, et de si grande portée depuis qu'il existe dans l'histoire de l'humanité. La société des âmes qui vivent de l'esprit de Jésus-

---

(1) GRUBER, s. j., *Le Positivisme depuis Comte jusqu'à nos jours.* Conclusion, p. 497-518.

Christ, héritière des traditions intégrales de l'Evangile, — l'Eglise catholique où Comte, Spencer, et beaucoup d'autres reconnaissent volontiers le christianisme intégral, — c'est là une réalité concrète, un fait unique, singulier, original, sur lequel on ne peut éviter, on ne peut refuser de se prononcer.

1° Le Christianisme existe comme un fait historique et manifeste depuis 1900 ans. La physionomie de Jésus-Christ son fondateur, et des apôtres, et des Papes les successeurs de leurs travaux et de leur puissance, toutes ces physionomies appartiennent à l'histoire autant que pas une.

Or, la croissance et le développement de l'Eglise à travers mille épreuves est même un fait qui, à lui seul a pu manifester à beaucoup d'âmes droites son origine divine.

Il est certain que depuis 1900 ans c'est le seul fait historique permanent. Et nous ne cherchons pas ici à retracer avec éloquence ce passage étonnant, à travers l'histoire, de l'éternelle recommenceuse, de l'éternelle bienfaitrice des peuples, de l'Eglise toujours persécutée, jamais vaincue, jamais effacée dans son rôle. Mais nous l'évoquons pour sa force de persuasion.

L'Empire romain l'a vu naître, il l'a même persécutée et il est mort. L'Empire de Bizance l'a protégée et il a passé, il s'est effacé devant les nouveaux conquérants. Non seulement l'Eglise a prospéré à travers les sanglantes catacombes, mais elle a prospéré pendant les invasions des Barbares, qui disloquaient l'Empire romain. Ces races indomptées, et qui renversaient la grande domination romaine elle les a façonnées à son image, adoucies devant le Christ, courbées sous sa loi. Elle a assisté à la naissance et au développement de toutes les jeunes nations européennes, aux vicissitudes, aux révolutions de leur histoire.

Aucune ne l'a détruite, aucune ne l'a renversée, aucune ne l'a entamée. Et pourtant tout a été mis en œuvre contre elle. Pas une dynastie aussi attaquée que celle des Pontifes romains n'y eût résisté. Elle a eu à subir l'hostilité des rois et des légistes, bien plus, dans son propre sein, des dissensions, des hérésies, des schismes.

Elle eût dû périr cent fois ! Et chaque crise qu'elle traverse la laisse comme rajeunie, retrempée dans un bain de vitalité nouvelle, plus vigoureuse après le Concile de Trente qu'avant Luther, plus assurée sous Napoléon qu'avant la Révolution. Ni les persécutions, ni les révolutions, ni les massacres n'en viennent à bout, ni les mauvaises volontés d'aucune sorte : hostilités sourdes, vexations déguisées et le reste.

Cela est surprenant ! Cela excite la surprise même chez des historiens protestants comme Macaulay, dont une page célèbre mérite d'être relue. « L'Eglise catholique romaine, dit-il, est la seule institution encore debout, qui rapporte la pensée à ces temps, où la fumée des sacrifices s'échappait du Panthéon, pendant que les léopards et les tigres bondissaient dans l'amphithéâtre Flavien.

Les plus fières maisons royales ne datent que d'hier, comparées à cette succession des souverains Pontifes qui, par une série non interrompue, remonte du pape qui a sacré Napoléon dans le xixᵉ siècle, au pape qui sacra Charlemagne au viiiᵉ. Mais bien au delà de Charlemagne, la dynastie apostolique va se perdre dans la nuit des ères passées... » «...La Papauté subsiste non en état de décadence, non comme une ruine, mais pleine de vie et d'une jeunesse vigoureuse.

« L'Eglise catholique, en effet, envoie toujours
« jusqu'aux extrémités du monde des missionnaires
« aussi zélés que ceux qui débarquèrent dans le comté
« de Kent, avec Augustin, des missionnaires osant
« encore parler aux rois ennemis avec la même assu-
« rance qui inspira le Pape Léon en présence d'At-
« tila.

« Le nombre de ses enfants est même plus considé-
« rable que dans aucun des siècles antérieurs. Ses
« acquisitions dans le Nouveau-Monde ont plus que
« compensé ce qu'elle a perdu dans l'Ancien. Sa su-

« prématie spirituelle s'étend sur les vastes contrées,
« situées entre les plaines du Missouri et le cap Horn,
« contrées qui, avant un siècle, contiendront probable-
« ment une population égale à celle de l'Europe...

« Aucun signe n'indique d'ailleurs que le terme de
« cette longue souveraineté soit proche. Elle a vu le
« commencement de tous les gouvernements et de tous
« les établissements ecclésiastiques qui existent aujour-
« d'hui, et nous n'oserions pas dire qu'elle n'est pas
« destinée à en voir la fin. Elle était grande et respec-
« tée avant que les Saxons eussent mis le pied sur le
« sol de la Grande-Bretagne, avant que les Francs
« eussent passé le Rhin, quand l'éloquence grecque
« était florissante encore à Antioche, quand les
« idoles étaient adorées encore dans le temple de La
« Mecque.

« Elle peut donc être grande et respectée encore
« l'Église catholique, alors que quelque voyageur de
« la Nouvelle-Zélande s'arrêtera au milieu d'une vaste
« solitude, contre une arche brisée du pont de Londres,
« pour dessiner les ruines de Saint-Paul ».

2° De plus le christianisme n'a pas subsisté comme
un simple fait historique, mais comme un fait doctrinal, comme une école non seulement populaire, mais
supérieure et atteignant les esprits les plus élevés. De
tout temps, l'Église a compté de grands savants parmi

ses fils, et elle a été discutée par de savants adversaires. Or maintenir, pendant dix-neuf siècles une doctrine immuable, cohérente en elle-même, répondant bien aux objections, robuste pour la défense autant que joyeuse dans la possession, qui, si elle étonne parfois, finit toujours par subjuguer les esprits droits, une doctrine si merveilleuse, du consentement de tous, dans ses applications morales, — n'est-ce pas un trait qui donne à réfléchir ? Une doctrine qui gêne parfois terriblement les passions, n'a pas été retenue, dix-neuf cent ans, par les plus fermes esprits, sans valoir la peine qu'un homme éclairé se préoccupe de sa vérité.

Et n'est-ce pas aussi une caractéristique à noter dans la doctrine chrétienne, que cette sagesse qui la garde des excès opposés, et par laquelle elle résout des antinomies apparentes, des intérêts contraires. Ne sauvegarde-t-elle pas, en effet, les droits de l'individu et la dignité de la personne, aussi bien que des intérêts sociaux, du groupe, de la race, de l'espèce ? Et sans être anarchistes, ni despotiquement sacrifiées l'une à l'autre, ces tendances diverses de la nature ne sont-elles pas toutes deux hiérarchisées et fondues dans la soumission à l'ordre universel, à la volonté du Père qui est aux cieux ?

Le « moi » se développe, se sauve, et se béatifie, en

suivant sa loi, en s'harmonisant consciemment à l'ordre du Tout, voulu de Dieu, — et parfois, s'il s'immole au bien commun, au bien de tous, il ne se perd pas, il se retrouve, il ne tombe pas sacrifié à une aveugle Nécessité.

Dans l'individu même, l'enseignement chrétien ne nous apprend-il pas à voir résolue l'apparente opposition, de l'expansion de la vie, de l'épanouissement, du perfectionnement des facultés, et la contrainte ascétique, la lutte, qui ne tue, qui ne mortifie que pour mieux faire vivre, et faire prédominer des dons supérieurs ? Et quand on veut connaître le christianisme, ne faut-il point s'appliquer à montrer comment se concilient, en lui, l'initiative et l'obéissance, l'art chaste et beau, la pensée hardie et soumise, la spiritualité mortifiée et joyeuse ; c'est-à-dire la pleine joie, le plein épanouissement, vers la pleine vie, la pleine béatitude, se conciliant avec la doctrine de sacrifice, de mort, d'humiliation, de douleur.

Le christianisme n'est-il pas le véritable positivisme qui tient compte de tous les faits et n'en récuse aucun ? N'est-il pas le vrai pessimisme qui décolore tous les faux biens, mais dont la sagesse sans être dure et stoïque, maintient l'âme alerte et paisible, dans son élan vers la joie ? Ne sème-t-il pas le véritable dévouement altruiste, mais fondé en raison, et sans détriment de la hiérarchie des droits et des devoirs? N'est-il pas enfin le vrai mysticisme, mais sans effondrement de la raison, par un illuminisme morbide, ou de maladifs enthousiasmes? Et dans ses doctrines sociales n'excelle-t il pas à harmoniser l'autorité et la vraie liberté, les pauvres et les riches, le travail et le capital, les employeurs et les employés?

En un mot, ceux qui ont pénétré la doctrine de l'Eglise, n'ont-ils pas heureusement dénoué à sa lumière les énigmes du Moi, de la Société, et de l'union divine? N'ont-ils pas su les résoudre dans la paix?

Si cela est, il vaudrait la peine de s'en assurer.

Et qu'on ne nous parle pas de prétendus et imaginaires conflits entre la science et la foi, sans entendre là-dessus des esprits distingués qui ont vécu de l'une et de l'autre.

La science et la foi sont deux foyers lumineux de vérité, deux instruments de recherche qui ne s'appliquent pas aux mêmes objets dans les mêmes circonstances. Me sera-t-il permis de risquer une comparaison, imparfaite comme toute comparaison, mais dont nous pouvons nous aider? Voici que nos yeux cherchent dans la nuit, et nous tenons à la main un flambeau allumé. Ses rayons ne s'étendent pas loin, et nous éclairent faiblement, mais tout près de nous, cependant, nous voyons clair : cette lumière nous découvre quelques objets, nous les voyons, nous les nommons avec certitude. C'est une statue, c'est un vase de fleurs, c'est un anneau qui brille au doigt. — Supposez maintenant que, près de vous, un phare électrique projette au loin sur une plaine, un faisceau éclatant de rayons. Un arc incandescent jaillit, de puissants réflecteurs décuplent sa portée, tout s'illumine autour de nous. De nouveaux objets nous apparaissent, cette lumière plonge même dans le lointain, là où notre œil ne saisit qu'imparfaitement les contours. Mais tout près de nous, les objets déjà aperçus, cette statue, ces fleurs, cet anneau, n'ont pas disparu. Cette lumière nouvelle n'a pas contredit nos premières connaissances, elle en a peut-être précisé quelques-unes.

C'est là une très faible image de ce que font en nous la lumière de la science et la lumière de la foi. Elles sont différentes, mais elles ne se contredisent pas. L'une atteint près de nous, nos yeux peuvent suivre ses rayons jusqu'à l'extrémité, distinguer nettement ce qu'elle éclaire — l'autre nous découvre des objets, dont nous pouvons affirmer l'existence, sans toutefois les apercevoir par nous-mêmes, nettement, à l'œil nu. Si quelqu'un les a vus, et nous dit ce qu'il en connaît, nous pouvons le croire pourvu que son témoignage soit digne d'être accepté.

3° Mais je m'interdis même d'insister, afin de relever le troisième caractère remarquable du fait que nous observons. C'est que l'Eglise, ses ennemis le reconnaissent, est la patrie des saints, le lieu de la sainteté.

Et quand je dis que l'Eglise est le lieu de la sainteté ne parlons pas, si vous le voulez, des vertus communes. Certes, c'est déjà fort admirable cette transformation des mœurs, cet idéal très nouveau de justice et de charité, toute cette atmosphère de vertus, diffuses dans l'air par l'esprit chrétien vivant dans l'Eglise. Comme elle a relevé le niveau de la simple honnêteté, comme elle a placé haut la pureté de la famille, la délicatesse de la conscience, le sentiment de l'honneur ! Mais enfin nous sommes riches, et dans les trésors de l'Eglise, il y a ces diamants plus rares qui sont les vertus héroïques des saints. Les héros de la chasteté ou les héros de la charité, les héros du martyre ou les héros de la pénitence, voilà ceux devant qui le paganisme stupéfait reste ébahi, devant qui l'hérésie stérile est confondue, garde le silence, tandis que le monde des indifférents s'étonne et admire.

C'est eux dont notre grand Lacordaire exaltait la sublime extravagance ! Sublimes, ils le furent, mais extravagants, il faut s'entendre. Ces héros de la sainteté paraissent, il est vrai, sortir de l'orbite commune, mais ce n'est pas sans exceller d'abord dans les vertus obligatoires pour tous. Sans doute l'illustre orateur avait bien le droit, par cette piquante et originale formule, de braver le terre à terre, et les courtes vues des gens de la routine, de l'ornière et du juste milieu. Mais la vocation à l'héroïsme sublime par extravagance, risque d'être une carrière séduisante pour les esprits détraqués ; elle est à redouter pour les visionnaires, les illuminés, et les illuminées, de tous les temps. Les Saints, ne l'oublions pas, sont des soumis et des humbles, qui, portés comme sans y penser, par le vol spontané de leurs âmes, et dociles au souffle de l'esprit de Dieu, allaient plus vite et plus haut, et plus loin que nous, mais ils n'en suivaient pas moins la grande route de l'Evangile et de l'Esprit chrétien. Ils ne furent des héros qu'en se rapprochant davantage de son idéal.

C'est même la caractéristique de la sainteté dans l'Eglise. Telles ou telles sectes d'ascètes orientaux, les Sufis, par exemple, se signaleront, je le veux bien, par un retour naturel à cette pente de l'homme qui l'incline vers Dieu, par des maximes et des pratiques qui les feront vénérer de leur entourage comme saints. Regardez-y de près, et les savants vous diront : « Ces sufis sont des hétérodoxes de leur religion, c'est là où ils s'en écartent qu'ils paraissent meilleurs ». Mais dans l'Eglise catholique, les Saints germent comme dans leur terrain propre. C'est son esprit, c'est sa doctrine, ce sont ses sacrements, qui les façonnent ; ils ne sont pas un produit anormal, mais le produit de pleine culture, où la fleur de sainteté s'épanouit et s'étale plus opulente, tout empourprée du sang de Jésus-Christ.

Réfléchissez, lisez, étudiez, et vous verrez qu'elle ne fleurit que là : nulle part ailleurs vous n'en retrouverez la véritable floraison : et plus vous vous éloignerez du centre lumineux de nos Saints, plus boueux vous rencontrerez le fleuve fétide de la corruption, toujours prête à nous envahir, et submerger. Vous vous direz, en spectateur impartial : « Tout ce qui tombe si bas s'éloigne de l'Eglise, et rien de ce qui s'élève hors d'elle ne monte aussi haut ! »

IV

Le fait du Christianisme, fait historique, fait doctrinal, fait de transformation morale, s'impose donc aussi invinciblement que jamais à notre étude. Et sa persistance vivace apparait à plusieurs, au début de ce siècle, en des jours troublés, un nouveau motif de croire, d'es-

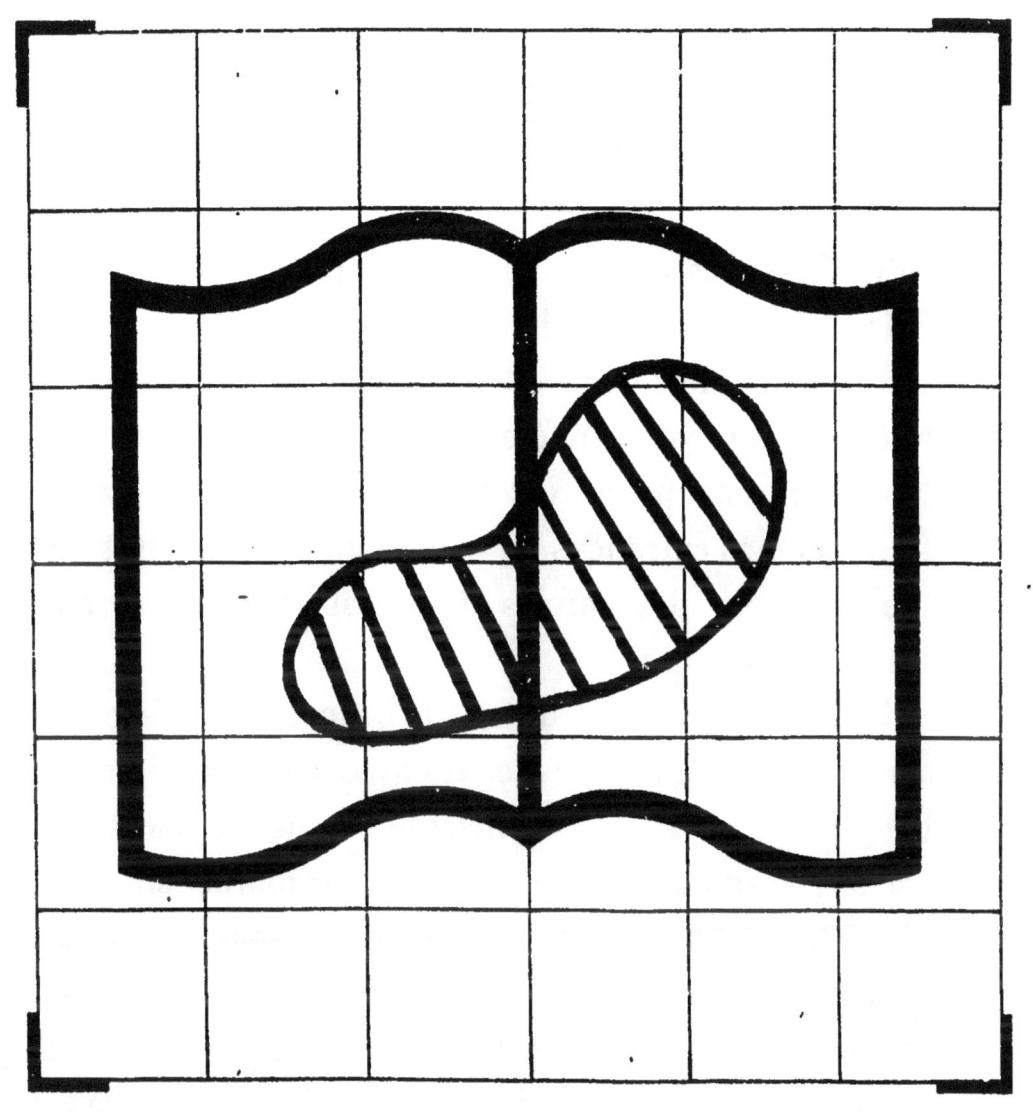

pérer et de lutter. On peut dire même que le siècle passé, si beau, si grand, si doué de tous les dons de l'esprit, du cœur et de l'action, a commencé et s'est achevé, il est vrai, dans la même inquiétude, parce qu'il n'a pas assez universellement reconnu que la religion définitive du Christ ne peut pas être sujette aux révolutions. Mais pourtant l'œuvre semble entamée du retour, ou, si vous préférez, de la conversion. On peut l'avancer sans paradoxe ; et vous me permettrez de terminer nos entretiens en cette salle de l'Institut catholique, par des paroles d'une espérance chère aux cœurs catholiques.

Pour ne parler que de notre France, ce siècle qui a renouvelé le génie des lettres avec des noms immortels, comme Hugo, Lamartine, Musset, Châteaubriand, — qui a renouvelé les sciences mathématiques, physiques, chimiques, naturelles, depuis Laplace, Cauchy, Ampère, jusqu'à Pasteur, — qui a renouvelé l'histoire, depuis Thiers et Guizot, jusqu'à Taine, et notre brillante école moderne, — qui a renouvelé les exploits des armes françaises, les refaisant aussi épiques que ceux du légendaire Charlemagne, aussi glorieux que ceux des croisades, aussi prestigieux de majesté que ceux de Louis XIV, de telle sorte que son merveilleux capitaine, à peine entré dans la mort de l'exil ou de la tombe, Napoléon, en ressortait plus grand que nature, géant de l'épée, qu'on ramenait dormir près de la Seine, comme pour nous permettre d'être fiers, après de grands revers, — ce siècle qui a couronné tant de fronts, applaudi tant d'orateurs, depuis Montalembert ou Berryer, depuis Lacordaire ou Ravignan, — ce siècle qui a tressailli d'immenses espérances, enivré tour à tour des rêves de liberté et de démocratie, alternant avec des rêves de science, de progrès, et troublé parfois par les cauchemars sanglants des barricades, des pétroleurs, et des anarchistes, qu'on le veuille ou non, ce siècle restera grand parmi les siècles de renaissance religieuse.

Cette renaissance remarquable n'est pas encore à terme, mais elle s'avance, et regardant au loin, j'oserai le déclarer, un jour on dira : « Elle s'achève ». De toutes parts la pensée moderne revient au Christ ! A l'aube de ce siècle, Lamennais écrivait un *Essai sur l'Indifférence religieuse*, c'est une œuvre assez différente que nous entreprenions avec le siècle vingtième, et c'est de l'*Inquiétude religieuse* que nous devions parler. Cette opposition suffit à marquer le chemin parcouru.

Je suis loin d'être seul d'ailleurs à en relever les étapes. Nous lisions naguère cette page curieuse où un critique de marque (1), terminant un article sur la

---

(1) M. Brunetière.

littérature de ce siècle, montrait que « si la question religieuse n'a pas toujours été la première ou la plus évidente de ses préoccupations, elle en a été certainement la plus constante, et disons, si on le veut, par instant la plus sourde, mais en revanche la plus angoissante. »

Disons-le, en vérité, sans nous confiner au champ par trop borné de la littérature, c'est bien un grand siècle de relèvement religieux qui s'est déroulé depuis la réouverture des églises, et la signature du Concordat sous Napoléon. Les préjugés gallicans, et les derniers ferments du jansénisme se sont presque évanouis, la liturgie romaine a été reprise d'enthousiasme, l'autorité du pontife romain, dégagée de toute entrave, est arrivée pure, intacte, intégrale, à ses fils ; elle a été accueillie comme une libératrice, son prestige n'a cessé de grandir. Des dogmes ont été précisés, définis : la piété filiale du peuple chrétien a eu de grands élans et de mystiques essors.

Cette vie chrétienne ne paraît nullement sur le point de dépérir, si nous en croyons des symptômes peu trompeurs : le développement de la ferveur, de l'esprit de sacrifice, particulièrement dans la vie religieuse, dans le zèle des missions ; — la germination continue des œuvres si multiples, si ingénieuses, si fraternelles, des catholiques ; — la liberté d'enseignement, passagérement menacée, il est vrai, mais enracinée dans nos mœurs, la meilleure garantie des lois sages ; — l'autorité morale de la Papauté, sans cesse accrue en Europe, et dans le monde entier, qui salua, comme un événement, chacune des grandes encycliques de Léon XIII.

Il paraît donc que notre espoir est justifié : nous achèverons, dans le siècle qui naît, l'œuvre léguée par le siècle qui meurt. L'étude scientifique, aussi bien que l'apostolat cordial de la charité, peut y aider : car s'il n'est qu'un temple de la vérité, les avenues les plus diverses y aboutissent.

EPILOGUE

M. F. Brunetière terminait, en 1900, son article sur la littérature européenne du siècle écoulé, par une page curieuse : « Si la question religieuse, dit-il, n'a pas toujours été la première ou la plus évidente de ses préoccupations, elle en a été certainement la plus constante, et disons, si on le veut, par instants la plus sourde mais en revanche la plus angoissante. C'est en France particulièrement, dans le pays de Voltaire et de Montaigne qu'on le peut bien voir, ou du moins qu'on le verrait mieux, si nous avions ici le loisir de le montrer. Le premier grand livre du siècle c'est *Le génie du christianisme*, et le génie du christianisme qu'est-ce autre chose qu'une réfutation de tout ce que le siècle précédent avait entassé de sophismes pour écraser sous eux l'idée religieuse ? Lamennais vient ensuite avec son *Essai sur l'Indifférence*, et, presque en même temps, l'homme que j'aime à nommer le théologien laïque de la Providence, Joseph de Maistre, avec son livre du *Pape* et ses *Soirées de Saint-Pétersbourg*. On leur dispute âprement le terrain qu'ils ont regagné, mais, jusque dans le camp des philosophes, c'est à fonder une religion nouvelle, dont l'autorité se substitue à l'ancienne, que s'emploient des esprits aussi différents que ceux de Victor Cousin, d'Auguste Comte et de Pierre Leroux. C'est du point de vue religieux qu'Alexandre Vinet écrit son *Histoire de la Littérature* française, et Sainte-Beuve son *Port-Royal*; et que resterait-il de Michelet lui-même, ou d'Edgar Quinet surtout, s'ils ne s'étaient à peu près constamment inspirés de la haine de la religion? Les érudits entrent alors en ligne : Eugène Burnouf, le plus grand de tous, dont la gloire est d'avoir fondé l'*histoire des religions* avec son Introduction à l'*Histoire du bouddhisme*; et les hébraïsants ou les arabisants, sur les traces de leur maître Silvestre de Sacy, dont le principal ouvrage est, en deux gros volumes, un *Exposé de la religion des Druses*. Les romanciers, comme Balzac, ne laissent échapper aucune occasion d'affirmer l'intransigeance de leur catholicisme, à moins que, comme George Sand, ils n'opposent à la religion du Christ les espérances confuses du socialisme humanitaire. Les poètes eux-mêmes prennent parti, Lamartine, dans son *Joce-*

lyn, ou Vigny dans ses *Destinées*; et les historiens, à plus forte raison. Puis ce sont les savants qui surviennent, jusqu'à ce que les critiques Renan et Taine en tête, le premier avec son *Histoire des origines du Christianisme* et le second dans l'ensemble de ses premiers écrits, opérant la synthèse des apports successifs de la science, de l'érudition et de la littérature, posent, pour ainsi dire, le problème religieux avec un retentissement dont l'écho dure encore. Est-il rien de plus saisissant et de plus instructif? En vain a-t-on voulu écarter la question : elle est revenue ; nous n'avons pas pu, nous non plus, l'éviter, et ceux qui viendront après nous ne l'éviterons pas plus que nous. Et dès à présent ne nous faut-il pas les en féliciter, s'il n'y en a pas, pour tout homme qui pense, de plus importante, ni de plus « personnelle » ; s'il n'y en a pas dont la méditation soit une meilleure école, même au point de vue purement humain, pour l'intelligence et s'il n'y en a pas enfin pour en revenir au point de vue particulier de la présente étude, dont la préoccupation évidente ou cachée donne à la « littérature, plus de sens, de profondeur, et de portée ».

Cette vue érudite et sage encourage notre entreprise qui remonte aussi haut que la page citée. En terminant cette première série d'études, nous avons esquissé la loi du développement intellectuel dans les questions religieuses. L'esprit y garde la même liberté que dans toute étude de vérités, dont une part est acquise et certaine et l'autre susceptible de s'éclairer mieux : il s'y meut, et il s'y développe à la lumière d'un enseignement tout à la fois traditionnel et progressif. Car la tradition n'est pas en opposition à la croissance de la culture, à la variété des génies, à la diversité des aptitudes ou des besoins des individus et des siècles. La doctrine vraie et certaine, qu'il s'agisse d'une connaissance ou d'une autre, est toujours de son temps parce qu'elle est de tous les temps. Nous inspirant de cette idée que nous suggérait l'histoire de toutes les grandes écoles, nous avons consulté l'âme de nos contemporains, et, d'entre les philosophes, les poètes, les romanciers, les publicistes sociologues, nous avons recueilli et rapporté des cris, des appels, des indices qui nous ont indiqué une méthode et un plan. Prenant l'attitude d'âme d'un chercheur loyal, les *angoisses religieuses ou sociales* de l'époque contemporaine devront être critiquement analysées par nous, et mises en présence du *Christianisme intérieur*, ou du *Christianisme social*, qui méritent eux-mêmes d'être analysés, comme des faits de haute importance. Puis la tâche de ces recherches préliminaires s'achèverait bien par la question de la *Transcendance du Christianisme*, qui, pour être tout ce qu'il est, doit se prouver comme un fait divin, constitué par Jésus-Christ et se perpétuant dans l'Eglise.

Ainsi notre monument ne serait terminé que lentement, si c'est jusqu'à cette hauteur que nous voulons l'élever : il faut donc avoir le sérieux et le courage de travailler aux fondations obscures, comme au faîte triomphal ; et n'avoir pas l'impatience enfantine d'apercevoir la beauté esthétique du tout tandis qu'on pose les échafaudages. C'est un vaste discours, en quatre points si vous voulez, dont chacune de ces séries est une partie, dont chaque entretien, ou chapitre, est un paragraphe. Il se tient dans tout son ensemble. Et le tragique et poignant intérêt qui le relie, c'est l'âme de nos contemporains qui palpite sous nos yeux, c'est le problème vital en jeu, Dieu, l'âme, la destinée, la vie future, ou tout au moins le problème, et l'énigme du monde. Oui ou non, suis-je un être informe et manqué, sans terme et sans avenir, ou puis-je discerner la loi de mon être, la justice et l'ordre du monde ? Oui ou non, dans l'état souffrant de la vie terrestre ne suis-je que la chrysalide d'un être qui doit s'épanouir sous une forme immortelle dans la plénitude de l'Etre ? Oui ou non, l'Eglise est-elle une société surnaturelle voulue de Dieu, ou un accident purement humain ?

Devant des auditoires d'élite, comme ceux qui nous ont suivi jusqu'ici, à Paris ou en province, cette éloquence des choses m'a paru suffire à vivifier l'austérité, le sérieux et l'étendue d'une recherche vraiment critique et scientifique, qu'on ne se lasse pas de documenter. En des conférences publiques j'eus récemment (1) occasion de présenter d'autres martyrs (2) au sens étymologique du mot, de notre Inquiétude religieuse contemporaine : Edouard Ruminy, et Charles Reculoux, tous deux originaires de Bretagne, tous deux fils d'officiers de marine bien connus, tous deux grands poètes, très dissemblables malgré leur parenté d'âme, tous deux victimes et témoins de cet état d'âme. Ces auteurs encore jeunes, bien que leur talent ne le soit pas, trouveront place dans une galerie qui paraîtra sous le titre de *Mentalité contemporaine* et complètera, à sa manière, latéralement, notre vue de l'âme contemporaine.

Puis nous achèverons peu à peu cette œuvre, dont je viens d'esquisser l'ensemble, selon la méthode et le plan d'un chercheur loyal. Telle ou telle de ses parties seront plus exclusivement scientifiques. Ainsi l'étude du christianisme intérieur — ou psychologique —

---

(1) Dans un voyage cet été au Val-André et à Saint-Jacut-de-la-Mer sur les plages, et plus récemment à la grande Salle des fêtes de l'Hôtel de ville de Rennes, 21 novembre 1905 (cf. *Journal de Rennes, Nouvelliste de Bretagne, Ouest-Eclair.*)

(2) Cette jolie expression est de l'*Ouest-Eclair.*

comprendra deux séries (1). La première, *Alighieri et Loyola*, étudie les faits du Poème mystique de la conscience, en exposant leur enchaînement, dans sa simplicité et sa beauté esthétique. La seconde, critique ces faits ; et cette *Critique de la Psychologie des Mystiques* (union mystique, et discernement des esprits) se tient plus strictement scientifique, puisqu'il s'agit surtout d'analyser la nature affective ou cognitive des phénomènes allégués, s'ils sont morbides ou non, la certitude qu'ils portent en eux, et les questions de psycho-physiologie, d'automatisme, de dissociation psychologique, de dédoublement de la personnalité qui se posent à ce sujet. Elles paraîtront prochainement.

Par là nous aurons achevé cette recherche partant du désir mystique (2) inquiet et vague, pour analyser puis critiquer la vie intérieure, surnaturelle, mystique, du christianisme. Plus tard, s'il est opportun, nous aborderons le *Christianisme social* et la *Transcendance du christianisme*, ces leçons n'ont pas encore été professées. Dans *Christianisme social*, nous analyserions l'apport du christianisme à l'Inquiétude sociale dans les questions de pauvreté, richesse, salaire, capital, travail,

(1) Elles ont été données à l'Institut catholique, à Paris, (1902-1904).
(2) J'ai étudié longuement le sens du mot mystique dans l'Introduction (Oudin 1901).

association, etc ; — puis l'organisation sociale du christianisme dans l'église catholique, société complète et hiérarchisée : — enfin nous aurions à comparer cette société aux autres sociétés chrétiennes.

On sait assez que chercher la *Transcendance du christianisme* consisterait à voir si ce fait humain remarquable au point de vue mystique et au point de vue social, n'est pas aussi divin dans son origine, sa constitution et son terme : et si par Jésus-Christ son fondateur et son initiateur il se relie réellement à Dieu.

C'est là une suite d'études de philosophie et de critique religieuse, véritablement positives par leur méthode, ne négligeant pas des faits considérables, les analysant de bonne foi. Elles sollicitent l'adhésion des intelligences, des âmes sans parti-pris, sans préjugés inabordables, et qui, sans fuir le contact, et la discussion courtoise, ne cherchent que la lumière, et la plénitude de notre être, la Vérité dans la Plénitude de l'Etre.

NOTE SUR LE POSITIVISME

A lire lettre de M. Baumann à M. l'abbé Denis directeur des *Annales de philosophie chrétienne* publiée dans *La vie catholique*, 22 juin 1901, sur *Le Positivisme depuis Auguste Comte*. M. Paul Ritti auteur de *Une conversion* et de *Quelques vues théoriques sur la sympathie*, cité par M. Baumann parmi les modernes positivistes de sentiment, a été auditeur de mes conférences à Paris, est courtoisement entré en relations, et m'a offert ses livres, avec préface du Dr Audiffrent, l'un des exécuteurs testamentaires d'Auguste Comte. M. Audiffrent, dit M. Baumann, « esprit théorique remarquable sachant toujours faire prévaloir les vues d'ensemble sur les considérations de détail, n'a cessé de rappeler que *le positivisme* n'était pas une philosophie, mais encore plus une religion destinée à satisfaire avec les besoins de notre intelligence, ceux de notre cœur ».

M. Baumann dit encore : « M. Ritti est de ceux qui pensent que pour amener les hommes aux vues d'Auguste Comte, il faut leur faire comprendre de prime abord quelles satisfactions de sentiments ils pourront y trouver. Lorsque le cœur est pris, l'intelligence a vite fait d'adhérer par un acte de foi ». « *Une conversion* est un roman philosophique où l'auteur traite la question du sort des classes ouvrières. Il nous montre que la solution du problème n'est pas dans le fait d'imposer par la force un nouveau mode d'organisation industrielle et de répartition des richesses, mais dans le triomphe d'une doctrine générale sur l'homme et sur le monde, doctrine qui, en refaisant l'unité d'opinion, tracerait ses devoirs à tous, et agirait non par la force matérielle, mais par cette force irrésistible que crée toute foi religieuse arrivant à dominer le peuple. »

M. Baumann achève sa lettre par ces paroles dont la courtoisie honore son auteur, et adopte la seule méthode de discussion qui nous paraisse utile : « Puisque cette étude s'adresse uniquement à des catholiques, je leur dois un dernier mot. Ce mot sera une invitation à étudier le positivisme dans sa source même, c'est-à-dire dans le *Système de politique positive*. Non certes que je nourrisse secrètement la pensée de leur faire abandonner le dogme auquel ils sont attachés, et qui figurera toujours parmi les titres de noblesse de l'espèce humaine ; mais parce que, tout en rejetant notre synthèse, ils peuvent puiser dans Auguste Comte les éléments qui leur permettront de travailler de concert avec nous à la solution des problèmes parfois si angoissants au milieu desquels se débat notre génération. Comme le disait le Dr Audiffrent, les catholiques sont pour nous presque des coreligionnaires. Saint Paul, saint Augustin, saint Bernard, et, tant d'autres, sont de grands saints pour nous comme pour eux. L'*Imitation de Jésus-Christ* était pour Comte un livre de chevet, et il en relisait un chapitre chaque soir. J'irai plus loin. S'il est un domaine où la loi de la sélection par l'aptitude à soutenir la concurrence vitale soit une réalité, — et pour ma part, je pense que, partout ailleurs, cette prétendue vérité appelle d'immenses rectifications, — c'est bien dans le domaine des idées. Or, si dans cette lutte courtoise à laquelle notre illustre fondateur n'a cessé de convier les fondateurs de la théologie, c'était le catholicisme qui arrivait à gagner définitivement les suffrages de la postérité, *nos principes mêmes nous obligeraient à proclamer la supériorité d'adversaires que, dans tous les cas, nous ne cesserons jamais d'aimer.* »

Ces remarquables paroles méritent de rester. Et plût à Dieu qu'elles demeurent présentes, et planent sur toutes les discussions de notre époque, entre incroyants et catholiques, et entre catholiques même ! *Utinam* ! La lettre montre aussi que le positivisme intellectuel des universitaires est tronqué, et celui des francs-maçons faussé. « M. Hubbard est de force à confondre le positivisme avec l'anticléricalisme. »

NOTE SUR LE PESSIMISME

Le nombre des suicides croissants. — D'après M. d'Haussonville, de l'Académie française (*Socialisme et Charité*, p. 39), en 1890 il y avait 8.410 suicides en France, 22 pour 100.000 habitants. Vers 1850-1855 (époque de la naissance du positivisme, simple rapprochement), 3.639 c'est-à-dire dix pour 100.000 habitants. Moitié moins. Paris seul compte environ 60 suicides par mois, une moyenne de 2 par jour.

Joignez-y *la décroissance continue des naissances*. En 1891 les décès ont dépassé les naissances de 10.505 ; en 1892 de 20.041. Et tandis que ceci se passait en France (dans la nation dont la vie publique est conçue selon le système positiviste, — le nom de Dieu y est même banni des harangues officielles, simple rapprochement), ses voisines s'accroissaient par année : la Russie de 800.000 ; l'Allemagne de 675.000 ; l'Angleterre de 368.000 ; l'Italie de 270.000 ; la Hollande de 60.000.

Est ce un étourdissement et un stupéfiant que le peuple va chercher dans l'absinthe et *l'alcool sous toutes les formes* ? En 1870, 600.000 hectolitres d'alcool, 1 litre et demi par habitant ; en 1890, 1.700.000 hectolitres, 4 litres et demi par habitant ; en 1885, 57.000 hectolitres d'absinthe et, en 1892, 129.000 hectolitres, consommation plus que doublée en sept ans. Actuellement 442.000 débits de boisson en France.

« La France est de tous les pays du monde, celui où la consommation alcoolique moyenne est la plus élevée. » (Cf. Conférence de M. le Pasteur Bianquis au 16ᵉ congrès annuel de la Société d'Economie sociale).

Et nous pourrions continuer (*criminalité, divorce,* etc.), demander aux doctrines régnantes, avez-vous fait le monde meilleur et plus heureux ? ?

Tous ces faits donnent à réfléchir, et leur rapprochement les renforce. Il reste à déterminer leur cause, et le caractère de cette dépression des âmes.

NOTE SUR L'OCCULTISME

M. Papus (D⁰ Encausse) publia en 1902 chez Alcan l'*Occultisme* et le *Spiritualisme. Exposé des théories philosophiques et des adaptations de l'Occultisme.* Il me dédicaçait ainsi un exemplaire : « au R. P. Pacheu, pour qu'il cesse de nous croire panthéistes ou adorateurs du Diable, hommage en Jésus-Christ de l'auteur. »

Assurément les martinistes m'intéressent beaucoup, et Papus me remit aussi d'alléchantes lettres de son Maître Saint-Martin, le philosophe inconnu. Mon ami Albert Jhouney (Jounet) un converti de l'Occultisme est certes une âme assez haute pour qu'on sache, que dans les cercles de l'Invisible, fréquentent des âmes inquiètes éprises du vrai. Mais Jounet lui-même m'écrivait en m'envoyant des numéros de sa revue d'avant-garde *Résurrection* et deux brochures de lui sur l'Art, sur le Psychisme.

Je suis heureux d'avoir de vos nouvelles. Je me réjouis d'apprendre que vous allez, dans une série de conférences, vous efforcer d'amener à la plénitude de la lumière, les âmes qui n'en connaissent que quelques rayons isolés et déviés.

Vous me parlez d'un livre *complet* sur l'occultisme moderne. Je n'en connais pas qui embrasse le mouvement entier dans toutes ses écoles Martinisme, Théosophie, Gnose etc...

Un ouvrage catholique assez exact en certains points, mais pas assez creusé est le récent *Péril occultiste* de Georges Bois.

Il y a du reste trois séries d'ouvrages : 1º les ouvrages catholiques, excellents par leur doctrine de Mystique catholique mais souvent mal renseignés sur l'Occultisme même.

2º Les ouvrages des occultistes modernes divisés en deux groupes ; 1º le groupe Kabbalistique et Martiniste, le groupe théosophique.

3º Les sources profondes, 1º Le Zohar hébreu ; 2º Les œuvres philosophiques hindoues. Cette dernière série n'est point parfaitement explorée par les occultistes modernes eux-mêmes dont les doctrines sont loin d'être établies avec une logique et une critique sévère.

Si le mouvement occultiste continue, il ne serait pas sans intérêt au point de vue catholique même, d'étudier et de traduire (au moins d'abord en latin) les livres de cette troisième série. Il ne serait pas difficile de discerner dans ces ouvrages antiques ce qui appartient à la Révélation primitive, aux traditions prophétiques et se résout naturellement en *Christianisme* et *les superfétations de faux panthéisme et d'hypothèses troubles.* La *Kabbale juive* est pleine de traditions chrétiennes obscurcies et un bon nombre de *Kabbalistes Juifs* se sont convertis au Christianisme.

Mon ami Jules Bois un autre revenant de l'Invisible a pu aussi m'éclairer. Je crois avoir suivi ces indications, et par de longues conversations avec des occultistes, (ou théosophes), dont un secrétaire de Papus lui-même, j'ai pu connaître leur doctrine.

Au quatrième congrès de psychologie à Paris j'eus aussi occasion d'entrer en relation avec MM. *Denis*, *Delanne* spirites français et *Chatterji* de Bénarès, — et la célèbre Mme *Thomson*, médium du regretté M. Myers, qui voulut bien ainsi que son mari causer plusieurs heures avec moi, etc. Je crois être renseigné, mais je suis prêt à rectifier toute inexactitude, comme à entretenir de courtoises relations avec tous.

NOTE SUR LE CHRISTIANISME

M. Ernest Daudet écrivait à propos de la conversion de M. Brunetière :

« Je suis catholique », déclarait l'autre jour, à Besançon, M. Brunetière, à l'issue d'une conférence sur Bossuet.

Ce qui crée l'importance de cet acte, ce n'est pas seulement son caractère individuel, encore que l'Eglise doive être fière et heureuse d'avoir fait une recrue telle que M. Brunetière ; c'est surtout le symptôme qu'il révèle de la disposition de plus en plus marquée d'une élite à penser que l'Eglise est une force qui, tôt ou tard, emportera et brisera tous ceux qui se seront obstinés à la méconnaître, et qu'en tout cas, elle est dès à présent, comme d'ailleurs elle le fut toujours, la seule qui puisse être opposée avec efficacité aux doctrines de renversement et de destruction dont le flot tumultueux nous menace. »

Avec Huysmans, Verlaine, Coppée, F. Brunetière, P. Bourget, Albert Jounet, Jules Bois, et tant d'autres n'existe-t-il pas une Renaissance catholique?

BIBLIOGRAPHIE

Positivisme.

Œuvres de Comte ; L'abrégé par Rig ; Rigolage ; *Sociologie*. — Ouvrages de catholiques : Abbé de Broglie : *Le Positivisme et la Science expérimentale*, 2 vol. *La Réaction contre le positivisme* ; Gruber, S. J. : *Auguste Comte, sa vie, sa doctrine* ; *Le positivisme depuis Comte jusqu'à nos jours* ; Caro : *Littré et le positivisme*. — Ouvrages de non-catholiques : Hurrel Mallock : *La vie vaut-elle la peine de vivre ?* A. Fouillée : *Le mouvement positiviste et la conception sociologique du monde* ; *Le mouvement idéaliste et la réaction contre la science positive* ; de Roberty : *L'agnosticisme* ; *A. Comte et Spencer* ; *L'inconnaissable* ; D. Lévy-Bruhl : *La Philosophie d'Auguste Comte* ; Franck Alengry : *La Sociologie chez Auguste Comte*.

Le livre de M. Brunetière, paru en 1905, reproduisant des études parues depuis ces conférences, n'a pu être utilisé. Mais il exprime quelques idées parentes sur l'Utilisation du Positivisme. C'est une rencontre, fortuite sans doute, qui marque l'opportunité de ces études (sur les chemins de la Croyance,

Première étape. L'utilisation du Positivisme. Paris, Perrin, 1905.)
Mes études données avant le livre *Inquiétude religieuse* (Perrin, Paris) de mon ami Henri Brémond ne se réfèrent pas à lui. Malgré la similitude du titre, que je modifie par courtoisie, ces études — données en conférences à Poitiers 1899 et 1900, et à Paris 1901 à l'Institut catholique, sous le titre Inquiétude religieuse — n'ont rien de commun.

Pessimisme.

Poètes : Léopardi, Ackermann, Guyau, etc. ; Philosophes : Schopenhauer, Hartmann ; — Critiques : Caro, *le Pessimisme* ; Brunetière, *Essais sur la Littérature contemporaine* ; Fiérens-Gevaert, *la Tristesse contemporaine* ; Faguet, *Politiques et Moralistes* (3ᵉ série, 1900) ; Ollé-Laprune, *Prix de la Vie* ; Blondel, *l'Action* ; abbé Piat, *la Personne humaine, la Destinée de l'homme* ; Max Nordau, *le Mal du siècle*.

Dilettantisme.

Lichtenberger : *Wagner poète et penseur* ; Faguet : *Politiques et moralistes* (3ᵉ série) ; G. Séailles : *Ernest Renan*, R. Allier, *La Philosophie d'E. Renan* ; M. Barrès : *L'Homme libre* ; Paul Bourget : *Préface de ses œuvres*, 1900, (Plon) ; Angot des Rotours : *Aube de siècle* ; Abbé Klein : *Autour du dilettantisme* ; Ollé-Laprune : *Prix de la vie* ; Maurice Blondel : *L'Action*.

Individualisme Nietzschéen.

Henri Albert au *Mercure de France: Pages choisies, Ainsi parlait Zarathustra*. etc. ; LICHTENBERGER : *la Philosophie de Nietzsche ;* JULES DE GAULTIER : *De Kant à Nietzsche* ; MAX NORDAU : *Dégénérescence : l'Egotisme* (p. 3-47), *Nietzsche* ; (p. 304-409) ; FIÉRENS-GEVAERT : *Tristesse contemporaine* ; CARLYLE : *les Héros* ; EMERSON : *les Surhumains (Representative men*, traduction Izoulet) ; KUFFERATH : *Musiciens et philosophes* ; MAX STIRNER : *l'Unique et sa propriété* (Stock, 1900).

Revues: Revue des 2 Mondes (2-II-01) A. FOUILLÉE : *la Religion Nietzsche*. — *Etudes*, S. J. (20-XII-99). LÉONCE DE GRANDMAISON ; *Religion de l'égoïsme*. — *Annales de philosophie chrétienne* (X-00) : abbé BIROT : *Recherches sur la philosophie de Nietzsche*. — *Les Débats*, 16 mars et 20 avril 1893, 4 mars 1899. — BOURDEAU : *Revue de Métaphysique et de morale* (mai 1901). — EDOUARD SCHURÉ : *l'Individualisme et l'anarchie*, etc. (R. 2 M. 1895, IV-775).

Tolstoïsme.

TOLSTOÏ : *Ma Religion*, etc., etc. ; *Résurrection* ; DE VOGÜÉ : *Le Roman russe* ; LICHTENBERGER : *Wagner poète et penseur* ; KUFFERATH : *Musiciens et philosophes* (pp. 7, 58, 94, 98) ; OSSIP-LOURIÉ : *La Philosophie de Tolstoï. Pensées de Tolstoï* ; FÉLIX SCHROEDER : *Le Tolstoïsme* ; FIÉRENS-GEVAERT : *Tristesse contemporaine* ; ANGOT DES ROTOURS ; *La Morale du cœur* ; Mme DE

Manacéine : *L'anarchie passive* ; Nordau : *Dégénérescence*, I, 256 ; Henryk Sienkiewicz : *Quo vadis ? Allons à lui.*

Théosophie. Occultisme.

NON CATHOLIQUES : Edouard Schuré, *Les grands Initiés;* Mme Annie Besant, *The Ancient Wisdom*; Mme Blavatsky, *La clef de la théosophie;* Papus, *Traité méthodique de science occulte;* Anna Kingsford et Maitland, *The perfect way* (traduit chez Alcan : *Le Christ ésotérique*) ; Sinnett, *Le bouddhisme ésotérique;* Emile Burnouf, *La Baghavad-Gita*. — Jules Bois, *Petites religions de Paris;* Dr Dupouy, *Sciences occultes et et physiologie psychique;* Dr Baraduc, *La force vitale;* Dr Gyel, *L'Etre subconscient;* le colonel de Rochas, *Extériorisation de la sensibilité.*

Eliphas Lévi, *Histoire de la Magie*, etc., etc... Allan Kardec, Léon Denis, Gabriel Delanne, etc., etc. Karppe, *Les origines et la nature du Sohar; Histoire de la Kabbale* (1901, Alcan).

CATHOLIQUES : Mgr Méric, Dr Surbled, passim. : Pesch, s. j., *Psychologie II;* Castelein, s. j., *Philosophie II (Psychologie);* Mgr. Meurin, s. j., *La Franc-maçonnerie;* Ch. Godard, *L'Occultisme contemporain, Le Fakirisme;* de Bonniot, s. j. *Le Miracle et ses contrefaçons;* Georges Bois, *Le péril occultiste;* R. P. Lescœur, *La science et les faits surnaturels contemporains.* Enquête (dans le *Matin* : Jules Bois, sur l'*Au delà et les forces inconnues*) ; Jules Bois, *Le Monde invisible.*

P. Pesch, l. c. p., 396, indique : C. Kiesewetter. *Geschichte des neuern Occultismus.* Leipzig. Friedrich 1891, et donne une petite histoire abrégée de l'occultisme de Trithème et Paracelse à Karl du Prel.

Ces indications bibliographiques n'ont pas la prétention d'épuiser le sujet, mais de guider quelques lecteurs désireux de pousser plus loin leur investigation personnelle, — et de référer aux auteurs choisis comme typiques.

A un lecteur pressé je dirais : Sur *Positivisme*, lisez : Gruber, s. j.; — sur *Pessimisme* : Caro ; — sur *Dilettantisme* : Klein ; — sur *Nietzsche* : Lichtenberger ; — sur *Tolstoï* : Schroeder ou Ossip-Lourié ; — sur l'*Esotérisme* : Blavatski, op. cit., ou Jules Bois, et à propos du *Christianisme* : Ollé-Laprune, *Sources* et *Prix de la Vie*.

TABLE DES MATIÈRES

Avant-Propos 1
L'état d'âme positiviste. 3
Mysticismes humanitaire, naturiste 35
L'état d'âme pessimiste 69
Pessimisme doctrinal : Ascétisme de Schopenhauer . . 101
Réactions contre le pessimisme : L'état d'âme dilettante . 137
L'individualisme nietzschéen 169
L'évangélisme sentimental de Tolstoï 205
L'ésotérisme, ce qu'il est, son développement et ses causes. 231
L'ésotérisme, sa méthode, son histoire, ses doctrines . . 263
Le christianisme, fantômes et réalités. 291
Epilogue. 331
Note sur le positivisme 339
Note sur le pessimisme 343
Note sur le christianisme 345
Note sur l'occultisme. 346
Bibliographie 351

FIN DE LA TABLE

SAINT-AMAND (CHER). — IMPRIMERIE BUSSIÈRE

BLOUD ET Cie, ÉDITEURS, 4, RUE MADAME, PARIS (VIe)

Nouvelle Collection

ETUDES DE PHILOSOPHIE ET DE CRITIQUE RELIGIEUSE
SÉRIE IN-8°

ARCELIN (Adrien). — **La Dissociation psychologique.** *Etude sur les phénomènes insconscients dans les états normaux et pathologiques.* 1 vol. Prix : 2 fr. 50 ; *franco* 3 fr. »

BERNIES (V. L.), docteur agrégé de philosophie, docteur en théologie. — **Spiritualité et Immortalité de l'âme humaine.** 1 vol. Prix : 5 fr. ; *franco* . . . . . 5 fr. 50

GANET (G.), docteur en philosophie et ès lettres de l'Université de Louvain, ancien professeur de théologie dogmatique au grand séminaire de Lyon. — **La Pacification intellectuelle par la liberté.** 1 vol. Prix : 6 fr. ; *franco*. . 6 fr. 50

COURBET (Pierre). — **Introduction scientifique à la foi chrétienne.** Nouvelle édition, revue et considérablement augmentée. 1 vol. Prix : 4 fr. ; *franco* . . . . 4 fr. 50

GODARD (André). — **Le positivisme chrétien.** 4e édition. 1 vol. Prix : 5 fr. ; *franco* . . . . 5 fr. 50

MARÉCHAUX (R. P. Bernard-Marie), bénédictin de la Congrégation Olivétaine. — **Le Merveilleux divin et le Merveilleux démoniaque.** 2e édition. 1 volume. Prix : 5 fr. ; *franco* 5 fr. 50

N. B. — *Cette collection paraît en deux séries à prix divers, une série grand in-16 et une série in-8.*

AVIS. — La célèbre collection : **Science et Religion**, Études pour le temps présent, où sont traités les grands problèmes scientifiques sociaux et religieux du jour, s'enrichit constamment de nouveaux volumes. Elle en compte aujourd'hui près de 400. Le nom et le bon renom des auteurs, le choix des sujets, la modicité du prix (0 fr. 60 le vol.) en font un moyen très sérieux et très efficace d'enseignement catholique et de défense sociale.

Nouvelle Collection

BIBLIOTHÈQUE DE
L'ENSEIGNEMENT SCRIPTURAIRE

PUBLIÉE SOUS LA DIRECTION DE

Mgr Pierre BATIFFOL, Recteur de l'Institut Catholique de Toulouse, V. ROSE, O. P. Professeur à l'Université de Fribourg (Suisse), J. TOUZARD, Professeur au Séminaire Saint-Sulpice. Paris. Volumes in-16 . . . . 2 à 4 fr.

Demander le catalogue spécial.

SAINT-AMAND, CHER. — IMPRIMERIE BUSSIÈRE

www.ingramcontent.com/pod-product-compliance
Lightning Source LLC
Chambersburg PA
CBHW070451170426
43201CB00010B/1292